LA MÉTHODE ARTHUR

Jaona Ramiandrisoa

LA MÉTHODE ARTHUR

comment développer dans l'harmonie
les capacités naturelles de votre enfant

document

FIXOT

Imaginez : l'amour, la musique, le rire des enfants, sous un beau ciel bleu. Imaginez le bonheur.

Toute ma reconnaissance à Dadou, pour sa fidèle complicité depuis maintenant plus de quinze ans ; à Arthur et Kalvine, qui m'ont beaucoup appris.

AVANT-PROPOS

Le chaleureux accueil qu'a reçu son livre *Mon école buissonnière* a donné raison à Arthur d'avoir insisté auprès de nous ses parents, Dadou et moi, pour raconter son extraordinaire parcours. Ce grand élan de sympathie nous a fait chaud au cœur.

Parmi les nombreuses personnes que nous avons rencontrées ou qui nous ont écrit, beaucoup nous ont demandé à brûle-pourpoint : *comment avez-vous élevé vos enfants (Arthur et Kalvine) pour qu'ils soient aussi épanouis et performants ? Quel est donc votre secret ?*

Arthur et Kalvine sont en effet performants et c'est parce qu'ils sont épanouis et non l'inverse ! L'objet du présent ouvrage est de répondre à cette question, en tentant de montrer comment le fait de respecter la personnalité de l'enfant, son équilibre, d'être à l'écoute de ses désirs, de ses capacités, de développer harmonieusement celles-ci, peut créer chez lui une dynamique d'épanouissement global – qu'on pourrait plus simplement appeler du bonheur. Cela se traduit, entre autres réussites, par des performances particulièrement valorisées socialement comme peut l'être le succès dans les études.

Notre démarche suggère de voir l'enfant et de concevoir son éducation, à partir de la nature de l'enfance et de ses mécanismes qu'on connaît de mieux en mieux, et non pas de lui imposer arbitrairement des règles inspirées par de simples croyances que l'expérience dément. De ce point de vue, nous revendiquons et nous préconisons la pratique d'une certaine écologie de l'éducation.

De fait, il existe une analogie entre l'évolution du regard porté sur l'environnement et celle du regard porté sur l'enfance.

Pour une écologie de l'éducation

Depuis une vingtaine d'années, le mot écologie a fait son chemin à mesure que les dégradations de l'environnement se sont révélées de plus en plus inquiétantes. Les oiseaux englués dans la marée noire de l'*Amoco-Cadiz*, la catastrophe nucléaire de Tchernobyl, la déforestation massive de l'Amazonie et, plus récemment, le trou dans la couche d'ozone de l'atmosphère : autant d'images-choc qui ont fait la une des médias.

Moins spectaculaire mais plus proche pour la plupart d'entre nous : les centaines de rivières polluées par les déversements industriels, la nappe phréatique infestée par les nitrates, l'air devenu irrespirable à cause des dégagements des tuyaux d'échappement...

La prise de conscience d'un danger imminent pour la survie de la planète Terre, relayée par le constat implacable d'une qualité de vie de plus en plus menacée, a fini par convaincre l'opinion publique de la nécessité d'une action urgente et efficace pour sauver notre environnement.

Trop longtemps, les Hommes ont cru que la Terre leur appartenait – et qu'ils pouvaient en disposer comme ils l'entendaient – alors qu'ils ne font en réalité que l'emprunter aux générations futures, et à ce titre ont le devoir de la leur transmettre dans le meilleur état possible. La société entière commence à se mobiliser, poussée par les jeunes – surtout les enfants – qui placent la protection de l'environnement parmi leurs préoccupations premières.

Le traitement « propre » des déchets industriels, les stations d'épuration d'eau, le pot catalytique pour les véhicules, les dispositifs anti-bruit, les produits d'entretien biodégradables, les matières recyclées, la préservation des sites naturels et historiques, l'agriculture biologique – moins nocive pour les sols et meilleure pour le consommateur ! –, etc. : tout cela témoigne de l'action de plus en plus importante que notre société engage pour la qualité du cadre de vie. Tout le monde admet aujourd'hui le concept d'*éco-développement*, c'est-à-dire l'idée que le développement économique doive prendre en compte les données de l'écologie. Nous sommes passés de l'ère du « produire plus » à celle du « produire mieux ».

Cette lutte pour la qualité du cadre de vie ne devrait-elle pas nous inciter à relever l'autre grand défi de notre société, l'éducation, sans lequel le premier risque d'être plus ou moins vain ?

De plus en plus de gens – depuis une vingtaine d'années également – ont acquis la conviction qu'il nous fallait envisager l'éducation *autrement*, en respectant les priorités du développement naturel de l'enfant. Comme l'Homme doit s'adapter à la Nature et non l'inverse, c'est la société qui doit s'adapter à l'enfant et non l'inverse.

Désormais l'Homme a compris qu'en saccageant la Nature il programmait son anéantissement ; en portant atteinte au développement harmonieux de l'enfant, la société ne risque-t-elle pas, d'une certaine façon, de s'autodétruire ?

Un récent sondage fait apparaître que près de 40 % des Français seraient prêts à payer plus d'impôts si l'argent était destiné à la protection de l'environnement. C'est une nouvelle plutôt encourageante, certes, mais l'essentiel ne consiste-t-il pas plutôt en une réforme du comportement quotidien de chacun en faveur de l'environnement ?

De la même manière, en matière d'éducation, quelles que soient les politiques ou les réformes adoptées, et les crédits dégagés pour les mettre en œuvre, n'est-ce pas l'orientation positive des comportements de chaque parent, de chaque enseignant, de chaque éducateur qui sera finalement déterminante pour l'enfant ?

Nous aimerions par cet ouvrage susciter cette orientation « écologique » de l'éducation, afin que chaque enfant puisse s'épanouir librement et que les générations futures aient la chance de vivre dans un monde meilleur parce que toujours plus libre, plus convivial, plus solidaire.

Certains verront peut-être là une douce « utopie ». Mais cela ne vaut-il pas la peine d'être tenté ? Tout le monde semble d'accord quand il s'agit de lutter pour la survie de notre planète, aujourd'hui si mal en point. Qu'avons-nous à perdre à vouloir faire reculer d'autres menaces ? Menaces de la violence grandissante qui annonce la barbarie, menaces de la drogue envahissante qui installe le chaos ? Notre seule arme doit être l'éducation réussie de nos enfants.

Or, éduquer un enfant, c'est simplement lui donner confiance – en lui-même et dans le monde qui l'entoure. C'est un acte d'amour. Concrètement cela pourrait se traduire ainsi : *se mettre continuellement en phase avec son enfant, à chaque étape de son développement (de sa conception à l'adolescence), afin de lui donner tout ce qu'il est en droit et en mesure de recevoir pour s'épanouir pleinement.*

Il s'agit là d'un acte d'amour assez particulier, car les partenaires s'attachent tout en se préparant à se détacher. Parents et enfant(s) se lient tout en sachant qu'un jour ils devront se séparer. Toute la difficulté d'éduquer réside dans ce paradoxe attachement-détachement où le lien doit engendrer l'autonomie.

C'est pourquoi l'amour à lui seul ne semble pas suffire pour *former* un enfant à une vie adulte libre et heureuse.

Les toutes premières années étant une étape décisive dans l'accomplissement de l'individu, éduquer demande à nous, parents, des compétences que de grands hommes de science – mais surtout de cœur – ont mis en lumière, et mis à la disposition de l'amour que nous avons pour nos enfants.

Ces sages nous ont légué des trésors de connaissances qui ouvrent à l'enfant la voie du plein épanouissement vers une vie adulte libre et heureuse.

Chaque parent pourra puiser dans cette « culture » de l'enfance toute la richesse des ressources éducatives dont nous disposons aujourd'hui. Ce présent ouvrage voudrait rappeler quelles sont ces ressources tout en y apportant sa modeste contribution.

Préalablement, il convient donc de décrire quelques données fondamentales de l'enfance, afin d'en connaître la nature exacte, d'en comprendre la signification et de pouvoir ainsi mieux discerner l'univers qui convient à son épanouissement.

Ce qu'est l'enfance

On a observé depuis longtemps des caractères spécifiques à l'être humain qui le distinguent des animaux les plus évolués. Il est capital d'en rappeler précisément les plus remarquables que sont la plasticité de l'enfant et la longue durée de la période de croissance chez l'être humain, tels qu'en substance ils sont rapportés par le psychologue Paul Osterrieth dans son ouvrage de référence : *Introduction à la psychologie de l'enfant* (éditions PUF).

Chiens et chats naissent et ont beau vivre parmi les hommes, ils n'en demeurent pas moins chiens et chats : on ne les voit pas « s'humaniser » (sauf dans les contes et les dessins animés!). En revanche on a bien relevé des cas d'enfants élevés parmi les loups qui devenaient enfants-loups. L'histoire de Mowgli du *Livre de la jungle* de Rudyard Kipling est en fait la version romancée et poétique d'une réalité connue en Inde. Le cas aussi de l' « Enfant sauvage de l'Aveyron » rapporté par le docteur Itard en 1801 atteste formellement cette capacité de l'enfant à devenir une sorte d'animal dans un milieu animal.

On note ainsi que la position debout et la marche bipède, pour lesquelles l'homme est anatomiquement constitué, ne s'acquièrent que si l'enfant est en contact avec des êtres qui pratiquent cette position et ce mode de locomotion. *A fortiori*, il en va de même pour cet acte si spécifiquement humain qu'est la parole : l'enfant ne peut découvrir le langage que dans un milieu qui parle.

C'est dire combien le type adulte n'est pas « fixé » en lui de manière aussi absolue que chez l'animal. Malgré ses caractères héréditaires, l'homme naît polyvalent et largement indéterminé, avec comme principale caractéristique humaine d'être extraordinairement *plastique* et *adaptable*. Il n'y a pas de développement spécifiquement humain sans contact avec l'humanité. Et cette polyvalence et cette plasticité, l'homme les doit vraisemblablement aux caractéristiques de son cerveau qui ne sont pas sans rapport avec la durée de son enfance.

Comparé aux animaux les plus évolués, l'homme se distingue, entre autres choses, par la durée de sa période de croissance qui couvre chez lui à peu près le tiers de la durée moyenne de la vie contre le cinquième environ chez les mammifères les plus développés.

On note que l'enfance s'allonge à mesure qu'on s'élève dans l'échelle animale et qu'il y a un parallélisme très manifeste entre le degré de complexité du cerveau adulte et la longueur de l'enfance. Les animaux disposant à l'état adulte d'une gamme relativement réduite de comportements rigides et stéréotypés ont une jeunesse fort courte, suffisant à la maturation de ces montages dits instinctifs; en revanche les vertébrés plus développés, disposant de possibilités plus souples et plus variables, capables de s'adapter à des conditions beaucoup plus diverses, ont une jeunesse plus longue, permettant l'élaboration, la construction par expérimentation et tâtonnements de ces mécanismes variables et changeants.

Cette longue jeunesse permettrait l'accroissement de la gamme des conduites possibles et l'élaboration d'un répertoire de comportements beaucoup plus variés et plastiques. L'expérience viendrait en quelque sorte se substituer à l'instinct!

Cette longue jeunesse serait le fait d'un retard de la puberté permettant le développement des caractères physiologiques spécifiquement humains : allongement des membres postérieurs, élément de la station bipède; réduction du larynx, condition du langage articulé; lenteur de l'ossification du crâne, permettant un plus grand développement du cerveau. Cette prolongation de l'enfance aurait ainsi pour effet une plus grande plasticité du système nerveux, d'où l'éducabilité incomparable de l'enfant.

Une puberté retardée, mais aussi une naissance normalement prématurée : l'homme naîtrait trop tôt, d'après la place qu'il occupe dans l'échelle des êtres et d'après son degré d'organisation.

Comparé au poulain qui galope quelques heures après sa naissance et au petit singe qui a déjà des proportions adultes, s'accroche activement à sa mère et qui bientôt fait preuve d'une grande autonomie motrice, le nouveau-né humain est étonnamment impuissant, démuni, dépendant et en quelque sorte « inachevé », c'est-à-dire plus semblable aux petits des mammifères inférieurs qu'à ceux dont il est pourtant proche par son degré d'organisation et de complexité. L'homme constituerait ainsi parmi les animaux supérieurs une singulière exception, il aurait un statut tout à fait particulier. Ce n'est qu'à l'âge d'un an environ que le petit de l'homme serait comparable aux nouveau-nés des animaux supérieurs.

Si pareille hypothèse peut être retenue, elle met en évidence un fait capital, à savoir que pendant une période où l'animal vit dans l'utérus maternel une série de processus biologiques tout à fait généraux et semblables pour tous, l'enfant vit déjà dans le social et l'historique, bénéficiant d'un contact prématuré avec le monde ambiant.

En conséquence, l'animal naît en quelque sorte « prêt » pour la vie, biologiquement « achevé » ou presque, mais enfermé pourrait-on dire dans les possibilités relativement restreintes et figées que lui assure cet « achèvement ».

L'enfant « inachevé », en revanche, va poursuivre son organisation physique et construire ses mécanismes d'adaptation au contact de l'univers social et matériel dans lequel il se trouve prématurément placé, en réponse à des conditions nécessairement fluctuantes et variables.

Ne disposant pas de mécanismes tout faits, nous sommes bien obligés de les construire, d'où notre longue enfance, d'où notre richesse et nos possibilités quasi illimitées d'adaptation. La longueur de notre enfance est la réponse à notre inachèvement initial, à l'impuissance presque totale du bébé.

De telles considérations contribuent à préciser la signification du phénomène enfance. « L'enfant n'est pas enfant parce qu'il est petit, écrivait Claparède au début du siècle, il est enfant pour devenir adulte. » L'enfance est la période de l'humanisation de l'individu, de l'apprentissage de la nature humaine. Cet apprentissage est long; il l'est d'autant plus que le niveau adulte à atteindre est plus complexe et plus évolué.

Cette humanisation ne peut se faire que dans le cadre d'un milieu adulte qui, sans cesse, révèle et propose à l'enfant les comportements caractéristiques de son espèce et du groupe dont il fait partie. L'enfant, dans sa polyvalence et son indétermination, est par excellence un *animal educandum*, un être qui appelle l'éducation.

Sans cette éducation il ne devient pas un adulte de son espèce. C'est dire que, loin d'être « ce mal nécessaire » qu'on se contente si souvent d'en faire, *l'enfance est en réalité la voie ouverte aux réalisations les plus inattendues et les plus merveilleuses d'un psychisme humain dont nous ne soupçonnons peut-être pas la richesse ni les possibilités.*

L'être devient humain « selon » la culture dans laquelle il grandit et « selon » l'éducation qu'il a reçue dans sa famille : c'est dire combien il est – pour une large part – défini par son environnement.

L'intérêt du texte d'Osterrieth est capital. Il pourrait parfaitement constituer le fondement « scientifique » de notre philosophie de l'éducation, à Dadou et à moi. Il révèle trois enseignements essentiels sur l'enfance :

• Les caractères héréditaires du nouveau-né ne le déterminent même pas à devenir un être humain à l'âge adulte. Sans culture, sans éducation, ses caractères héréditaires ne seraient pas opératoires, c'est-à-dire resteraient « lettre morte ». Pour bien comprendre cette notion, prenons le cas fictif d'un nouveau-né issu d'une filiation de prix Nobel sur plusieurs générations, mais qui par malheur aurait été enlevé par des loups et donc élevé par eux. Non seulement, l'enfant ne sera jamais prix Nobel mais pire, il ne sera même pas « humain » ! Cela vaut naturellement pour n'importe quel bébé, et quelle que soit la filiation de « cracks » dont il serait issu. Artistes (musiciens, peintres, écrivains, etc.), voyants, ou sportifs, leurs talents ne sont que prétendument héréditaires ! Pour s'exprimer, les caractères héréditaires sont nécessairement tributaires de l'environnement.

• Cette plasticité et cette polyvalence qui peuvent faire d'un nouveau-né humain un enfant-loup sont celles-là mêmes qui fondent son incomparable éducabilité. En d'autres termes, ses capacités potentielles immenses ne demandent qu'à être développées !

• Enfin, cette éducation ne peut se faire que dans le cadre d'un milieu adulte, notamment celui de la famille.

Sachant cela et considérant que l'objectif final de l'éducation d'un enfant est qu'il devienne un adulte libre et épanoui, on pourrait résumer la mission des parents en deux volets :

1. offrir à l'enfant un MONDE qui puisse répondre à son besoin prioritaire d'équilibre psycho-affectif, vital à sa future *relation sociale* d'adulte :

– accueillant pour son besoin de sécurité;

– attrayant pour son besoin de plaisir;
– convivial pour son besoin de communication;

2. lui fournir des RESSOURCES qui puissent développer harmonieusement ses capacités potentielles, et le faire accéder à une *compétence sociale* reconnue :
– énergétiques pour son tonus;
– psychologiques pour son enthousiasme;
– méthodologiques pour son intelligence, sa capacité d'« apprendre à apprendre »!

Une expérience éducative valable pour tous

Lorsque nous avons voulu notre premier enfant, nous n'avions qu'une idée en tête : satisfaire son besoin d'équilibre psycho-affectif, c'est-à-dire faire en sorte qu'il soit bien dans sa tête et bien dans sa peau. C'était là notre priorité absolue. Nous pensions que c'était la clé de l'épanouissement d'un enfant, la meilleure façon de l'aider à devenir un individu libre et heureux.

Pour Dadou et moi, c'était la capacité qu'il aurait de communiquer positivement avec les autres qui primait. Et pour cela, nous savions qu'il fallait respecter quelques règles fondamentales propres à la nature de l'enfance. En particulier, le processus de développement de sa personnalité par rapport à la sexualité, c'est-à-dire notamment le fondamental conflit œdipien et sa résolution.

Ce n'est que dans un deuxième temps que nous avons découvert l'existence de ressources susceptibles d'optimaliser l'ensemble de ses capacités potentielles, le tout en harmonie totale avec son équilibre psycho-affectif.

Dans un troisième temps, nous avons nous-mêmes recherché et développé des ressources supplémentaires – plus particulièrement pour ce qui concerne les méthodes d'apprentissage – ce qui a permis d'améliorer les résultats d'Arthur dans tous les domaines. Nous placions en effet tout sur le même plan, les activités du corps comme celles de l'esprit.

Ainsi, à notre sens, la natation était aussi important que la lecture, et le foot que l'arithmétique! Pourquoi en aurait-il été autrement puisque l'essentiel est ce que l'enfant ressent profondément ? Si son plaisir est aussi fort au foot qu'à réussir des calculs, il n'y a pas de raison de privilégier l'un plutôt que l'autre. L'enfant n'a pas conscience des enjeux, et ce serait tout gâcher que de commencer à lui expliquer à sept ans que telle activité est plus importante que telle autre. Et de lui imposer une hiérarchie.

C'est la sienne propre – fondée sur ses goûts – qui doit prédominer. La maturation progressive de l'enfant et son désir de s'affirmer socialement la moduleront vers un équilibre satisfaisant. Précisons toutefois qu'il est ici question de véritables activités à forte valeur d'épanouissement pour l'enfant, qu'elles soient scolaires ou extrascolaires; et non pas de divertissements de compensation, dits « d'évasion » qui à terme peuvent l'aliéner.

En observant l'évolution d'Arthur, on remarque qu'il n'a réellement démarré sur le plan intellectuel qu'à l'âge de sept ans, âge où les enfants entrent habituellement en CE1. A ce moment-là, il maîtrisait la lecture et l'arithmétique (au niveau de l'entrée en CM1), l'orthographe (au niveau de l'entrée en CE2), l'écriture (en script, mais fort lisible et surtout rapide) et commençait l'anglais. Il avait à cette époque une avance « scolaire » d'environ deux ans.

C'est après que sa progression s'est accélérée et que son avance a augmenté en conséquence : le BEPC à neuf ans lui donnait six ans d'avance, le Bac à onze ans sept, et la Maîtrise à quatorze ans huit ans d'avance en moyenne sur ses camarades de promotion.

Et cela toujours dans le respect de son équilibre global (physique, mental, psycho-affectif), avec un même intérêt, une même passion pour ce qui sortait du domaine des études : le sport, la musique, la famille, les amis, etc. Nous sommes convaincus que son équilibre – notamment l'équilibre psycho-affectif, primordial à notre sens – a largement profité à son développement intellectuel, que l'on a retenu comme l'aspect le plus significatif de son éducation. Pourtant ce qu'Arthur réalisait au foot à neuf ans nous apparaissait beaucoup plus remarquable!

Lorsqu'on compare la situation d'Arthur et de Kalvine à l'âge qu'a cette dernière, à savoir quatre ans, on ne peut s'empêcher de constater que la petite sœur d'Arthur possède beaucoup plus de compétences que lui au même âge. Ils ont tous deux grandi dans un environnement favorable à leur équilibre psycho-affectif, la différence est tout simplement qu'Arthur n'a pas eu la chance de bénéficier aussi tôt des mêmes ressources. En particulier de deux apprentissages fondamentaux : la natation et la lecture.

Arthur a commencé l'activité « bébés-nageurs » à quatre mois (et Kalvine à six mois), mais il a dû tout reprendre de zéro à l'âge de quatre ans car il s'était arrêté à deux ans, parce que nous nous étions laissé décourager par une piscine trop éloignée de notre domicile! Kalvine, elle, a suivi normalement son apprentissage de l'eau et, à quatre ans, elle y évolue comme un petit poisson (pour cela, Arthur a dû attendre d'avoir cinq ans).

Nous parlons d'apprentissage de l'eau plutôt que de natation. Il ne s'agit pas en effet d'apprendre à nager la brasse ou le papillon à un bébé de quatre mois – il en serait incapable – mais plutôt de lui faire aimer l'eau par une initiation au plaisir. Plaisir des sensations tactiles que le bébé ne fait finalement que retrouver (le milieu aqueux est le premier qu'il a connu, dans le ventre de sa mère!). Progressivement, on cherche à le rendre autonome dans l'eau en développant sa capacité de nager en dessous et au-dessus de la surface (à la manière du petit chien!) ; et enfin, mais seulement lorsque l'enfant y est apte du point de vue psychomoteur, on lui apprend réellement les techniques de nage.

L'essentiel est de donner le plaisir immense d'évoluer dans l'eau et non pas de fabriquer un champion olympique. Il est par conséquent impropre de parler d'apprentissage « précoce » de la natation, dans la mesure où cela ne requiert aucune précocité particulière : tous les bébés peuvent en faire autant.

En 1977, quand Arthur a commencé, l'activité « bébés-nageurs » était une activité marginalisée, pauvre en clubs et controversée sans raisons valables comme c'est souvent le sort des pratiques innovatrices. Aujourd'hui, si l'on en juge par le nombre sans cesse croissant de clubs « bébés-nageurs » et la banalisation du phénomène, il semble que l'ensemble de ses bienfaits aient fini par être reconnus. C'est tant mieux, car, nous le verrons plus loin, c'est une activité exceptionnellement riche. Ici, comme presque toujours lorsqu'il s'agit d'enfants, le facteur fondamental est le cadre sécurisant et motivant qu'offre la présence active des parents.

Kalvine, avec un plaisir évident, maîtrise la lecture ainsi qu'un élève de CM1 (qui aurait par conséquent cinq ans de plus qu'elle!). On pourrait donc la considérer comme un phénomène extraordinaire. Or, il n'est pas davantage ici question de précocité. On ne peut en effet parler d'apprentissage « précoce » de la lecture quand il s'agit d'appliquer une méthode qui ne demande aucune précocité particulière. Kalvine d'ailleurs n'est pas la première à avoir appris à lire selon la méthode Doman. Celle-ci a déjà largement fait ses preuves dans le monde entier, et ce depuis maintenant près de trente ans!

Arthur a appris à lire avec la même méthode mais, faute de l'avoir connue plus tôt, il n'a pu commencer qu'à cinq ans. Il a atteint le niveau actuel de Kalvine à l'âge de sept ans seulement. Tous les deux, pour arriver au niveau de lecture d'une entrée en CE1, ont pratiqué les exercices de la méthode Doman à raison de trois petites minutes par jour! comme l'indique la méthode. Si Kalvine a aujourd'hui trois ans d'avance sur son frère aîné, c'est tout simplement qu'elle a débuté à huit mois. Elle a lu spontanément son tout premier mot « hélicoptère » huit mois plus tard, et finalement mis environ trois ans et demi pour atteindre son niveau actuel. Un niveau qu'Arthur, lui, a mis deux ans seulement à atteindre, entre cinq ans et sept ans.

Pour chaque enfant, la même méthode produit quasiment les mêmes effets compte tenu des modulations inhérentes aux âges respectifs de démarrage. On ne peut dire qu'Arthur est moins « doué » pour la lecture que Kalvine, parce qu'il était moins avancé à son âge. Ou dire au contraire qu'elle est moins « douée » parce qu'elle a mis un an et demi de plus que lui pour atteindre le même niveau. Il est plus raisonnable d'avancer qu'Arthur, s'il avait débuté au même âge que sa sœur, aurait vraisemblablement atteint le même niveau à quatre ans et en aurait retiré les mêmes joies.

En d'autres termes, il aurait certainement gagné à connaître cette méthode plus tôt. C'est en tout cas le vœu que nous adressons à tous les enfants : plus tôt vous saurez lire, et plus épanoui vous serez ! Nous reviendrons longuement sur cette méthode Doman, l'enjeu de la lecture, et surtout son formidable retentissement chez un jeune enfant, comme Kalvine par exemple.

Mais, rappelons-le avec force, Arthur et Kalvine sont loin d'être des cas d'exception et de présenter des talents particuliers pour cette compétence problématique qu'est la lecture. Comme des milliers d'enfants dans le monde entier ayant pratiqué cette méthode géniale, Arthur et Kalvine apportent la preuve qu'il ne s'agit pas là d'un apprentissage « précoce » de la lecture – ce qui sous-tendrait qu'il y a un âge indiqué (six ans ?) pour apprendre à lire – mais d'un apprentissage « normal ». La norme ici est définie par une nature commune à tous les enfants. De même, il y a un âge « normal » pour marcher, pour compter, pour écrire, pour parler des langues étrangères, etc. Certes, il existe des petits écarts : chaque individu est différent et apprend à son propre rythme. Certains enfants marchent bien dès l'âge de neuf mois, d'autres à douze, d'autres à quatorze.

L'enfant ne fait que saisir individuellement l'opportunité que la nature lui offre ; forcer celle-ci serait non seulement stupide mais aurait le plus souvent un effet *iatrogène*, à savoir contraire à l'effet escompté ! Il convient de choisir pour chaque enfant – chaque enfant étant unique ! – le moment opportun de débuter l'apprentissage : à partir du moment où l'enfant est prêt, manifeste un plaisir évident à apprendre. De même, il faut suspendre l'apprentissage dès que l'on voit qu'il s'ennuie. On peut commencer à huit mois comme Kalvine, plus tôt, voire plus tard : l'important, comme pour les bébés-nageurs, est que cela plaise à l'enfant. Car, il faut le dire et le répéter : un enfant ne fait bien que ce qui lui plaît. *Le moteur de l'activité humaine est le plaisir. Et pour l'enfant encore plus que pour tout autre individu.*

Si l'on admet généralement que l'être humain n'utilise qu'une petite partie de son potentiel (10 % ? 20 % ? 30 % ?), on peut dire que des enfants comme Arthur et Kalvine ne font qu'exploiter plus largement ce merveilleux potentiel humain grâce à leur équilibre psycho-affectif d'abord, puis aux ressources naturelles qui ont permis de développer leurs capacités.

Il va de soi qu'il n'y a pas d'enfants parfaits, pas plus qu'il n'y a de parents idéaux. *Nobody is perfect*, comme dirait Arthur. Dadou et moi, comme tous les parents, avons avancé à coups de découvertes, à force de tâtonnements, de doutes, de gaffes, mais aussi de moments d'inspiration. L'erreur est heuristique, dit-on, et c'est vrai, nous l'avons vérifié maintes fois au cours de notre parcours.

C'est finalement comme cela, grâce à l'expérience, que nous tous, les parents, progressons, pour le plus grand bonheur de nos enfants. Le deuxième bénéficie en général de l'expérience du premier, le troisième de celle des deux premiers et ainsi de suite. Nous nous améliorons chaque fois. Faut-il pour autant se culpabiliser pour les erreurs dont ont pâti les premiers ?

Dadou et moi avons raté des choses ; nous n'avons pas été exemplaires en certaines occasions. Nous avons encore des progrès à faire, nous le savons. Mais l'essentiel n'est-il pas d'avoir le désir de bien faire ? Il serait dommage que les parents, lecteurs de cet ouvrage, se soucient des imperfections du passé (révolu par définition) au lieu de s'ouvrir aux perspectives qu'il offre aux enfants de tous les âges.

L'être humain a en outre une qualité formidable : sa capacité de régulation. Grâce à elle il peut toujours recouvrer, récupérer une partie, voire la totalité de ses moyens potentiels. En un mot, tout individu a normalement la capacité de surmonter les handicaps – plus ou moins importants – qui peuvent jalonner son existence, notamment ceux qu'il a acquis durant son enfance. De nombreux exemples spectaculaires et émouvants témoignent de cette exceptionnelle faculté humaine. Ils doivent nous aider, nous les parents, à refuser de succomber au fatalisme. Au contraire, et plus que jamais, il nous faut cultiver l'espérance. Il nous faut être des « jardiniers d'enfants ». Encore et toujours, parce qu'un enfant, c'est fantastique. Tout simplement.

I

OFFRIR A VOTRE ENFANT UN MONDE QUI RÉPONDE A SES BESOINS PSYCHO-AFFECTIFS

1

UN MONDE ACCUEILLANT

Kalvine avait trois ans lorsqu'elle nous questionna Dadou et moi pour savoir comment elle ferait des enfants. Pour schématiser, nous lui avons répondu qu'elle et son futur mari penseraient d'abord à le faire, puis qu'elle aurait son bébé dans son ventre et qu'ensuite il sortirait par sa vulve. Ayant bien enregistré nos propos, elle nous les rapporta plus tard comme ceci : « Mon bébé, je l'ai d'abord dans la tête [elle montre sa tête], puis il descend et grandit dans mon ventre [elle montre son ventre], puis après il sort par là [elle montre son sexe] ! » Elle était très fière d'avoir retenu la leçon et nous étions sous le charme, mais tout de même embarrassés par l'effet un peu trompeur de notre schématisation. Ce n'est pas exactement comme ça qu'on fait un enfant !

Cependant, nous avions décidé d'en rester là, estimant que pour l'essentiel notre réponse – à ce stade – pouvait être satisfaisante pour Kalvine. A défaut d'une connaissance scientifique exacte, elle avait parfaitement saisi la logique symbolique du processus de la procréation qui part du désir (la tête), passe par la gestation (le ventre) et se termine par la délivrance (la vulve) : ça part d'en haut – la tête, la partie noble de l'être humain, qui décide – pour passer par le ventre – là où il y a de la place et de quoi le nourrir – et descendre vers le bas – le sexe étant l'orifice le plus approprié pour que le bébé sorte.

Et pourtant nous lui avions expliqué quelque temps auparavant la rencontre du spermatozoïde et de l'ovule. Le symbolique a primé, et c'est tout ce qu'il y a de plus normal : un enfant de trois ans perçoit généralement l'information à travers le prisme de son imaginaire qui ne manque pas de logique. Kalvine avait compris qu'il lui suffisait – avec son futur mari – de désirer un enfant pour qu'il existe physiquement dans sa tête et qu'il descende ensuite dans son ventre, etc. L'impasse sur le coït n'est pas importante, c'est accessoire, de l'ordre du fonctionnel ; l'essentiel est qu'elle ait saisi que l'enfant naissait du désir. Sa naïveté face à la métaphore qui a causé sa méprise fonctionnelle l'a finalement conduite vers la vérité. Belle illustration de l'exacte signification du dicton qui veut que « la vérité sorte de la bouche des enfants »...

Le meilleur accueil qu'on puisse offrir à un enfant, c'est de le *désirer*. Non pas le simple désir de l'avoir mais plus essentiellement celui de l'élever à la plus haute dignité humaine, de le hisser très haut par-dessus nos propres épaules.

Faire un enfant, c'est beaucoup plus que vouloir le mettre au monde, c'est vouloir donner vie à son futur désir de s'exprimer, vouloir donner corps à son propre projet d'existence.

Un enfant désiré, on l'imagine avec toutes les qualités, on l'attend comme un prince. Il ne tient qu'à nous, parents, de faire le maximum pour que ce rêve devienne réalité, en nous rappelant cependant que nos meilleurs sentiments ne suffiront pas à son épanouissement tant que nous aurons la fâcheuse tendance à voir son monde de notre point de vue. Pour servir l'intérêt de l'enfant, dès sa conception, il faut être à son écoute, se mettre à sa place : en un mot, faire preuve d'*empathie*. C'est dans cette optique qu'il conviendrait justement de concevoir sa naissance, afin qu'il soit accueilli aussi bien qu'il était attendu.

LA NOTION DE CONTINUUM

Il faut situer la naissance de l'enfant dans le contexte de son développement global. On a vu que l'être humain avait la particularité d'avoir une naissance normalement « prématurée » d'après la place qu'il occupe dans l'échelle des êtres et son degré d'organisation – le nouveau-né se révélant être dans un état d'inachèvement manifeste – et que ce n'est qu'à l'âge d'un an environ que le petit de l'homme est comparable aux nouveau-nés des animaux supérieurs, comme le singe, par exemple. Cela pourrait signifier que la naissance n'est en fait qu'une étape transitoire dans un *continuum* allant jusqu'à l'âge de la marche qui constitue pour l'enfant le véritable premier stade d'autonomie.

La vie après la naissance ne devrait alors pas être très différente de celle qui la précède : les besoins vitaux d'ordre physiologique – nourriture, chaleur, sommeil – et d'ordre psycho-affectif – la relation à la mère – devraient se trouver une satisfaction globalement équivalente dans les deux cas. Hypothèse qui modifierait sensiblement la façon d'aborder toute cette période du développement de l'enfant, qui va de sa conception à l'âge d'un an, de l'embryon au petit marcheur.

Avant sa naissance, le bébé idéalement installé dans le ventre de sa mère connaît normalement le confort total d'un milieu fort sécurisant : tous ses besoins physiologiques sont instantanément satisfaits, et la relation à sa mère quand elle lui parle ou le caresse à travers la peau de son ventre renforce son bien-être. Tout cela le sécurise complètement, le préparant ainsi à bien naître.

Après sa naissance, si d'un côté ses besoins physiologiques ne peuvent pas tout à fait être aussi idéalement satisfaits, de l'autre, ses besoins de communication peuvent, en revanche, l'être davantage.

D'un côté, s'il n'a pas besoin de pleurer, par exemple, pour avoir à manger quand il est dans le ventre de sa mère, il devra le faire une fois né pour signaler sa faim. Comme il devra le faire chaque fois qu'il voudra exprimer un mal-être. Pleurer voudra en quelque sorte dire « NON ! » à sa situation de souffrance présente, pour marquer son rejet momentané de la vie ; comme ses sourires et ses « arreuh » voudront dire « OUI ! » à sa situation actuelle de plaisir, pour marquer cette fois-ci son acceptation enthousiaste de la vie.

D'un autre côté, sa relation avec sa mère devient naturellement plus riche : en plus de la voix, il a maintenant un visage, et le contact physique des caresses se fait désormais directement peau contre peau. Et surtout, peu à peu va s'instaurer un véritable dialogue interactif entre la mère et l'enfant, un état continu de conversation non verbale avec un vocabulaire structuré, formé de vocalisations, de mimiques, de gestes, de rapprochement et de retrait. Cela constituera pour l'enfant le cadre de son apprentissage du sens et, en fait, les premiers pas de son humanité que consacreront les compétences spécifiquement humaines qu'il aura acquises à l'âge d'un an : la station debout, la marche bipède et l'acquisition du langage articulé!

LA NAISSANCE EST UNE FÊTE

L'accouchement sans violence

Le développement de l'être humain, de la conception à l'âge d'un an environ, pourrait donc être perçu comme un *continuum*. La naissance en serait un épisode important, capital, mais dans le sens où, paradoxalement, elle devrait pratiquement passer inaperçue pour l'enfant, constituer une péripétie toute transitoire qui ne détonne pas avec ce qu'il a vécu avant, dans le ventre de sa mère et ce qu'il doit pouvoir vivre après! En aucun cas, la naissance ne doit être vécue par lui comme un choc!

Le mythe de la naissance comme devant nécessairement constituer un choc pour l'enfant ne résiste pas à la simple observation du processus de la naissance tel qu'il nous a été décrit par Frédérick Leboyer dans son livre et son film *Naissance sans violence*. On sait parfaitement pourquoi on a longtemps cru que la naissance était considérée comme un choc pour l'enfant; on sait par conséquent comment le faire naître de façon que ça n'en soit plus un!

L'expérience que nous avons vécue avec Arthur et Kalvine, nés tous les deux selon la méthode dite « Leboyer », nous autorise à insister quelque peu sur cette question de la naissance qui, non seulement est capitale pour l'enfant, mais aussi pour la relation triangulaire enfant-mère-père!

La naissance d'Arthur

Voici d'abord la naissance d'Arthur le 25 août 1977, telle que Dadou puis moi-même l'avions racontée dans *Mon école buissonnière*.

(DADOU)... Jaona m'aida à m'installer à la table de travail, et quelques minutes plus tard, nous avons vu arriver Marie-Thérèse B., la sage-femme qui devait nous assister, seulement dans l'accouchement. La « méthode Leboyer » suggère en effet que le couple accouche lui-même l'enfant, l'assistance médicale devant assurer sa sécurité et celle de la mère, mais dans le respect absolu de l'intimité du couple et du nouveau-né.

La sage-femme commença par éteindre les lumières, pour ne conserver qu'une douce pénombre : juste ce qu'il fallait pour voir suffisamment, tout en créant une ambiance paisible et recueillie. Car nous devions parler peu et, si nous avions à le faire, nous devions plutôt chuchoter.

C'était ce que nous faisions, Jaona et moi, à présent très concentrés sur le « travail ». La sage-femme restait discrètement à l'écart, n'intervenant qu'à ma demande. J'étais entièrement nue, les pieds dans les étriers. Jaona me soutenait le dos et le soulevait pour m'aider chaque fois que je devais « pousser ».

La sage-femme se joignit définitivement à nous pour la phase finale, dite « d'expulsion »... L'enfant pointait sa tête aux cheveux tout noirs, elle prit un miroir pour me le montrer.

(JAONA)... Je soutenais Dadou de toutes mes forces malgré mes bras presque tétanisés. Elle donna tout ce qui lui restait, haletante, le corps tremblant, le visage crispé par l'effort violent... et la tête de l'enfant sortit.

La sage-femme le dégagea prestement, en glissant un doigt sous chaque aisselle, et m'invita à le tirer à mon tour, en le tenant sous le bras. Complètement concentré sur ce que je faisais, je ne fis même pas attention à son sexe. D'un geste lent, je déposai directement notre enfant, qui n'avait poussé qu'un petit vagissement en guise de « cri » sur le ventre de sa mère. Elle lui donna tout de suite le sein qu'il suça goulûment, les yeux grands ouverts et, dans un état second, elle demanda à la sage-femme si c'était une fille ou un garçon. Après avoir délicatement soulevé la jambe gauche du nouveau-né, la sage-femme lui répondit de sa voix calme et claire :

– C'est un garçon !

J'accueillis cette nouvelle comme la plus naturelle qui soit (nous voulions absolument un garçon !), alors que Dadou, elle, montait d'un cran dans l'extase.

Tout allait donc bien. Notre bébé reposait ventre contre ventre, sur la peau tiède et souple du petit nid douillet que lui offrait sa mère. D'un geste ondulant, Dadou lui massait lentement le dos encore tout visqueux, mais si tendre... J'ai joint ma main à la sienne pour cette longue caresse pleine de notre sensualité que notre enfant approuvait d'un léger soupir.

Un peu à l'écart, madame B., la sage-femme, préparait maintenant la petite baignoire bleue pour le bain. Elle l'installa juste au bord de la table, prête à recevoir notre bébé que je plongeai doucement dans l'eau tiède. Les mains de Dadou le soutenaient et le berçaient, puis le laissèrent flotter. Et ce fut mon tour de sentir ce petit corps s'abandonner, léger comme une plume.

Puis il rouvrit les yeux tout grands. Un regard intense, profond et doux à la fois : des yeux noirs immenses qui semblaient interroger le monde alentour sur ce qui lui arrivait, tout en paraissant avoir sa petite idée sur la question...

Tous ces sourires, ces murmures, toutes ces caresses : toute cette fête saluait sa naissance, sa venue tant attendue au royaume des humains !

Alors, il s'anima à son tour, tourna la tête, à droite, à gauche, ouvrit la bouche, puis la referma ; il sortit la langue, et la rentra, avança ses lèvres, et suça le poing... Aussitôt sa main explora à nouveau l'espace, comme s'il désirait retrouver au plus vite cette délicieuse sensation.

Il s'essayait même à l'immobilité, le temps d'une fraction de seconde, comme pour mieux apprécier son petit manège, mieux goûter l'enchantement des tout premiers instants de sa vie.

Le cordon ombilical ne battait plus depuis quelque temps déjà. C'était l'heure idéale pour le couper enfin. Instant solennel, rite millénaire chargé de tous les sens, que j'accomplis avec précaution et gravité. Avec le bonheur immense d'être père...

La sage-femme nous quitta. Elle avait été formidable. Quelques instants plus tard, Dadou donna le sein à Arthur pour une vraie tétée cette fois; la toute première! J'étais émerveillé...

Le récit de sa naissance a profondément marqué Arthur. Pour lui, c'est l'épisode le plus beau, le plus émouvant de sa vie. Pour nous trois, ce qui s'y est passé incarne le point culminant de la relation qui nous unit. Au petit matin (il était six heures douze quand Arthur est né), dans la douce pénombre d'une salle de naissance silencieuse, la fusion entre Arthur, sa mère l'accouchant avec toutes ses « tripes », et son père qui la soutenait de toutes ses forces... Toute la suite de notre vie commune à tous les trois a été conditionnée par ce moment-là. Pas besoin de caméra pour graver cet instant, il est à jamais inscrit dans nos têtes. Nous n'avions qu'une envie : être à la hauteur à la fois d'une telle émotion et d'une telle maîtrise. Pour nous trois, la vie était belle et le chemin grand ouvert pour s'y aventurer en toute sérénité. Arthur avait parfaitement réussi son entrée en scène, maintenant c'était à lui de jouer!

Tout cela, nous le devons à la sage-femme qui nous assistait avec tact et efficacité. Et bien sûr à Frédérick Leboyer sans l'œuvre duquel nous n'aurions pas connu un tel moment de grâce.

A bien y regarder, il n'y a pas eu véritablement de rupture pour Arthur entre avant sa naissance et après. Pas d'état de choc : tous ses besoins ont continué d'être satisfaits! Simplement un sentiment un peu perplexe dans son regard : ce monde-là ne paraissait pas être tout à fait le même que précédemment! Même s'il allait y dormir pareillement jusqu'à vingt heures sur vingt-quatre!

Écologie de la naissance

Il faut le dire et le répéter : la naissance n'a pas lieu d'être un traumatisme. Cela peut être au contraire une vraie fête qui libère la sensualité la plus pure, les émotions primaires les plus intenses, gage des plus forts attachements!

Pour cela, il suffit d'en aménager l'environnement de façon à brusquer le moins possible, en fait de ne pas déranger la quiétude du nouveau-né. Il s'agit de faire en sorte que ça passe presque inaperçu pour lui. Par conséquent, la naissance exige plus qu'aucun autre événement humain une attitude authentiquement écologique. C'est-à-dire qu'il faut adapter ici les moyens mis en œuvre à l'intérêt suprême de l'enfant et de la mère – pour leur sécurité physique – et du trio enfant-mère-père – pour la dimension émotionnelle, affective et symbolique de l'événement.

Silence et pénombre en lieu et place du tumulte et de la lumière aveuglante des scialytiques.

Assistance médicale discrète et efficace qui respecte l'intimité du couple en prise – émotionnellement, affectivement, symboliquement – avec son accouchement.

Après l'accouchement, l'enfant et la mère ventre contre ventre, et des caresses ondulantes pour prolonger les sensations agréables de tiédeur et de douceur qu'éprouvait le bébé dans le ventre de sa mère.

La succion du sein, purement réflexe, qui favorise la montée de lait pour les prochaines tétées !

Le bain tiède qui prolonge les sensations de tiédeur et de douceur via l'apesanteur du milieu aqueux, familier au nouveau-né, puisqu'il l'a quitté il y a cinq minutes à peine !

Et pourquoi attendre que le cordon ombilical ne batte plus pour le couper enfin ? Réponse : pour assurer la complète transition entre la respiration du nouveau-né encore assistée par la mère *via* le cordon ombilical et son autonomie respiratoire totale.

Couper le cordon avant que la respiration autonome ne soit complètement installée, c'est provoquer l'entrée brutale de l'air dans les poumons du nouveau-né, ce qui « brûle » littéralement ses muqueuses hypersensibles car toutes neuves, comme de la fumée de cigarette aspirée pour la première fois, ou de l'eau-de-vie qu'on boirait « cul sec » en croyant qu'il s'agit d'eau. Cela lui « arrache » la gorge.

C'est pourquoi le nouveau-né se cabre, et surtout crie. Ce fameux cri qui célébrerait l'entrée parmi les humains n'est qu'un hurlement de douleur ! C'est le seul langage – avec les convulsions de son corps – dont le bébé dispose pour dire « NON ! » en signe de protestation. Car, à mesure qu'il respire, cela le brûle encore et encore. La naissance prend alors l'allure d'une épreuve.

Ni Arthur ni Kalvine n'ont connu cette entrée en matière traumatisante et il n'y a aucune raison pour que les enfants qui viennent à naître n'aient pas la même chance. Ce point du cordon ombilical est absolument crucial : la naissance n'est pas un traumatisme et n'a pas vocation à l'être, les faits le démontrent clairement !

Évolution de l'obstétrique

Il est heureux que, depuis que Frédérick Leboyer a exposé sa méthode, les choses aient pas mal bougé dans les maternités. Combattue au début comme toute innovation, son approche de la naissance a été progressivement prise en compte par ceux-là mêmes qui l'ont critiquée et parfois violemment.

Il est réconfortant de constater que c'est plutôt dans le sens de la « méthode Leboyer » que les pratiques obstétricales évoluent aujourd'hui, même si l'on privilégie peut-être encore un peu trop le confort (mais pas forcément celui primordial de l'enfant !) au détriment de l'émotion, trop la technique au détriment de l'humain, le matériel au détriment du symbolique.

Or une des fonctions de la naissance, et pas la moindre, réside dans sa dimension symbolique qui donne sens à la relation triangulaire enfant-mère-père, cadre fondamental du développement de la personnalité de l'enfant. Prôner une naissance limitée à la dimension physiologique d'un acte médical parfois surmédicalisé – et aux effets secondaires insoupçonnés – c'est en quelque sorte nier la spécificité humaine de l'individu. La naissance d'un enfant n'est pas seulement un acte d'obstétrique à satisfaire « mécaniquement ». Sous cet aspect technique ce ne serait pas très différent de l'accouchement d'un animal !

Faute de dénicher une clinique offrant ce type de prestation – il est très difficile d'y obtenir une place, compte tenu du nombre important de demandes par rapport au nombre restreint des cliniques (rançon du succès ?) –, il faut trouver une maternité où les esprits soient assez ouverts pour accepter les aménagements que vous souhaitez apporter à la naissance de votre enfant. L'une de nos amies s'est merveilleusement bien débrouillée pour que son enfant naisse dans les meilleures conditions possibles dans une maternité traditionnelle, pratiquant des accouchements tout ce qu'il y a de plus classique.

Elle a demandé, outre que son compagnon participe activement à la naissance de leur enfant, qu'on baisse la lumière, qu'elle puisse diffuser pendant l'accouchement une musique de relaxation, et surtout qu'on ne coupe pas le cordon avant qu'il ne s'arrête de battre complètement ! La maternité qu'elle avait choisie se distingua encore par une pratique intéressante : ne pas mesurer l'enfant le jour de sa naissance pour ne pas le déplier brutalement. C'est en effet judicieux, car il faut ménager la position habituellement repliée du nouveau-né, celle du fœtus, qu'il avait dans le ventre de sa mère ! Pourquoi impérativement exécuter cette opération plutôt désagréable pour le nouveau-né juste après sa naissance, alors que la variation de taille est insignifiante dans les deux ou trois premiers jours qui suivent !

Ce dernier détail montre, s'il en est besoin, que l'accueil de l'enfant à la naissance est encore perfectible. Les recherches en ce domaine convergent toutes dans leur quête d'un meilleur bien-être de l'enfant, peu éloigné finalement de celui qu'il éprouve dans le ventre de sa mère. De sorte que, comme nous l'avions annoncé plus haut, le nouveau-né ne ressente pas la naissance comme un moment de rupture brutale dans son évolution, générateur de choc et de traumatisme, mais bien comme une phase de transition que sa douceur rend quasiment imperceptible à ses sens, mais ô combien précieuse pour le sens de sa vie. La naissance n'est pas alors souffrance mais bien *délivrance* !

La préparation à l'accouchement

La naissance doit, comme les plus belles fêtes, être préparée avec le plus grand soin. On retrouve pour cela durant la grossesse les deux aspects qui prévalent à la naissance : l'aspect physiologique et l'aspect relationnel.

Une expérience partagée

Dès la conception d'Arthur, nous vivions résolument en trio. Dadou en était le centre. Durant la période de la grossesse, satisfaire ses besoins à elle – physiologiques et psycho-affectifs – c'était satisfaire ceux du bébé. Une bonne hygiène de vie de la mère ne pouvait que profiter à la santé du bébé ; comme une vie de couple pleine de tendresse et de sensualité – le corps transformé de la femme ne mettant pas en veilleuse le désir et l'amour charnels – ne pouvait que lui être agréablement sécurisante.

Toutefois, il est vrai que deux couples sont en scène : le couple mère-bébé et le couple mère-père. Le premier peut éventuellement concurrencer le second, impliquant une possible exclusion du père. Mais l'expérience montre que les deux couples sont fortement complémentaires et que le rôle du père dans le trio n'est surtout pas celui de l'absent, encore moins celui de l'exclu.

Le père peut lui aussi communiquer avec son enfant : après que la mère l'aura préalablement présenté au bébé par un clair, distinct et doux « voici ton père », le père peut le caresser dès qu'il se manifeste par ses premiers mouvements réflexes vers le quatrième mois, et peut lui parler à partir du sixième, au moment où le bébé commence à entendre !

L'échographie a sans aucun doute modifié la façon dont la grossesse est vécue, notamment par le père. La grossesse étant considérée comme l'aventure de la femme avant tout, l'homme s'en trouvait exclu. Nombreux sont désormais les pères ayant reconnu l'impact extraordinaire de l'échographie sur leur implication dans la grossesse : cette image éloquente de l'enfant qu'ils ont vu bouger, qu'ils ont vu réagir les a associés à la magie de la grossesse en leur donnant l'impression de participer à l'aventure. Comme quoi la technique peut elle aussi contribuer à tisser le lien triangulaire enfant-mère-père.

A la base et, plus simplement, l'échographie est un examen qui sert à rassurer le couple sur le bon déroulement de la grossesse, et à annoncer le sexe de l'enfant, ce qui en cas de contrariété permet des réajustements et le remodelage de l'imaginaire des parents. Ce fut le cas pour nous, lorsque la dernière échographie nous annonça un mois et demi avant la date prévue de la naissance que notre deuxième enfant serait une fille, alors que la première nous avait annoncé – avec des doutes certes – le garçon que nous souhaitions au départ.

Nous avions pris nos précautions, puisque nous avions prévu d'appeler l'enfant Calvin (prononcé à l'américaine) si c'était un garçon et Kalvine si c'était une fille. Dans les deux cas, l'enfant entendait strictement la même chose quand nous lui parlions dans le ventre de sa mère ! Cependant, il nous a fallu – ainsi qu'à Arthur ! – une semaine pour abandonner l'idée du petit frère à qui Arthur allait apprendre à jouer au foot et pour nous faire à celle d'une petite sœur. Cela représentait une totale nouveauté, d'où le charme de la situation.

Le problème de la douleur

Une épreuve initiatique pour la femme et pour le couple

Pas plus que l'enfant, la femme n'a vocation à souffrir pendant l'accouchement. Elle a le désir de le vivre pleinement, de ressentir son action décisive dans son être le plus primitif. L'accouchement est avant tout son affaire et celle de l'enfant. Il ne la sollicite point au niveau intellectuel, cérébral, mais au niveau du corporel, du viscéral. C'est un rendez-vous de la femme avec elle-même : *une épreuve initiatique* où il lui faut par sa vitalité concrétiser son désir d'enfant.

Pour la naissance d'Arthur, Dadou a puisé au fond d'elle-même toutes les ressources que nécessitait la maîtrise de son corps, car maîtriser son corps, c'était maîtriser son désir d'enfant dans sa phase décisive. Elle a tout donné d'elle-même pour recevoir ce qu'elle désirait de plus cher au monde : son premier enfant. Quoi de plus normal finalement ? N'entend-on pas les gens souvent dire : « Je donnerais tout pour ce que j'ai de plus cher ! » Pour une femme, l'accouchement est une occasion privilégiée. La saisir, c'est se donner une dimension symbolique que les hommes ne peuvent qu'envier, car ceux-ci n'ont pas finalement d'épreuve comparable à vivre.

L'intensité de l'effort d'une femme qui accouche est une leçon d'humilité pour l'homme, son œuvre ne peut que lui inspirer l'admiration et la reconnaissance, car le plus dur dans la procréation, c'est bien elle qui le réalise.

Toute la vertu d'une naissance réside, à la fois, dans le puissant lien triangulaire enfant-père-mère qu'elle décuple, et dans les prises de conscience respectives qu'elle engendre : capacité de dépassement, don de soi pour la mère; humilité et reconnaissance pour le père. Tout cela est si fortement, si pleinement vécu, qu'on peut cette fois-ci parler de choc de la naissance. Mais cela ne concerne pas l'enfant et possède une connotation plutôt positive. On parle du choc que provoque l'amour, la première fois. L'accouchement est une seconde façon de rencontrer l'amour *via* l'enfant, fruit de cet amour; ce qui marque forcément d'une empreinte profonde la vie du couple.

Dadou et moi avons connu, comme la plupart des couples, des hauts et des bas dans notre relation. Il est assez remarquable de noter que, lorsque ça n'allait pas fort entre nous, les images de la naissance d'Arthur nous ont toujours rapprochés et finalement réconciliés. Chacun de notre côté, nous nous y sommes ressourcés et y avons puisé la force de notre amour, et du coup retrouvé l'essentiel de ce que nous partagions ensemble.

Avec ou sans péridurale?

La préparation à l'accouchement sans douleur (ASD), dite aussi psycho-prophylaxie obstétricale (PPO), que Dadou a assidûment suivie pour la naissance d'Arthur en 1977, lui a permis de vivre pleinement celle-ci en engageant un effort d'une belle intensité dans cette épreuve de vérité dont elle est sortie sublimée.

Depuis, les femmes peuvent avoir recours à l'anesthésie péridurale qui en annihilant la sensation de douleur les dispense d'avoir à la contrôler. C'est certainement un progrès pour les femmes qui risqueraient de perdre totalement le contrôle de leur corps ne pouvant supporter les douleurs provoquées par les contractions. Mais c'est peut-être aussi un peu dommage pour celles qui, par un seul souci du « confort », se priveraient d'un vécu d'une intensité unique d'un point de vue émotionnel et affectif. La péridurale n'est tout de même en rien comparable – comme certains l'ont dit – à l'anesthésie pour un arrachage de dent. C'est là comparer, d'une certaine façon, un enfant à une dent...

Chaque femme devrait pouvoir prendre sereinement sa décision, avec toutes les données en sa possession : le pronostic de l'accouchement (à risques ou pas), et la connaissance profonde qu'elle a d'elle-même, de ses ressources totales face à une épreuve d'une telle exigence. A partir de là, sa décision doit être respectée. L'essentiel est que ça soit effectivement la sienne et qu'elle l'assume avec le soutien de tous!

Pour notre second enfant né en 1988, Dadou qui avait suivi la même préparation psycho-prophylactique – et recouru en plus à la sophrologie et à une préparation en piscine – a naturellement choisi d'accoucher sans péridurale; d'autant plus que l'accouchement d'un second enfant est réputé plus « facile » que le premier. Ce fut en effet le cas : Kalvine est sortie sans que Dadou ait eu à produire beaucoup d'efforts et sans qu'elle ait eu beaucoup de douleurs à contrôler. Cela ne fait que confirmer l'avis général du corps médical selon lequel le problème crucial du contrôle des douleurs dues aux contractions se pose surtout pour le premier enfant.

Méthodes naturelles de préparation et d'accouchement

En 1992, les multiples possibilités naturelles qui sont offertes aux femmes, aussi bien pendant la préparation que pendant l'accouchement lui-même, pour les aider – notamment à maîtriser la douleur – devraient les encourager à désirer vivre activement et pleinement la naissance de leur enfant. Outre l'indispensable préparation à l'accouchement sans douleur (ASD) ou psycho-prophylaxie obstétricale (PPO), entre l'acupuncture, l'anesthelec, le yoga, la sophrologie, la préparation en piscine, le chant prénatal, le bain prénatal, l'haptonomie, l'accouchement dans l'eau, les méthodes naturelles abondent fort heureusement pour que la naissance soit une fête (voir en fin d'ouvrage où s'adresser pour chaque méthode).

- Accouchement sans douleur (ASD ou PPO)

Ce type de préparation se fonde sur deux principes : une information précise sur la maternité, le développement du fœtus et l'accouchement; un entraînement aux techniques respiratoires et à la relaxation. Elle est pratiquée dans toutes les maternités publiques et privées et souvent accompagnée d'une préparation en piscine. Elle a toujours lieu en groupe.

• Acupuncture

Exercée par les praticiens du « maniement de l'énergie vitale », l'acupuncture est une alliée précieuse pour la femme enceinte et durant l'accouchement. Pour les phobiques, sachez que l'acupuncture est indolore.

– Pendant la grossesse

Elle soulagera bien des maux : nausées, troubles de la digestion, douleurs dorsales, jambes fatiguées, stress et fatigue nerveuse.

– L'accouchement

Certains acupuncteurs proposent une préparation spécifique à l'accouchement et peuvent ensuite vous assister pendant son déroulement. Une maternité ne peut vous refuser la présence de votre acupuncteur. Il existe également des maternités qui pratiquent elles-mêmes la préparation et l'accouchement avec acupuncture.

• Anesthelec

Le procédé, mis au point par le professeur Limoge de la faculté dentaire de Montrouge, a depuis plusieurs années trouvé de nombreuses applications dans le traitement de la douleur. On l'applique depuis peu aux accouchements. Le procédé est simple : à l'aide de trois électrodes placées sur le front et sur les sourcils, aux points d'acupuncture, on fait passer un courant alternatif de très faible intensité. C'est donc indolore et sans danger. Ce courant stimulant les voies et les centres de douleur provoque la sécrétion par le système nerveux d'endorphines (endomorphine et enképhaline), substances naturelles qui abaissent la douleur, de la même manière que la morphine. Cette technique présente de nombreux avantages :

– elle évite le recours aux traitements chimiques habituels;

– en abaissant le seuil de la douleur et du stress, elle favorise l'ouverture du col et réduit le temps du travail;

– pouvant être pratiquée par les sages-femmes, elle permet d'éviter la présence permanente d'un anesthésiste;

– n'étant pas codifiée par la Sécurité sociale, elle est gratuite pour les femmes qui accouchent.

• Yoga

Le yoga est une philosophie de la vie dont l'objectif est l'équilibre de soi, le corps et l'esprit ne faisant qu'un, en parfaite harmonie. Pour la préparation à l'accouchement, il offre un apprentissage de postures et de techniques respiratoires, spécifiques à la femme enceinte et adaptées à chaque personne, qui favorisent la connaissance intérieure, le contrôle de soi et la relaxation. D'où l'intérêt de s'adresser à des centres spécialisés dans ce type de préparation.

• Sophrologie

Que l'on parle de sophro-hypnose ou de sophro-relaxation, les bases sont les mêmes : partant du principe que nos comportements sont la résultante de conditionnements faits au cours de notre vie, la sophrologie, grâce à un travail approprié sur l'état de conscience du sujet, se propose de modifier ces conditionnements et même d'en créer d'autres lorsque les premiers nuisent à son équilibre.

L'autre principe clé de la sophrologie, c'est l'esprit positif : apprendre à s'aimer, soi-même et son corps, à accepter ses faiblesses et à en faire une force à travers une vision positive de soi.

Par sa voix et un discours approprié, la sage-femme sophrologue induit une baisse de l'état de conscience, diminue les défenses psychologiques et amène à une détente mentale : c'est l'état hypnotique. Dans cet état, par suggestion verbale, la sage-femme vous pousse à penser à votre corps et à ce petit enfant qui l'habite. Elle vous amène à accepter profondément l'accouchement et vous en décrit toutes les phases. Elle vous apprend pour chacune d'elles, et par les techniques respiratoires, ce qu'il faut faire, ce qu'il faudra faire le jour « J ».

Ni la douleur, ni la souffrance, ni les peurs ne sont exclues de cet apprentissage, au contraire. On vous prépare à être active face à elles et à savoir les maîtriser.

Si vous voulez réellement profiter de cette méthode, commencez dès le 5e mois de votre grossesse et, si vous le pouvez, complétez-la par une préparation en piscine.

• Préparation en piscine

Si aucune contre-indication à l'eau ne vient troubler votre grossesse, que vous sachiez nager ou non, n'hésitez pas : aucun sport n'est aussi favorable que la natation lorsqu'on est enceinte. Ce sport non violent fait merveille pour votre circulation, vos muscles, votre capacité respiratoire, votre peau et pour votre état nerveux.

Selon les spécialistes, la brasse coulée est la plus adaptée pendant ces neuf mois : mettre la tête sous l'eau développe votre cage thoracique et vous apprend à contrôler votre respiration. Le mouvement de repli des jambes musclera efficacement le périnée, assouplira muscles et tendons internes des cuisses, particulièrement sollicités au moment de l'expulsion. De plus, cette nage, obligeant à arrondir le dos, prévient des douleurs dorsales fréquentes en fin de grossesse.

Les séances se composent d'exercices d'assouplissement, de respiration et de relaxation.

Vous pourrez continuer ces séances après l'accouchement pour retrouver votre forme sous l'œil attentif du maître nageur et des sages-femmes.

• Bain prénatal

Sans forcément aller jusqu'à accoucher dans l'eau, l'attente en début de travail dans un bain d'eau tiède relaxe et détend efficacement. Assise, plus libre de vos mouvements, vous supporterez mieux les contractions en prenant la position qui vous est le plus agréable.

• Chant prénatal

En travaillant votre voix, aussi bien pendant la grossesse que pendant l'accouchement, vous apprenez à respirer pleinement, totalement, avec tout votre corps comme le font les cantatrices.

Ainsi, vous apprendrez à moduler, à harmoniser votre voix, à diriger votre souffle en le rendant puissant et profond, à assouplir votre bassin et à fortifier vos reins. Un acquis que vous garderez puisque vous saurez chanter.

De plus, vous vous constituerez un répertoire de chants pour « futures mamans » précieux après la naissance pour bercer votre bébé.

• Haptonomie

Frans Veldman, le créateur de cette méthode, la définit comme la science du toucher qui recrée le lien fondamental entre la mère, le père et leur enfant.

Le toucher haptonomique n'est ni érotique, ni froid et objectif comme celui du médecin. Il est fait de tendresse et induit une détente complète chez la femme enceinte.

Dans cet état privilégié, la mère et le père entrent en relation corporelle et émotionnelle avec leur bébé grâce à l'imposition des mains et leurs déplacements sur le ventre de la mère. La réaction du petit enfant, lové à l'intérieur, est toujours étonnante : très vite, il reconnaît les caresses de ses parents et entre en communication avec eux ! Très vite, par la pensée et par le toucher, les parents peuvent le faire se déplacer et même jouer avec lui. C'est pourquoi, d'un point de vue strictement médical, l'haptonomie est une aide précieuse en cas de mauvaise présentation. En effet, lorsque la « famille » a suivi cette préparation, le désir de la mère et le toucher de l'haptonomiste peuvent inciter le bébé à se mettre dans la bonne position.

Pendant l'accouchement, le père, étroitement associé aux séances de préparation, joue un rôle primordial. Il soutient sa femme en la prenant dans ses bras. Dans cette position, il est son prolongement qui canalise la douleur : l'haptonomie ne vise pas à faire disparaître cette douleur, mais permet à la mère de la vivre en la maîtrisant, sans fuir et sans que son corps se crispe.

Selon Frans Veldman, grâce à la « guidance haptonomique », il n'y a plus d'accouchement mais « un bébé qui se fait naître, accompagné par sa mère et son père ».

Cette préparation demande que l'on soit très motivée et nécessite une grande assiduité. Une dizaine de séances sont nécessaires ; huit vous sont intégralement remboursées par la Sécurité sociale.

A la lumière de notre expérience, si aujourd'hui nous attendions notre premier enfant, nous rechercherions sans doute une maternité qui offre notamment : la préparation en piscine, la sophrologie et l'haptonomie (ces deux dernières méthodes étant remboursées, comme l'accouchement sans douleur (ASD), par la Sécurité sociale pour huit séances).

Quant à l'accouchement lui-même, nous aurions « encadré » la méthode Leboyer par l'attente dans l'eau tiède (bain prénatal) pour se relaxer avec des jets massants calmant les douleurs dorsales; et nous aurions aussi adopté, sans doute, l'approche de l'haptonomie, dont nous étions en fait déjà intuitivement assez proches pour la grossesse et la naissance d'Arthur et de Kalvine.

Un dernier point sur la naissance, au sujet de l'atmosphère qui idéalement devrait y présider : il nous paraît important de souligner l'avantage d'accoucher avec quelqu'un qu'on a appris à connaître, avec qui la communication est déjà assez rodée. Ce fut notre cas. Que ce soit avec la sage-femme pour Arthur, ou le médecin-accoucheur pour Kalvine, chaque fois, le courant est merveilleusement bien passé. Une naissance, en fait, c'est surtout une affaire de *feeling*.

Donnez une bonne santé à votre bébé

Oxygénez-vous :

– en évitant tout effort intense et violent;

– en évitant tout risque de traumatisme consécutif à une chute lourde, à un coup, à une balle;

– en faisant de l'exercice en douceur à partir du 4e mois : marche, streching (voir plus loin, pages 189 et 284), et surtout natation avec la préparation en piscine.

Évitez :

– alcool, tabagisme (actif ou passif) et autres excitants (café, thé, épices);

– nuits blanches, voyages longs et fatigants;

– médication lourde, somnifères et autres tranquillisants

Donnez une bonne santé à votre bébé *(suite)*

à remplacer par des séances de relaxation, la sophrologie et par des infusions de plantes (tilleul-marjolaine-camomille).

Nourrissez-vous « BIO » (reportez-vous au chapitre « Bien se nourrir », p. 142) : consommez des aliments de culture biologique « garantis sans engrais chimiques et sans pesticides », c'est le secret de la vitalité d'Arthur et de Kalvine !

– des protéines et des acides aminés pour « construire » votre bébé : d'origine animale (poissons, œufs, produits laitiers) et d'origine végétale (légumineuses, céréales complètes, pain complet) ;

– des glucides lents pour votre énergie et celle de votre bébé (pain complet, céréales complètes : pâtes, riz, couscous, orge, maïs, sarrasin) ;

– des vitamines, dans les céréales, les légumes et fruits frais, et des minéraux – dont le calcium et le phosphore – pour la croissance du bébé. On les trouve dans les produits laitiers, les légumineuses, les céréales complètes et dans les fruits secs (figue, amande, noisette).

Variez les saveurs pour développer le goût de votre bébé : il apprécie déjà les différentes saveurs vers le 8ᵉ mois de grossesse et en cultive la mémoire.

Épargnez-lui votre stress

Restez active mais avec modération : la grossesse n'est certes pas un état de maladie qui rend impotent ou totalement indisponible, mais évitez tout risque de « coup de pompe ».

Relaxez-vous régulièrement :

– pour être en harmonie avec votre corps ;

– pour que votre énergie y circule librement ;

Épargnez-lui votre stress *(suite)*

– pour être « centrée » sur l'essentiel : vous, votre bébé, et son père !

Évitez toute situation « à problème » :

– dans la fiction : lecture, film, pièce de théâtre ;

– dans la réalité : disputes (même et surtout avec l'entourage proche !), certains débats ou émissions de télévision.

Soyez créative et gaie : osez !

– écrire, dessiner, peindre, chanter, etc.

Restez belle et désirable : enceinte, l'image que vous avez de vous-même conditionne plus que jamais votre humeur et votre comportement !

DE LA NAISSANCE AUX PREMIERS PAS

Attachement et détachement

Les jours qui ont suivi la naissance d'Arthur, Dadou ne s'en séparait que dix minutes par jour, le temps du bain quotidien, cela signifiait que son bébé dormait tout le temps avec elle – soit à côté d'elle, soit sur elle, blotti dans ses bras, et que, lorsqu'il était éveillé, ce n'était qu'allaitement généreux, mots doux, caresses, échanges de regards, mais aussi déjà exploration de ce qui l'entourait.

Progressivement, le père que j'étais devenait une présence connue, répertoriée, apte à former avec la mère des repères sûrs et sécurisants.

Nous avions ainsi fondé avec notre enfant son nécessaire besoin d'*attachement* qui allait constituer une sorte de « port d'attache » au besoin de *détachement*, second volet du développement de l'enfant.

Pour l'enfant, le détachement, c'est le mouvement vers le large qui va le conduire par étapes à son autonomie. Cela commence donc par l'exploration immédiate de son nouvel environnement. Dès que, dans un échange de regards avec la mère ou le père, il se met spontanément à détourner les yeux et regarder ailleurs, c'est que c'est cet ailleurs qui l'intéresse!

Essayer de capter de nouveau son regard en manipulant sa tête vers soi serait en quelque sorte violer son besoin de détachement. C'est à la fois le frustrer de sa liberté de porter son regard spontanément là où il le désire, et nuire à sa conquête d'autonomie. Il faut simplement attendre que son regard veuille bien nous revenir.

A mesure que son développement moteur lui procure plus d'autonomie – il va ramper, faire du « quatre pattes », marcher, etc. – son besoin de détachement s'exacerbe, pour satisfaire sa fringale de curiosité. Ce qui accroît rapidement sa connaissance du monde qui l'entoure, ce qui en retour stimule son besoin de détachement. Et ainsi de suite. Mais tout en conservant la sécurité affective de l'attachement. Ce que le grand psychanalyste anglais Donald Winnicot résume en invoquant le besoin de l'enfant « d'être seul en présence de sa mère ».

Ainsi lorsque, dans son exploration, le bébé est confronté à un dilemme, il se tourne automatiquement vers sa mère pour recueillir sur son visage une indication sur ce qu'il convient de faire. Elle incarne alors d'une certaine manière l'autorité, celle qui « autorise », étymologiquement celle avec qui il est attaché et qui a le pouvoir d'accroître son besoin d'être détaché.

Le meilleur moyen d'accroître le besoin de détachement de son enfant, c'est par exemple de lui réserver un large espace d'exploration débarrassé de tout objet précieux ou dangereux, au lieu de le confiner dans un parc avec quelques jouets dont il aura vite fait le tour ou de le rappeler constamment à l'ordre : « Touche pas ci! touche pas ça! », ce qui est dresser autant d'obstacles à son besoin de connaître, infliger autant de frustrations à son désir de vivre.

On aura remarqué que Winnicot dit bien « en présence de sa mère », c'est-à-dire la personne avec qui son attachement est le plus fort, avec qui sa communication est la plus rodée. Cela situe l'importance capitale de la relation mère-enfant dont la permanence et la qualité fondent sa confiance au monde (attachement = la mère qui *sécurise*) et sa confiance en lui-même (détachement = la mère qui *autorise*).

Un interlocuteur privilégié : la mère

Rappelons-le avec force : le bébé n'est pas un adulte en miniature. C'est un adulte en devenir : un être d'un type différent, encore largement indéterminé malgré ses caractères héréditaires.

Le développement spécifiquement humain de l'enfant passe par sa maîtrise progressive de la communication humaine qui est la condition même de son épanouissement et dont il commence le long apprentissage au contact de sa mère.

On sait que, très tôt déjà, le nourrisson reconnaît la voix de sa mère, son odeur, et qu'il est capable au bout de quelques semaines de synthétiser les divers aspects de sa mère (la voix, l'odeur, le visage, la caresse, etc.) de façon à construire une image intégrée de celle-ci. Très rapidement, il saura qu'une partie (la voix, l'odeur, le visage, etc.) peut représenter le tout (sa mère) ! S'engage entre eux ce que T. Berry Brazelton, le grand spécialiste des bébés, a décrit comme une « danse interactive » : un système de communication interactive synchrone où les agissements – mimiques, vocalisations, gestes, mouvements de rapprochement, de retrait – ont valeur de messages codés que la mère et le bébé déchiffrent et qui déterminent leurs attitudes d'une manière prévisible. Des variations introduites par la mère élargissent le vocabulaire de cette communication. Mais, si la variation est trop brutale, elle crée une rupture dans l'harmonie et désoriente le bébé « qui perd pied ». Ce que la cruelle expérience du *still face* a démontré.

La mère est un miroir pour l'enfant

Une mère assise en face de son bébé joue normalement avec lui, puis on lui indique qu'elle doit soudainement stopper tout mouvement et suspendre vocalisations et mimiques, en un mot devenir impassible. Qu'observe-t-on alors ? Le bébé montre d'abord de la surprise puis, l'air un peu désemparé, cherche à faire réagir sa mère. Il gesticule, lui sourit, tend les bras, fait entendre de petits cris. La mère reste toujours aussi impassible devant ses tentatives pour la ramener à lui. Le bébé s'énerve et finit par complètement paniquer, fondant en larmes, tirant sur ses vêtements, portant les mains à sa tête. La détresse totale.

La mère a fait en quelque sorte le « mort », mais le bébé lui ne joue pas à ce jeu et a cru qu'il l'avait « perdue ». Après avoir tenté de la ramener à lui – c'est-à-dire la ramener à la vie –, mais en vain, il a fini par accepter qu'il l'avait bel et bien perdue, et qu'il restait désormais seul, mais comme sa mère et lui ne font encore qu'un, « seul » signifie pour lui « mort ».

On imagine l'insoutenable angoisse de ce bébé devant la mort qui lui fait face « impassiblement ». Comme on imagine la même angoisse du bébé lorsque la faim le tenaille – que la mort est en train de lui dévorer le ventre – et que personne ne vient le nourrir. La vie est devenue un calvaire : son instinct lui dit de combattre pour survivre ; mais son organisme, lui, est atteint : l'énergie se bloque, il dit « non » à la vie. L'angoisse cumulée à chaque souffrance renforce imperturbablement le blocage du flux de l'énergie, le blocage de toute vie en lui.

Or le développement de tout être vivant – de l'amibe à l'homme en passant par la plante – est conditionné par le libre flux de l'énergie. Le système est alors ouvert, réceptif, confiant : il dit « oui » (signe de tête vertical – de haut en bas – chez les humains, dans le sens du flux d'énergie selon le parcours des vaisseaux sanguins ou les méridiens d'acupuncture !). Si ce flux est bloqué, c'est que le système est fermé, réfractaire, défiant : il dit « non » (signe de tête horizontal, dans le sens qui fait barrage au flux de l'énergie !). Le bébé doit être épargné au maximum des traumatismes qui bloquent son énergie et qui en conséquence le conditionnent à se fermer à toute stimulation interne ou externe, donc à se soustraire à toute communication.

Il faut envisager le bébé comme l'être le plus ouvert qui soit, le plus réceptif, le plus confiant. La communication qu'on doit avoir avec lui doit être *prégnante* : à la fois univoque, claire et précise.

Le bébé est, malgré les apparences, quelqu'un de très sérieux qui « prend un chat pour un chat » puisqu'il n'a aucune raison de le prendre autrement. Lui dire en rigolant « je vais te manger » n'est une plaisanterie que pour son auteur. Dans l'absolu, c'est une maladresse aux répercussions imprévisibles.

Le bébé est très sérieux parce qu'il n'est pas là pour rigoler mais pour grandir. Il n'est pas un jouet destiné à divertir les grands mais un être qui joue sa vie à chaque étape de son développement. C'est un être précieux pour lui-même qu'il convient de protéger des défauts de son milieu et de nourrir de ses insoupçonnables richesses. La symbiose mère-enfant est à ce titre le meilleur garant connu à ce jour d'un développement harmonieux de l'enfant, le digne reflet d'une même symbiose – d'un même bien-être – qui régnait dans le ventre de la mère. L'image intégrée que l'enfant construit de la personne qui satisfait quasi instantanément ses besoins – nourriture, confort, attachement – et son désir de communiquer lui donnent une vision résolument euphorique de la vie. La mère fait véritablement fonction de miroir pour son enfant.

On sait depuis les observations de Spitz, en particulier, qu'un enfant de cinq mois séparé de sa mère pendant plus d'un mois présente de sérieux troubles psychosomatiques ; et d'autant plus préjudiciables pour lui qu'il était plus jeune avant d'être séparé de sa mère. Que se passe-t-il d'autre lorsque l'enfant se trouve confronté à des sensations disparates qu'il n'arrive pas à synthétiser, lui donnant l'impression de vivre une existence morcelée, qu'il ne peut pas rassembler ? En un mot, comment fonctionne un nourrisson privé d'une relation à la mère, de cette symbiose qui structure son existence, guide son engagement dans le monde, son action sur l'environnement. Comment s'identifier en tant qu'humain dans le reflet d'un miroir brisé ?

« C'est évident, rappelait clairement Françoise Dolto, l'enfant ne fonde son existence que par la relation à sa mère. C'est la relation à sa mère qui fait que le sujet se connaît en tant qu'humain. C'est aussi par elle qu'il est référé à la personne de son père. »

Un langage codé

L'étude approfondie de la communication mère-enfant rend compte de la sensibilité du bébé aux messages de sa mère, et particulièrement de ceux qui ont une tonalité émotionnelle. Les états émotionnels de la mère influencent ceux du bébé, au point que des psychanalystes comme Bertrand Cramer ou Serge Lebovici, amenés à pratiquer la prévention et le traitement des troubles psychiques du bébé – qui se manifestent psychosomatiquement, par le langage du corps – passent par l'intermédiaire de la mère.

Par ailleurs, on a vu précédemment avec Brazelton que les interactions entre le bébé et la mère constituaient un état continu de conversation *non verbale* avec un vocabulaire formé de vocalisations, de mimiques, de gestes, de rapprochement et d'éloignement qu'il a appelé « danse interactive ». C'est en fait le moment où le bébé inaugure l'apprentissage du sens !

Comme dans le langage articulé un mot est un « signifiant » renvoyant – par convention – à un contenu de sens, ici c'est l'ensemble que produit la simultanéité des éléments du vocabulaire (vocalisations, mimiques, etc.) qui devient un « signifiant » renvoyant à un message dont la signification constitue un contenu psychologique que le bébé intériorise et qui donne sens aux attitudes de sa mère ainsi qu'aux siennes propres. Par exemple, le froncement de sourcils, le mouvement de va-et-vient latéral de la tête et les mots « non, non » de la mère indiquent au bébé sa désapprobation. Alors qu'un large sourire, un mouvement de va-et-vient longitudinal de la tête et les mots « oui, oui, mon bébé » lui indiquent au contraire son approbation.

Accomplir son rôle de mère

La relation à la mère fonde l'existence de l'enfant, inaugure son apprentissage du sens. L'enfant ayant fait de sa mère son partenaire de choix, il est totalement ouvert, confiant à son contact lorsqu'elle le guide dans sa découverte du monde en stimulant ses capacités sensorielles, motrices et intellectuelles.

C'est dire combien permettre aux femmes d'accomplir pleinement leur rôle de mère auprès de leur enfant devrait être une priorité sociale, car pour le développement de l'enfant l'enjeu des premières années – et notamment de la toute première – est crucial. Un minimum serait, pour les mères qui travaillent, que le congé de maternité se prolonge jusqu'au sixième mois après la naissance. Car, ayant acquis pendant les six premiers mois de sa vie une notion précise de ce qui lui est familier, notamment les visages des proches, l'enfant est alors susceptible d'accepter le contact avec une personne étrangère, celle qui remplacera momentanément sa mère pendant que celle-ci sera à son travail. Quant à l'idéal, nous verrons plus loin pourquoi et comment le cadre familial reste le *must* pour l'équilibre psycho-affectif de l'enfant, condition *sine qua non* de son développement harmonieux.

Répondre au langage de l'enfant

Ces six premiers mois ont pour fonction essentielle de donner des repères au nouveau-né, car il a besoin de voir clair dans cet univers qui lui apparaît au début comme un ensemble flou, mouvementé, bourdonnant. Les seules choses qui lui paraissent évidentes, ce sont les besoins qu'il ressent de l'intérieur : la faim, le froid, la solitude, la fatigue. Et son seul langage pour les exprimer, ce sont les pleurs. Aussi, répondre instantanément à son appel, c'est non seulement bien satisfaire son besoin et assurer son bien-être, mais aussi communiquer avec lui dans son propre langage. C'est lui manifester clairement notre compréhension, c'est le rassurer sur l'efficacité de son langage rudimentaire, donc sur son bien-fondé, sur son sens.

L'enfant n'a pas d'autre langage à ce moment-là. Imaginez que vous demandiez poliment l'heure dans la rue et que personne ne vous prête attention. Vous vous diriez : « Pourquoi n'ai-je pas de réponse ? Que se passe-t-il donc ? c'est insensé ! » Le bébé, qui n'obtient pas immédiatement de réponse à son signal, doit lui aussi se dire quelque part que le monde où il vit est « insensé » ! Ce qui n'est pas le meilleur moyen de l'aider à y voir clair, à lui donner des repères sûrs. Or le bébé doit non seulement pouvoir trouver le bien-être qui sied à un monde accueillant, le bien-être propice à cultiver sa confiance envers ce monde qu'il explore, mais il doit aussi faire l'apprentissage du sens pour avancer dans la découverte de son univers. D'où l'extrême importance qu'il faut accorder à la satisfaction du besoin de l'enfant au moment précis où il le signale.

Cela donne indirectement la réponse à la question de savoir quand il faut nourrir le bébé : tout simplement, quand il signale sa faim!

Pour le reste – sachant qu'aucun bébé ne pleure sans raison – il nous appartient de deviner ce qu'il désire. Parfois c'est difficile, mais on arrive toujours à calmer ses pleurs en le tenant tendrement contre soi, c'est une question de patience. Sans cette vertu qu'est la patience, élever un enfant tiendrait de la gageure...

L'apprentissage des sens

C'est donc avec ses sens que l'enfant va d'abord explorer son univers. Développer leur acuité en les stimulant harmonieusement, c'est l'aider dans son aventure.

Le fœtus montre des capacités sensorielles remarquables : il voit, il entend, il sent par le toucher, par l'odorat et par le goût. Il est même capable d'enregistrer les sons, les saveurs pour mieux les reconnaître plus tard, une fois né!

Un monde accueillant pour le nouveau-né, c'est un monde où ses sens se développent sans entraves. La première disposition à prendre serait de le sortir du berceau lorsqu'il est éveillé. Il gagnerait beaucoup à vivre ailleurs, dans des postures aussi riches que variées, car normalement le berceau est bien le lieu où il dort, comme le lit pour les plus grands : on imagine mal ces derniers vivre leur temps d'éveil reclus dans leur lit...

L'ouïe

L'ouïe du nouveau-né est très sensible. Au point qu'il sursaute facilement lorsqu'un bruit fort et soudain le surprend (éviter que cela se produise donc !). Ce qu'il préfère surtout, c'est entendre doucement parler, voire chanter, la musique instrumentale, ou encore de petits bruits amusants comme ceux qu'on peut faire avec sa bouche. Tout cela dans une atmosphère où règne le calme. Le tumulte et le silence total ne sont pas propices à développer son acuité auditive, car saturation et vide uniformes sont par principe incompatibles avec le processus de discernement qui cultive l'acuité.

La vue

La vue, qui n'atteint la maturation de l'adulte qu'à l'âge de deux mois, obéit à la même règle : le bébé, est semble-t-il, beaucoup plus attentif aux silhouettes, aux motifs en noir et blanc qu'à des plages de couleur sans tracé défini. Mais le plus remarquable est son attrait pour les visages et pour sa propre image vue dans un miroir qu'il ignore être lui-même jusqu'à l'âge de dix-huit mois. On le démontre en faisant à l'insu de l'enfant une marque de rouge à lèvres par exemple sur sa joue : si l'enfant porte la main sur sa joue, c'est qu'il sait que le miroir reflète sa propre image, sinon il croit voir quelqu'un d'autre qui l'imite au centième de seconde près !

Cette jubilation devant ce personnage qui l'imite si bien dans le miroir vient, semble-t-il, du fait que pour le bébé – et cela vaut pour le hochet qu'il agite ou la petite balle qu'il fait rouler – les « objets » répondent immédiatement à son geste, démontrant ainsi sa capacité d'influencer sur les choses. C'est le fameux « plaisir d'être cause ».

Vers deux mois se situe une étape importante du développement du bébé : c'est la préhension dirigée par la vue qui lui permet dans le même temps de voir un objet, de l'atteindre, de le toucher. Or, il faut savoir qu'à cet âge, lorsque le bébé agite ses mains, il ne se rend pas compte que ces choses-là, ces mains, sont les siennes. Il existe un moyen simple de l'aider à prendre conscience de ce fait beaucoup plus tôt, ce qui aura pour avantage de développer sa préhension dirigée par la vue. Il suffit de confectionner des mitaines avec des chaussettes d'enfant de couleur vive dans lesquelles on enfile les doigts du bébé.

Le goût et l'odorat

Pour le goût et l'odorat, pas de doute : le bébé veut tout sentir, tout goûter. Comme pour les autres sens, il est bon de l'initier à la perception des contrastes, par exemple en lui faisant sentir différents types d'odeur en lui annonçant chaque fois ce que c'est.

Au chapitre de l'odorat, il serait fort maladroit de lui faire remarquer en passant que ses déchets sentent mauvais, que ses couches sont sales. Les déchets de son corps sont pour lui une partie de lui-même (ce qui est juste !). Il ne comprendrait pas pourquoi il devrait ressentir du dégoût ou de l'aversion pour cette partie de lui-même qui en plus se situe dans la région de son sexe. Ce serait aller au-devant de complications aussi inutiles que préjudiciables que de se focaliser aussi précocement sur cette question de propreté. Il vaudrait donc mieux éviter tout commentaire – notamment négatif – pendant qu'on le change, et ne pas passer son temps à s'inquiéter de savoir s'il faut le changer ou pas – la technologie des couches offrant aujourd'hui un confort sans précédent...

Le toucher

Le toucher demeure le sens le plus actif durant ces six premiers mois. Tout d'abord, c'est le plaisir qu'il reçoit du contact physique, des caresses, des massages, qui prolongent le bien-être prénatal. Dans un deuxième temps, à partir de trois mois, c'est le moment pour lui d'explorer avec ses mains. Autant alors lui organiser un environnement propice à sa « soif de toucher ».

L'enfant, après avoir durant ses trois premiers mois exploré son environnement avec ses yeux, ses oreilles et avec sa bouche (par la succion), va commencer à le faire avec ses mains : c'est plus fort que lui, il faut qu'il tâte, touche, saisisse, manipule ce qui passe à portée de ses mains pour étudier l'objet en question : savoir s'il est dur ou mou, lisse ou rugueux, sec ou humide, pelucheux, granuleux, etc.

C'est une activité extrêmement sérieuse à laquelle il se livre là, sa concentration extrême en témoigne. D'où la nécessité impérative d'organiser son environnement de façon qu'il dispose à portée de main d'une multitude d'objets différents, disparates, qu'il puisse « étudier » en les manipulant et en les portant à sa bouche en toute sécurité.

Il est très important de prendre ses dispositions avant, car intervenir pendant – en lui ôtant l'objet des mains – est toujours intempestif de son point de vue. On perturbe le cours de son exploration en le frustrant par une privation. Il suffit de se mettre à sa place pour comprendre sa contrariété. Pour que son énergie ne rencontre pas de blocage, pour que son désir d'exploration ne soit pas découragé, il faut absolument organiser son environnement!

La découverte du monde environnant

Aménager l'espace intérieur

Le monde est accueillant pour l'enfant lorsqu'il peut s'y exprimer librement. Lui aménager le terrain de ses aventures, c'est paradoxalement lui offrir les conditions d'être plus spontané car, assuré de n'être pas dérangé dans son petit univers personnel, il sera beaucoup plus détendu. Aussi, au moment où il va commencer à ramper, puis à marcher à quatre pattes et finir par passer à la position verticale pour apprendre à marcher, sa capacité de déplacement – donc d'éloignement par rapport à la personne qui veille sur lui – devra pouvoir satisfaire pleinement son besoin de détachement. Ce qui veut dire que l'enfant doit être épargné bien naturellement de tout danger, mais aussi de toute frustration majeure dans le plaisir qu'il a d'exploiter ses nouvelles capacités motricielles et de faire de nouvelles découvertes. C'est la période où l'enfant va partout, expérimente tout, sans que ses facultés d'observation et de jugement, trop limitées, suivent. D'où un risque maximal d'accident, parfois très grave.

Pour éviter toutes mésaventures, la première solution, la plus radicale, serait de cloisonner l'enfant dans un lieu aux issues bien barricadées. Cela revient à interdire à sa vitalité et à sa curiosité de se manifester : de quoi en faire un enfant qu'on dira « sage » parce qu'il ne dérange pas! de quoi supprimer chez lui tout désir d'apprendre, d'entreprendre, par la suite. C'est en fait sacrifier son épanouissement pour un peu de tranquillité – toute passagère! – pour les parents.

La deuxième solution, la plus rationnelle, est le choix écologique par excellence. Elle consiste à adapter l'environnement à l'enfant et non l'inverse. A partir du moment où toute la maison est aménagée selon ses besoins de déplacement, d'exploration – en un mot de détachement – qui répondent à son exigence de développement, l'enfant libérera son énergie sans entraves, assouvira sa soif d'espace et d'expérimentation. Et au total, ce sera autant de tranquillité pour tout le monde!

Pour ce faire, il faut se prêter à une investigation minutieuse et systématique de la maison – partout où l'enfant peut avoir accès – et ôter de sa portée tout ce qui est dangereux pour lui, c'est-à-dire supprimer tout risque d'empoisonnement, de contusion, de coupure, de piqûre, de brûlure, d'électrocution, etc. Il faut aussi écarter toutes les choses qui sont précieuses pour les adultes mais qui ne sont pour lui que des objets parmi d'autres. Bibelots et bambin ne font généralement pas bon ménage, autant retirer les premiers quelque temps plutôt que de compliquer la situation pour les bibelots comme pour le bambin (sans compter le stress que cela crée chez les adultes). Dans le même ordre de précautions, les accès à la cuisine, à l'atelier ou au garage doivent être contrôlés pour la sécurité de l'enfant et la vraie tranquillité de tous!

Les accidents domestiques causent trop de dommages, trop de souffrances, pour qu'on ne redouble pas de vigilance. Les parents ont un devoir de protection finalement propre à tous les mammifères. Le remplir – sans excès –, c'est assurer à l'enfant, outre son intégrité physique et psychologique, la permanence de leur attention envers lui, de leur affection.

Refuser l'option écologique, c'est la troisième et, sans doute, la pire des solutions. Maintenir une maison en l'état – telle qu'elle est aménagée pour les adultes –, c'est non seulement mettre l'enfant en réel danger mais – aussi grave! – lui dénier sa propre liberté, le droit de s'épanouir. C'est en fait le forcer à s'adapter à un univers d'interdits et de remontrances, voire de punitions ; en un mot, un monde de frustration et de contrainte qu'il n'a pas les moyens psychologiques de supporter de par son trop jeune âge. Cela provoquera chez lui un état d'anxiété latent, propre à bloquer durablement son énergie, à le fermer à toute communication positive ; ce qui revient à limiter considérablement et aussi précocement son intérêt pour la vie, et à hypothéquer parfois gravement son équilibre.

Encore plus grave serait de lui prêter des intentions de nuire qu'il ne peut certainement pas nourrir aussi précocement. Lui dire que ce qu'il a fait était « vilain », qu'il est « méchant » ou le traiter de « vilain petit diable » (par opposition à l' « ange » qui ne dérange pas) ou de « sale gosse », c'est culpabiliser lourdement un être ignorant le bien et le mal. C'est se méprendre totalement sur la nature d'un enfant : lui faire la morale, c'est en faire un adulte en miniature, ce qu'il n'est pas – et qu'il ne doit être en aucun cas ! Le respect de l'enfance passe par celui de sa nature spécifique à laquelle l'adulte doit être particulièrement attentif pour toujours mieux la connaître afin de toujours mieux la servir.

La liberté de mouvement

Cette question d'aménagement de l'espace intérieur selon les besoins de l'enfant est fondamentale, car c'est toute sa conception du monde et de lui-même qui continue là d'être en jeu. Pour ce qui est du rôle « protecteur » des parents, le fait de prendre des dispositions préventives sécurise finalement tout le monde, évitant des interventions alarmistes – quelquefois proches de la panique – pour des situations sans danger véritable, ce qui provoque des peurs inutiles et fragilise l'assurance qui grandit chez l'enfant.

Pour que l'enfant soit avide d'expériences, il faut lui épargner celles de la peur, de la frustration, de la contrainte, de l'anxiété, de la culpabilité, mais également celles de l'incertitude et de la confusion. Pour s'épanouir en toute sérénité, il a besoin de messages univoques, clairs et précis.

Ce qui est valable à la maison l'est pour tous les endroits où il évoluera : il faut observer les lieux, analyser les dangers potentiels, être vigilant pour pouvoir anticiper s'il le faut, et ne jamais s'affoler, ne jamais dramatiser (même quand c'est grave !). Des parents affolés ne vont pas soulager la souffrance d'un enfant mais l'aggraver. La prévoyance et le sang-froid en toutes circonstances des parents sont les meilleurs garants de la liberté d'action des enfants.

Un enfant n'est pas téméraire, il ne peut qu'être naïf, voire inconscient : c'est sa nature, il faut faire avec. Son intégrité corporelle prime avant toute chose car c'est son premier capital. Si son corps lui appartient, il appartient aux parents de le protéger. Par conséquent, le laisser ou lui faire prendre certains risques gratuits sous prétexte que « se ramasser des gamelles » c'est « formateur » et qu'autrement il ferait un individu frileux, c'est en fait le forcer à tenter des « exploits » dérisoires et inutiles, et finir – en cas de pépin sérieux – par le rendre exagérément craintif par la suite. L'enfant « casse-cou », se valorisant par des chutes qui sont le plus souvent autant d'échecs, déborde sans doute d'énergie, mais il ne faudrait pas oublier que c'est d'abord un enfant maladroit qui gagnerait justement à canaliser cette belle énergie en améliorant sa coordination...

Sur ce point de la coordination, la pratique d'une gymnastique d'éveil du type Gymborée [1] – que Kalvine a pratiquée de l'âge d'un an à trois ans et demi – apporte à l'enfant une meilleure habileté motrice grâce à des jeux attrayants et dynamisants – en musique et en chansons – et avec le concours d'un matériel adapté. Ces jeux sont conçus pour apprendre à maîtriser son corps, ses mouvements, à renforcer son équilibre, à mieux se situer dans l'espace, tout en procurant à l'enfant le plaisir d'expérimenter des sensations variées : grimper, glisser, sauter, courir, ramper, rebondir, se suspendre. Toujours à son propre rythme, avec le soutien aimant et l'attention des parents.

C'est le modèle idéal de l'environnement sain pour l'enfant, satisfaisant simultanément son besoin d'attachement – être sécurisé

1. Pour les tout-petits de trois mois à quatre ans, coordonnées en fin d'ouvrage.

affectivement par la participation active des parents – et son besoin de détachement – jouir librement du plaisir de l'exploration – dans une atmosphère joyeuse, détendue et conviviale. L'enfant y gagne en confiance et se forge un tempérament optimiste et entreprenant qui favorisera le développement d'une personnalité forte et rayonnante.

Le monde devient à la fois accueillant par la totale sécurité qu'il lui offre et attrayant par le plaisir immense qu'il lui procure. Vraiment de quoi être heureux de vivre et avoir envie de grandir !

2

UN MONDE ATTRAYANT

Nous venons de voir combien il est primordial d'offrir au bébé un monde accueillant dans lequel il se sente en parfaite sécurité, afin que se développe chez lui la confiance en ce monde et en lui-même. Combien les premiers mois de la vie postnatale devraient être le pendant du bien-être prénatal.

Seulement la sécurité n'est pas une fin en soi, c'est une condition nécessaire mais non suffisante du développement de l'enfant. La sécurité de l'enfant n'a de sens que si on lui ouvre par ailleurs la voie d'une exploration active et sereine de son univers ; l'attachement n'a de sens que s'il sert le détachement qui demeure la fonction essentielle d'une éducation : préparer l'enfant à être un adulte autonome.

Un adulte obsédé par un sentiment sécuritaire peut rester calfeutré chez lui, replié sur lui-même. *A priori*, cela n'est pas drôle, même si l'on s'enferme dans une prison dorée, mais c'est un choix possible, que l'adulte peut gérer. L'enfant, lui, n'a pas le choix. Tout son processus de développement obéit au *principe d'expansion* : son corps grandit, ses sens captent de plus en plus d'informations, sa motricité lui permet de conquérir de plus en plus d'espace physique et son intelligence de plus en plus d'espace mental, alors que son affectivité va s'élargir au-delà du noyau familial. Il est vital pour l'enfant que le monde suscite son intérêt le plus vif, sa participation la plus enthousiaste, son plaisir le plus immense : ce monde doit être absolument attrayant pour que la jouissance qu'il en tire forge en lui un tempérament optimiste et entreprenant.

JOUER

Les tout premiers jeux

Les premières semaines

Dès les premiers jours, il semble que ce soit le visage humain – celui de sa mère – qui attire d'emblée le nouveau-né ; sa mère qui est son premier « objet » d'attraction, puis finalement son premier et principal facteur d'éveil. La mère de l'enfant est son principal « jouet » dans le sens où c'est d'abord avec elle qu'il ressentira le type de joies intenses que pourront lui procurer les jouets et les jeux à venir.

En outre, dès la naissance, la source d'éveil la plus importante pour le bébé vient tout simplement du fait d'être pris dans des bras : cette activité stimule le développement des systèmes du toucher, de l'équilibre, de la sensation musculaire et du mouvement. Autant dire qu'il est, ô combien, bénéfique pour le bébé d'être souvent pris dans les bras de sa mère durant les premiers mois de sa vie, pour des raisons psycho-affectives aussi bien que sensori-motrices !

A trois mois

Dès l'âge de trois mois, on l'a vu, le bébé éprouve une véritable passion pour l'« étude » des objets qu'il adore manipuler et porter à sa bouche. C'est l'âge des hochets, des petits animaux en éponge, en caoutchouc ou en peluche, etc.

A cinq mois

Lorsque, vers cinq mois, il découvre en bougeant ses orteils ou ses doigts qu'il peut recommencer chaque fois qu'il le désire, il s'est inventé un nouveau jeu et le monde lui paraît du coup encore plus passionnant.

A six mois

A six mois, l'enfant devient captivé par le phénomène de répétition : par exemple, il trouve formidable de frapper sans arrêt un objet sur la table. Un adulte peut en être exaspéré, ne comprenant pas que cela puisse passionner l'enfant. Or cela fait partie de son apprentissage de la vie.

Toujours à la même période, l'enfant découvre les joies de l'imitation qui sera pendant toute l'enfance un des plus puissants ressorts sociaux. Il imite les personnes qui le fascinent – ses parents –, leurs gestes et les sons qu'ils émettent.

Jouer, c'est apprendre

Manipuler, porter à la bouche, répéter, imiter, la fonction essentielle de ces jeux est d'apprendre à l'enfant ce qu'est le monde. On peut dire, en quelque sorte, que jouer est le « travail » de l'enfant.

Alors que les adultes se divertissent en jouant, les enfants eux travaillent en jouant. Toutes ces activités doivent donc absolument lui être présentées comme autant de jeux. Il faut que les parents fassent là preuve d'une grande empathie, pour comprendre que les enfants jouent très sérieusement. Le jeu chez l'enfant n'est pas gratuit comme il peut l'être chez l'adulte. C'est pour lui le mode d'apprentissage approprié.

Comme chez le petit chat qui, jouant avec une pelote de laine, l'utilise en guise de souris, ou les chiots qui se mordillant entre eux, feignant la férocité, apprennent en fait les moyens de survivre en cas d'attaque, *le but véritable du jeu chez l'enfant est d'apprendre plutôt que de s'amuser*. C'est pourquoi lorsque l'enfant a fait le tour d'un jouet il s'en lasse assez vite et le délaisse. Cela veut dire que ne tirant plus rien d'intéressant du jouet – celui-ci ne lui apprenant rien de nouveau – il ne s'amuse plus et recherche autre chose.

Aussi, concevoir le jeu comme une simple occupation pour l'enfant, c'est un peu considérer le travail de l'adulte comme un passe-temps, quelque chose qu'on ferait comme ça, histoire de s'occuper. Offrir un jouet à un enfant dans cette perspective, c'est méconnaître d'une certaine manière son ardent désir d'apprendre, en même temps sous-estimer ses capacités. C'est pourquoi le choix d'un jouet doit toujours être commandé en priorité par la réponse à la question suivante : ce jouet lui apprend-il quelque chose d'important ?

Le bon jouet

Un bon jouet, c'est celui qui est suffisamment ingénieux pour donner envie à l'enfant de jouer avec longtemps. Conçu de manière simple, il réunit généralement plusieurs sujets de jeux en un seul objet et présente ainsi de multiples facettes qui sollicitent sa curiosité, son action, son imagination et suscitent sa créativité.

Pour la première année, étape dominée par le développement sensori-moteur de l'enfant, le bon jouet doit répondre aux critères suivants :

- participer à la découverte et à l'expérimentation de ses cinq sens ;
- encourager la mobilité de sa main, en favorisant la coordination œil-main, la main étant à ce stade de développement l'instrument essentiel de son activité. Le bébé apprend à saisir, à prendre et à lâcher un objet, à le passer d'une main à l'autre, puis à le lancer là où il veut comme il veut ;
- stimuler la poursuite oculaire, la localisation auditive, les premiers mouvements moteurs (s'asseoir, ramper, avancer à « quatre pattes », marcher...)

Bons jouets classiques pour la première année de l'enfant

Dès la naissance

- le tapis d'éveil aux 12 activités (Fisher-Price [1]) comportant :
  – pour le toucher, des tissus aux différentes textures ;

1. Les jouets cités ici existent également, à quelques nuances près, dans d'autres grandes marques comme Playskool, Vulli, Clairbois, etc.

Bons jouets classiques pour la première année de l'enfant *(suite)*

– pour l'ouïe, des sons-surprises;

– pour la vue, des dessins d'animaux de différentes couleurs, un miroir;

– pour la bouche, une pomme-anneau de dentition.

A partir de trois mois

• le tableau de découvertes (Fisher-Price), la suite évolutive du tapis d'éveil avec 10 jeux en un seul, suscitant toutes les manipulations possibles (tirer, pousser, tourner)

• coffret de 3 hochets complémentaires (Fisher-Price)

– le Hochet lapin, doux à câliner;

– le Hochet promenade qui se fixe à proximité du bébé;

– le Hochet poney, à mordiller.

A partir de six mois

• premiers cubes (Fisher-Price) avec 12 blocs colorés, 3 formes faciles à trier dans la boîte à rangement;

• Pour le bain, famille flottante (Fisher-Price) avec 3 bonshommes qui s'encastrent dans leurs véhicules flottants : tortue, pichet, bateau;

• petites poupées ou animaux en éponge, en caoutchouc ou en peluche pour câliner;

• simples balles en caoutchouc mousse à saisir, faire rouler et lancer.

A partir de neuf mois

• petit chariot rouge (Fisher-Price) avec trois fonctions :

– trotteur pour apprendre à marcher,

– porteur pour explorer le monde,

– joli wagonnet à tirer derrière soi, et cachette à jouets sous le siège.

Suivre les jeux de l'enfant

L'intérêt que suscite le jouet ne signifie pas qu'il faille l'utiliser pour laisser l'enfant seul dans son coin. Le jouet ne doit pas être un alibi pour ne pas s'occuper de lui, car sa fonction n'est pas, comme on l'a vu plus haut, de le distraire mais bien de *l'éveiller*. Il est donc souhaitable lorsqu'il joue d'être près de lui pour suivre de près ce qu'il fait, l'encourager, voire partager son plaisir.

Le jouet est certes l'instrument privilégié du besoin de détachement de l'enfant, mais celui-ci ne peut être satisfait que si son besoin d'attachement l'est simultanément. L'enfant a donc absolument besoin de cette sécurité affective qui lui donne des ailes pour aller de l'avant dans la découverte de son univers ! Il serait illusoire pour les parents d'imaginer que le jouet qu'ils offrent puisse se substituer à leur précieuse et active présence auprès de l'enfant. Encore plus illusoire de penser qu'inonder un enfant de jouets pourrait éventuellement compenser chez lui un besoin d'attachement visiblement insatisfait.

Les jouets qui s'amoncellent n'atténuent en rien le sentiment d'insécurité affective qui peut perturber l'équilibre d'un enfant. En fait, pour s'épanouir, ce n'est pas tellement de jouets, si parfaits soient-ils, dont l'enfant a besoin, mais plutôt de jouer, pour apprendre ; les parents étant durant les premiers mois, voire les toutes premières années, ses partenaires favoris et privilégiés (et surtout sa mère !).

Deux jeux particulièrement formateurs

Il existe deux jeux, qui vont pleinement satisfaire l'immense désir d'expansion qui caractérise l'enfant :

• dès l'âge de quatre mois, dans le cadre de l'activité « bébés-nageurs », l'eau offrira l'espace physique, mental et symbolique, que le bébé voudra explorer à l'aide de tous ses sens ;

• un peu plus tard, vers un an, il pourra commencer l'apprentissage de la lecture qui lui ouvrira tout grand l'espace de la pensée, de l'imaginaire et du sens.

Ces deux activités d'éveil éminemment ludiques nous sont apparues, à la lumière de notre expérience, comme les pierres angulaires d'un épanouissement idéal pour l'enfant.

L'activité « bébés-nageurs » concerne le corps, sa liberté de mouvement, d'exploration, le plaisir des sens.

L'apprentissage de la lecture touche l'esprit, stimule son fantastique développement, sa puissance de conquête, initie au plaisir du sens.

Les deux activités favorisent pleinement – et avec complémentarité – le processus d'*expansion* qui est la nature même de l'enfance, le besoin de *plaisir*, moteur essentiel de ce processus, l'accès à l'*autonomie*, enfin, en quoi consiste la fonction même de l'éducation.

Et ce n'est pas leur seule vertu car, outre l'inestimable confiance en soi qu'elles apportent à l'enfant, l'activité aquatique précoce, d'une part, fortifie remarquablement la santé (elle apporte une capacité pulmonaire supérieure favorisant une meilleure oxygénation du cerveau, renforce la résistance physique), et la maîtrise de la lecture, d'autre part, enrichit notablement le langage, l'imagination, décuple l'enthousiasme et la créativité.

Si Arthur et Kalvine n'ont *jamais* pris d'antibiotiques de leur vie – ils n'ont jamais eu besoin d'en prendre –, ils le doivent probablement, et en partie, à cette pratique aquatique précoce et à son action préventive efficace (notamment contre les redoutables infections ORL des premières années!)

La maîtrise de la lecture, par ailleurs, a été pour Arthur – comme pour beaucoup – le détonateur de la maîtrise intellectuelle en général et, plus encore, elle a permis à Kalvine d'accéder dès l'âge de quatre ans à une certaine autonomie intellectuelle : quand elle le désire et où elle veut, elle se choisit un livre et le lit avec délectation.

LES BÉBÉS-NAGEURS

Pourquoi proposer le contact de l'eau à un bébé à partir de quatre mois ?

Le contact précoce de l'eau dans le cadre de l'activité « bébés-nageurs » – telle qu'elle a été conçue depuis une vingtaine d'années dans les clubs associatifs affiliés à la Fédération nationale de natation préscolaire (FNNP) – apporte au bébé un ensemble de bienfaits considérables. Découvertes sensorielles, activités motrices, équilibre psycho-affectif, éveil social, ouverture au symbolisme de l'eau... Nombre de perspectives favorables à son développement harmonieux, à son épanouissement sont accessibles avec l'eau, dans l'eau et par l'eau.

C'est à la lumière de notre expérience personnelle – Dadou ayant reçu, en outre, une solide formation d'encadrement de cette activité –, ainsi que de celle de nombreuses familles qui en ont profité [1] que nous la présentons ici.

Une éducation des sens

L'eau, grâce à ses propriétés physiques, offre des stimulations sensorielles spécifiques et variées, ainsi qu'un support privilégié à des activités motrices pour le tout-petit.

Chacun des sens s'y trouve en effet sollicité : au bord de l'eau ou en surface, le regard de l'enfant est capté par le scintillement, la transparence, le mouvement de l'eau ; le toucher (la main, mais aussi le corps tout entier) est concerné par sa qualité si particulière de fluidité, tandis que l'oreille est attirée par le bruit de l'eau qui coule ou que l'on frappe. Sous l'eau, la vision est modifiée ; la déformation et la transmission des sons intriguent ; l'ensemble du corps éprouve des sensations d'enveloppement.

1. Près de 75 000 adhérents à la FNNP pour la saison 1991/1992 ; ce chiffre incluant l'ensemble des enfants, parents et animateurs.

Au cours des séances dans l'eau, les activités proposées donneront à chaque enfant accès à cet environnement extrêmement riche sur le plan sensoriel, et lui laisseront tout le loisir de l'exploiter : c'est une véritable éducation des sens qui lui est ainsi offerte !

Le développement psychomoteur

Trois facteurs spécifiques à l'eau amènent l'organisme à élaborer un comportement moteur adapté, radicalement différent de celui qu'on observe au sol :
– la quasi-neutralisation des effets de pesanteur ;
– la possibilité de se déplacer librement dans les trois dimensions de l'espace ;
– la résistance au mouvement.
Ces facteurs ont pour conséquences la recherche d'un équilibre différent, un accroissement de la liberté de mouvements, un élargissement du champ d'exploration ainsi qu'un ralentissement des gestes.

La familiarisation précoce du bébé avec l'eau va aider celui-ci à acquérir – compte tenu des possibilités qui lui sont propres et au travers de situations ludiques variées – un enrichissement des schémas posturaux (repères et équilibre), des modes de déplacement, et un contrôle de sa respiration adaptés à de nouvelles exigences. Progressivement, l'enfant va gagner en aisance et en autonomie dans le milieu aquatique. Cette maîtrise aura un retentissement tout à fait considérable, et sur son développement psychomoteur global, et sur l'élaboration de son schéma corporel.

Un climat affectif chaleureux

Toutefois, l'activité « bébés-nageurs » ne peut offrir à l'enfant cette éducation des sens et ce développement psychomoteur que dans un climat affectif chaleureux et sécurisant, garant de son équilibre psycho-affectif. C'est là le rôle de ses parents. Il est essentiel.

Dans le cadre de cette activité de groupe – mais réellement individualisée –, les parents sont en effet les véritables « maîtres d'œuvre » du déroulement de la séance. Chaque enfant ayant son rythme propre en fonction de sa personnalité, de sa façon de réagir, de son type moteur, que connaissent ses parents, la présence de ces derniers, leur adhésion et leur participation offrent un capital de sécurité affective inestimable, propice à encourager l'enfant dans son exploration. Il peut se lancer à l'aventure – satisfaire son intense besoin de détachement – d'autant plus sereinement qu'il est assuré de son attachement, et sait que cette base de sécurité est stable, qu'il pourra s'y accrocher dès qu'il en sentira le besoin.

En plus de cette sécurité, pour progresser, l'enfant a besoin des encouragements de ses parents, de leur soutien aimant ; il a besoin d'être reconnu comme quelqu'un « d'important » dans ce qu'il fait à travers le plaisir que ses parents manifestent à le voir évoluer. Cette intimité familiale entre parents et enfants dans un milieu aussi original, aussi différent de l'univers quotidien que l'eau, ne peut qu'approfondir le puissant lien triangulaire qui les unit.

En outre, la présence sécurisante des parents favorise chez l'enfant le contact progressif – et désiré par lui-même – avec les autres, contribuant ainsi à son besoin de détachement affectif. Rencontres et échanges peuvent également se développer entre les couples de parents. Cela peut aider certains à rompre la sensation d'isolement éprouvée parfois dans le face à face permanent avec un bébé.

Tout concourt en fait à créer une atmosphère des plus conviviales où joie et plaisir sont partagés par tous les participants, et que vient renforcer l'attrait symbolique puissant qu'exerce l'eau sur chacun.

Objectifs de l'activité

L'objectif final de cette activité « bébés-nageurs » est bien d'amener l'enfant à s'adapter au milieu aquatique à son propre rythme, à être progressivement autonome dans l'eau, et cela grâce à la synergie entre les divers pôles de développement qui se renforcent mutuellement. Un milieu affectif sécurisant et un groupe attentif incitent aux découvertes sensorielles, ils ont une influence sur les désirs d'exploration motrice et favorisent leur réalisation. En retour, l'amélioration de ces réalisations motrices retentit sur l'éveil sensoriel en ouvrant à l'enfant un éventail encore plus riche de possibilités. Ainsi, le plaisir de l'enfant augmentera au fur et à mesure que progresse son autonomie et que se multiplieront les découvertes auxquelles celle-ci l'engage. Quelle meilleure motivation pourrait-il y avoir pour lui, et pour ses parents ?

De plus, on sait aujourd'hui que les enfants forts d'expériences motrices variées et enrichissantes sont bien préparés pour en acquérir de nouvelles : les études neurologiques tendent en effet à prouver qu'il existe dans les premières années de la vie une extrême sensibilité du cortex aux conditions de l'environnement et que les expériences vécues – en l'occurrence des actions motrices – contribuent à la corticalisation du cerveau et à une meilleure adaptabilité future à l'activité sportive.

Précisons que cette démarche d'initiation aquatique précoce, qui s'effectue sur une période de cinq ans environ, ne retient pas comme prioritaire la prévention des noyades par dressage que certaines méthodes étrangères préconisent, notamment en conditionnant l'enfant à la position dorsale. Heureusement, l'activité « bébés-nageurs » n'est pas un cours de secourisme pour bébés !

Au contraire, le but recherché est de faire considérer au tout-petit l'eau comme un milieu potentiellement amical et bénéfique et non comme un milieu hostile et dangereux. D'autre part, la méthode du dressage, non seulement ne développe pas les capacités d'adaptation de l'enfant, mais bien au contraire les inhibe fortement, tout comme elle bloque sa liberté d'initiative, lui barre l'accès à l'autonomie. Et ne parlons pas du plaisir...

L'activité « bébés-nageurs » ne cherche pas non plus à faire acquérir – avant l'âge – les techniques de natation ni à préparer les enfants à la compétition. Les nages « culturelles » (brasse, crawl, papillon, dos) ne sont en effet pas accessibles avant qu'ils ne maîtrisent ce qu'on appelle la motricité segmentaire, c'est-à-dire vers cinq ans. Mais l'aisance naturelle et l'autonomie acquises dans le milieu aquatique durant ces premières années donneront toujours un plus aux

« bébés-nageurs », à savoir cette maîtrise particulière, cette relation privilégiée avec l'eau que le simple « nageur » – fût-il même champion – n'aura peut-être jamais.

En outre, cette capacité d'adaptation aux situations diverses d'un milieu très riche, ce goût de l'activité et de l'effort physique, que génère cette initiation aquatique précoce, constituent pour l'enfant une excellente formation de base dans tous les domaines d'activité : que ce soit pour faire de la danse, de la musique, du sport, ou des études. Et toujours avec le même plaisir !

Le déroulement des séances

Les précautions à prendre

Tout donc est mis en œuvre pour que le bébé s'épanouisse avec, dans et par l'eau.

Comme dans tout ce qu'il entreprend, son premier besoin est d'être sécurisé. La nécessaire mise en confiance commence dès les vestiaires qui devront apporter le confort au bébé tout en facilitant la tâche des parents ; elle se poursuit avec les aires de déplacement qui devront être également agréables et fonctionnelles ; puis les abords de la piscine et du bassin lui-même, où la stricte observation des impératifs de sécurité et d'hygiène dégagera les parents des problèmes pratiques afin d'être plus détendus et disponibles pour le déroulement de la séance. Enfin, lors du premier contact, l'eau devra être à la température de 32 °C, c'est-à-dire pratiquement celle de la surface du corps des tout-petits, afin qu'ils n'aient pas à subir là de pertes énergétiques.

Pour plus de sécurité, l'enfant doit avoir aussi un maximum de réserves énergétiques au début de la séance. Cela impose qu'il ait mangé peu de temps avant (des sucres à assimilation lente, voir page 146). Il devra également prendre une petite collation en sortant de l'eau (des sucres à assimilation rapide, voir page 146), car il importe de compenser les pertes énergétiques dues au mouvement. Il est bien connu que les efforts, même du tout-petit, « ça creuse » !

En dépit des précautions de température et d'alimentation, il peut arriver qu'un enfant fatigué présente dans l'eau un comportement inhabituel.

Il est évident que tout enfant affichant des signes de cyanose (pâleur, lèvres violettes, marbrures) ou des signes d'adynamie (enfant devenant peu actif) doit être sorti immédiatement de l'eau, séché, réchauffé et alimenté sans délai.

Le respect de ces consignes de sécurité fondamentales permet le bon déroulement de l'activité et une bonne adaptation du jeune enfant au milieu aquatique.

En outre, et ici plus qu'ailleurs, l'impératif absolu de sécurisation de l'enfant implique naturellement une vigilance maximale de tous, parents et personnel d'encadrement, pour tout ce qui se passe au cours de l'activité. Aménager judicieusement l'environnement en écartant tout danger et prévenir l'enfant de tout risque potentiel, peut déjà largement contribuer à créer le climat de détente propice.

Sécurité matérielle donc, mais aussi et surtout sécurité affective que lui procurera la participation active des parents.

Le rôle de l'équipe d'animation

Il faut ensuite que l'enfant éprouve du plaisir. Il lui faut donc jouer. D'où la mise en place par l'équipe d'animation de « situations » aquatiques variées, ludiques, en rapport avec les possibilités d'adaptation de l'enfant, et dont le but est d'aboutir à la plasticité des conduites motrices et non à un apprentissage précoce assimilable à un ensemble de stéréotypes.

Compte tenu des capacités motrices du tout-petit qui font appel à la mobilité globale (et non segmentaire) du corps, les mises en situations excluent tout discours technique, toute pédagogie explicative et démonstrative. Seule une approche favorisant sa motricité globale, spontanée et libre, peut être profitable. Les paroles adressées à l'enfant peuvent être seulement des félicitations, des invitations à faire, ou des propos destinés à accompagner ses actes.

L'enfant va ainsi « apprendre l'eau » de la même façon qu'il apprend à devenir autonome dans ses déplacements ou qu'il apprend à parler, c'est-à-dire de façon naturelle, parce qu'il en a en lui les possibilités, parce que l'amour que ses parents lui portent l'incite à progresser, parce que l'environnement lui fournit les stimulations nécessaires.

Outre celui de proposer des situations aquatiques en harmonie avec les possibilités motrices du moment de chaque enfant, le rôle de l'équipe d'animation est de guider chaque parent dans son comportement pour qu'il corresponde réellement à la démarche pédagogique préconisée, gage du bon déroulement de l'activité, de son bénéfice pour l'enfant. Car il n'est pas toujours évident pour les parents, encore moins dans un contexte de possible anxiété face à la « dangerosité » du milieu, d'adopter d'emblée le comportement approprié, même s'ils adhèrent intellectuellement à la démarche et même s'ils sont plutôt à l'aise dans l'eau.

C'est pourquoi nous recommandons vivement aux parents de pratiquer l'activité « bébés-nageurs » dans le cadre d'un club associatif affilié à la FNNP qui leur offrira toutes les garanties de sécurité et d'encadrement nécessaires au bon déroulement de cette activité magique (voir fiche d'information en fin d'ouvrage).

Respecter le rythme de chacun

Voici une description sommaire des principales étapes du développement aquatique de l'enfant, qui l'amèneront à la conquête progressive de son autonomie dans l'eau.

Comme pour le développement moteur, l'enfant passe par un certain nombre de stades, de durée variable, mais qui se succèdent dans un ordre cohérent et immuable. Mais, pas plus qu'il n'y a de normes absolues pour le développement moteur, il n'en existe en ce qui concerne le développement aquatique : les âges indiqués ne sont à prendre qu'à titre indicatif, comme points de repère :

Avant un an, l'enfant est capable de bloquer sa respiration et de refaire surface grâce à un mouvement de pédalage plantaire.

Entre deux ans et trois ans, il peut se déplacer de façon autonome sur quelques mètres, mais pas nécessairement pour rejoindre le bord.

Vers quatre ans seulement, il parvient à maîtriser sa respiration, à se déplacer et à rejoindre le bord.

Il est par conséquent très important pour les parents de respecter le fait que chaque enfant ira à son propre rythme, d'admettre également que, par moments, ce qui était acquis semble ne plus l'être, l'enfant pouvant parfois piétiner quelque temps et repartir de plus belle selon son dynamisme intérieur. En fait, comme pour la marche ou le vélo, tous les enfants suivent – chacun à leur rythme – un même processus qui va de la pratique soutenue matériellement et affectivement par les parents, à la pratique, autonome.

Être parfaitement attentif à son enfant

D'où la règle suivante qui est essentielle : être totalement concentré sur son enfant. Tout esprit de compétition fait manquer l'essentiel : l'enfant ne doit pas servir de pion à la compétition sociale que pourraient se livrer les parents.

Pour les parents, la grande vertu « pédagogique » de cette initiation aquatique précoce est justement que la forte exigence de sécurité incite à se recentrer totalement – et en toute sérénité – sur son enfant durant toute la durée de l'activité. Notamment pour :

- surveiller en permanence la bouche de l'enfant et intervenir en douceur afin de prévenir une « mauvaise » expérience, sachant que la « tasse » représente pour lui le désagrément principal;
- apporter instantanément mais toujours en douceur le soutien approprié chaque fois que c'est nécessaire, en particulier quand l'enfant refait complètement surface après une immersion, mais aussi chaque fois qu'il le demande en tendant les bras, en pleurant, en manifestant de l'inquiétude;
- observer ses réactions face aux différentes situations aquatiques qu'il rencontre (plaisir ou déplaisir ?).

Après vingt ans d'existence, l'activité « bébés-nageurs » est arrivée à maturité; son fabuleux retentissement sur le développement global de l'enfant, mais également sur l'intimité familiale, devrait logiquement élargir son audience. En vivant intensément cette expérience d'attention, de disponibilité et de tact vis-à-vis de son enfant, dans ce milieu aquatique si particulier, chaque parent ressent plus que jamais combien l'enfant est précieux, combien il est formidable, combien il mérite d'être aimé!

Dans le bassin

Entrer dans l'eau

La découverte du milieu aquatique commence tout simplement par l'entrée dans l'eau. La règle est la même que pour la naissance : surtout pas de choc, c'est tout en douceur que l'enfant doit aborder l'eau.

Au cours des premières séances, l'enfant descend dans l'eau de façon différente selon son âge, ses possibilités motrices et la structure du bassin.

Le tout-petit, forcément limité dans sa capacité de déplacement, sera porté dans l'eau par le parent. Mais dès que l'enfant est capable d'agir par lui-même, il faut absolument lui laisser le choix du moment et du mode de son entrée dans l'eau.

Si la piscine ne possède que des échelles pour accéder à l'eau, le parent effectue sa descente en portant le bébé d'un bras et en se tenant à la rampe de l'autre; ou bien, lorsque les deux parents sont présents, l'un descend seul et se fait passer l'enfant par l'autre. Dans la mesure du possible, il vaut mieux éviter qu'une personne inconnue de l'enfant (l'animateur ou un autre parent) ne le prenne pour faciliter la descente. Cela risquerait de créer une inquiétude liée à la séparation d'avec la mère (ou le père).

L'enfant plus âgé reste sur le bord de la piscine pendant que ses parents descendent dans l'eau et, à sa demande, il est pris dans les bras et immergé progressivement jusqu'aux épaules.

Si la piscine possède des marches, l'accès à l'eau est grandement facilité et amélioré. Les parents du tout-petit s'assoient avec lui sur ces marches et le mouillent progressivement; dès qu'ils le sentent suffisamment détendu, ils peuvent s'écarter des marches et s'aventurer plus loin dans le bassin.

Un enfant qui marche peut s'asseoir également sur les marches et commencer ainsi à jouer : à tapoter l'eau, à s'éclabousser, etc.

Une descente en pente douce (plan incliné) présente un grand intérêt dès que les enfants se déplacent à « quatre pattes » : elle leur permet en effet d'aller explorer et découvrir l'eau par leurs propres moyens. Là encore de façon progressive.

Il arrive parfois que l'enfant ne veuille pas quitter les bras de ses parents ou refuse de pénétrer dans le bassin. Il est alors extrêmement important de lui faire aborder l'eau à son rythme en le laissant jouer au bord et s'accoutumer ainsi aux lieux. Peu importe qu'il mette un certain temps à entrer dans l'eau : de toute façon, il le fera à un moment ou à un autre (celui qu'il aura choisi), et d'autant plus vite qu'on ne l'y aura pas forcé !

La phase des câlins

Une fois dans l'eau, le père ou la mère se retrouve avec l'enfant contre lui, tête sur l'épaule, et se baisse lentement jusqu'à ce que le niveau de l'eau recouvre les épaules de l'enfant. C'est un moment de relation privilégiée pour le couple parent-enfant : la richesse des stimulations sensorielles dues au contact de la peau, la température agréable, la qualité des échanges verbaux ou non verbaux concourent à la mise en confiance de l'enfant... Mais également à celle des parents ! Il s'agit en quelque sorte d'une sécurisation mutuelle.

Lorsque le parent, à l'écoute de son enfant, le sent prêt à s'intéresser à ce qui se passe autour de lui, il relâche son étreinte, tout en continuant à le tenir dans l'eau, afin d'offrir une ouverture plus grande vers l'extérieur.

Cette phase de « câlins » et d'échanges peut se répéter au cours de l'activité chaque fois que l'enfant le demandera ou semblera en éprouver le besoin. Cela lui permet de commencer la séance « en douceur », de se sécuriser après une « prise de risque » ou une expérience jugée plus ou moins agréable, ou encore de se reposer après des séquences très actives. C'est pour l'enfant, mais aussi pour le parent, une phase de ressourcement, essentielle au bon déroulement de l'activité.

La position verticale

Les premières mises en situation touchent à la position de l'enfant dans l'eau.

La position verticale, visage tourné vers le parent

La première de ces positions est la position verticale, le regard tourné vers le parent : le parent tient l'enfant sous les aisselles, les paumes des mains largement ouvertes (pouces vers l'avant, doigts en arrière) entourant le thorax ; peu à peu il éloigne l'enfant de lui tout en lui faisant face, les deux visages à la même hauteur, ce qui peut le conduire à s'accroupir légèrement. Il faut en effet veiller à ce que l'eau recouvre bien les épaules du bébé afin de lui éviter une éventuelle sensation de froid et pour lui permettre aussi de ressentir la caresse de l'eau sur l'ensemble de son corps.

En fait, la position n'est pas aussi « verticale » qu'on le dit. L'enfant a en effet tendance à se déséquilibrer en avant et il faut faire attention à le maintenir de façon très légèrement oblique vers l'avant, tout en évitant que ses fesses ne remontent à la surface et que ne s'amorce un mouvement de bascule vers la position horizontale (sinon l'enfant se trouve rapidement dans une impasse du point de vue respiratoire et dans une situation qui ne lui permet pas de prendre des appuis dans l'eau).

Les avantages présentés par cette tenue de l'enfant dans l'eau sont nombreux :

- le soutien au niveau du thorax, s'il s'exerce sans pression excessive ni de façon trop lâche, aide l'enfant à se sentir en sécurité et à se détendre ; il lui laisse une totale liberté de mouvement de la tête et des membres. De plus, il permet au parent d'effectuer de petits mouvements de balancement latéraux et de promener ainsi aisément l'enfant dans le bassin ;
- la position en vis-à-vis permet au parent de surveiller facilement l'enfant et de prévenir l'arrivée malencontreuse d'eau dans sa bouche par suite de « petites vagues » ou de « piqués du nez » involontaires. Dans ces circonstances, le réflexe d'apnée (dont nous reparlerons plus tard et qui consiste à protéger les voies respiratoires lors de la

pénétration d'eau dans la bouche) peut être mis en défaut : l'enfant, surpris par l'intrusion de l'eau – que rien ne laissait prévoir –, « boit une tasse », ce qui est fort désagréable pour lui, le fait crachoter et tousser ;

• enfin, la position de face à face éloigné offre à l'enfant, à la fois, la possibilité de dialoguer avec le parent et l'élargissement du champ de vision et d'investigation : il découvre l'eau en la goûtant (il met délibérément la bouche dans l'eau de la même façon qu'il porte un objet à sa bouche pour le connaître), en la tapotant ou en éclaboussant fortement. Il découvre également tout ce qui l'entoure, notamment les autres personnes présentes dans le bassin avec lesquelles il peut tenter d'entrer en contact par une attitude, un regard, un sourire...

La position verticale, visage tourné vers l'extérieur

Lorsque le parent se sent plus à l'aise dans sa manière de tenir l'enfant et que ce dernier montre par son comportement un intérêt pour ce qui l'entoure, on peut le tenir en position verticale avec, cette fois, le visage tourné vers l'extérieur.

L'enfant dispose ainsi d'un champ visuel beaucoup plus large : il découvre les limites du bassin, les rebords, les goulottes ; ses contacts avec les autres s'enrichissent et l'incitation au déplacement devient beaucoup plus forte.

La position verticale avec appui plantaire

Une variante intéressante de cette position verticale est l'utilisation de l'appui plantaire. L'enfant est debout, l'eau toujours à la hauteur des épaules, les pieds posés sur les mains du parent qui, s'il le faut, rééquilibre la position pour qu'elle soit bien verticale pendant les déplacements.

Quand les deux parents se font face à un mètre l'un de l'autre, l'enfant, tourné vers l'un des parents (la mère, par exemple) et en appui plantaire sur les mains de l'autre (le père), voudra rejoindre le premier et poussera naturellement sur ses pieds. Cette impulsion des pieds traduit concrètement son désir d'aller dans les bras de l'autre. Il est alors important d'accompagner sa poussée (mais surtout de ne pas la précéder !) ; l'autre parent récupère l'enfant en douceur sous les aisselles.

L'immersion

Si, conservant la position précédente, on accroît la distance entre les deux parents, l'enfant va « naturellement » aller sous l'eau pour rejoindre l'un des parents (sa mère) qui se sera immergée en même temps et le récupérera en douceur sous les aisselles (pour que l'enfant puisse bien reconnaître sa mère, celle-ci évitera au début de mettre des lunettes de bain). En pédalant il parvient progressivement à remonter seul ; il faut le saisir dès que le haut de la tête affleure la surface de l'eau.

Peu à peu, grâce au développement de ses possibilités motrices et à la pratique de l'exercice, le déplacement en immersion devient plus important. Cependant, l'enfant dépend toujours du parent pour faire entièrement surface et prendre l'air.

Sous l'eau, l'enfant se déplace librement, en position de plus en plus oblique, et finalement horizontale au fur et à mesure que le temps passe et qu'il grandit. Ses jambes le propulsent par des mouvements alternés de pédalage, et ses bras lui servent à s'équilibrer, grâce aux appuis qu'il trouve dans l'eau.

Plus tard, pour partir s'accrocher à la goulotte, à l'échelle ou au tapis, l'appui plantaire se révèle être un tremplin idéal. Une étape importante est franchie lorsque l'enfant peut entrecouper ses immersions par des retours à la surface pour reprendre sa respiration et se déplacer ainsi sur plusieurs mètres de façon autonome.

Nous considérons l'immersion comme l'étape centrale de l'activité. C'est la situation la plus riche et, contrairement à ce que l'on pourrait penser, la plus facile pour l'enfant.

La plus facile, car, il est bon de le rappeler, le mouvement réflexe d'abaissement de l'épiglotte pour fermer l'orifice du larynx et éviter ainsi l'inhalation d'aliments par la trachée et les bronches existe dès la naissance. Ce réflexe permet une déglutition normale, il évite en effet la pénétration de liquides dans les voies respiratoires. Il fonctionne de façon identique lorsque l'enfant s'immerge (mise en apnée), on n'a donc rien à lui « apprendre » à ce sujet. Lorsque, de sa propre initiative, l'enfant met la bouche dans l'eau, la goûte, éventuellement la boit, il bloque de façon réflexe l'accès aux voies respiratoires.

La mise en défaut du réflexe d'apnée (« boire la tasse ») ne risque de se produire que lorsque l'enfant est surpris : l'eau pénètre brusquement dans la bouche sans que la situation lui ait permis de le prévoir (petites vagues, déséquilibre brutal non volontaire, immersion provoquée accidentellement, etc.). Ces circonstances doivent être évitées à tout prix évidemment, tant elles sont désagréables et insécurisent l'enfant.

L'immersion est une situation facile, également parce que sous l'eau l'enfant se voit affranchi des problèmes de recherche de flottaison, qui lors des déplacements en surface lui demandent un effort important (c'est pourquoi il nous paraît logique d'aborder ces situations-là après). Sous l'eau, l'enfant est totalement libre dans ses mouvements, la seule restriction étant naturellement l'autonomie respiratoire limitée qu'offre l'apnée et la nécessité qui en résulte de retrouver rapidement un point d'appui pour reprendre sa respiration.

C'est aussi l'étape la plus riche. L'immersion en effet permet à l'enfant d'étendre au maximum la portée de ses expériences sensorielles (vision, audition, sensation d'enveloppement, etc.). Elle lui offre un espace à trois dimensions où exercer idéalement sa motricité; ainsi qu'une situation de relative apesanteur sollicitant largement son sens de l'équilibre et ses aptitudes à se repérer dans l'espace.

De plus, il y trouve visiblement son bonheur, comme le prouvent tous les films subaquatiques : l'enfant qui s'aventure volontairement sous l'eau garde les yeux grands ouverts; il a souvent la bouche entrouverte, le sourire aux lèvres et donne une impression de détente.

Le saut

A partir d'une bonne expérience du « sous l'eau » qui occupe en fait l'essentiel des séances, et dès que l'enfant est capable de maîtriser la position assise, on peut l'asseoir sur le bord de la piscine pour le préparer au « saut assis » en veillant toutefois à ce que le saut ne se fasse pas d'une trop grande hauteur (s'il y a une différence de hauteur importante entre le bord de la piscine et la surface de l'eau, il faut coincer un tapis mousse alvéolé dans la goulotte et asseoir l'enfant dessus !). L'enfant doit bien sûr être placé en équilibre mais pas trop en arrière afin qu'il n'ait pas à donner un grand coup de reins pour sauter dans l'eau. Dans cette position, il se déséquilibre en avant, saute dans l'eau et va rejoindre le parent qui le récupère toujours dès que la tête affleure la surface de l'eau.

Il est très important que l'enfant qui saute dans l'eau le fasse délibérément – parce qu'il en a envie – et sache que ce saut aboutit à l'immersion. Le pousser à sauter s'il ne le souhaite pas, le retenir dans sa chute (ce qui risque d'avoir lieu au moment où la bouche de l'enfant entre au contact de l'eau, et de lui faire boire la tasse), ou encore le tirer dans l'eau alors qu'il s'attendait à un contact sécurisant avec les mains du parent, tout cela ne fait qu'engendrer la confusion dans son esprit. Il n'est plus capable de tirer une conclusion sûre de son expérience.

Plus tard, au fil de son développement moteur, l'enfant pourra effectuer des « sauts debout », notamment à l'occasion du jeu suivant : l'enfant court sur un tapis retenu par une extrémité au bord de la piscine et flottant à la surface de l'eau (il part du bord, court le long du tapis et saute dans l'eau). Cette situation d'équilibre en milieu instable (mouvant) demande l'élaboration de réponses sensitivo-motrices très riches et variées. La course peut être remplacée par des roulades, des reptations (progression sur le ventre), une marche arrière, etc.

Son expérience sous l'eau, enfin, va bien le préparer à son évolution à la surface de l'eau. Le pédalage des jambes – que l'on peut éventuellement améliorer avec de petites palmes – et le rôle équilibreur de ses bras vont progressivement lui offrir les moyens d'avoir une position stable de maintien en surface grâce à laquelle il pourra se déplacer à sa guise et efficacement dans l'eau. Il va nager à la manière du petit chien.

La position dorsale

La position dorsale permet la découverte de nouvelles sensations. L'enfant est maintenu légèrement sous la nuque (et la tête) et sous les fesses (ce deuxième soutien est rapidement supprimé) ; le parent se penche au-dessus du visage de l'enfant de façon à pouvoir lui parler, lui sourire, etc. Le soutien parental peut être remplacé par celui du petit tapis.

L'intérêt de la position réside dans le fait que la tête de l'enfant, hormis le visage, est totalement immergée et que l'eau pénètre dans les oreilles, offrant ainsi une sensation inconnue jusque-là (sauf si le bain est donné de cette façon à la maison...). L'enfant écoute les bruits sous l'eau et se trouve vivement intéressé, intrigué, lorsqu'on parle doucement dans l'eau près de son oreille. D'autre part, la sensation d'enveloppement de tout le corps est particulièrement ressentie dans cette position. Enfin, lorsque l'enfant est bien décontracté, cette position lui permet de flotter facilement.

L'enfant se tient éloigné

L'activité « bébés-nageurs » ne se limite pas à l'initiation à la maîtrise du comportement dans l'eau, elle offre d'autres enrichissements à l'enfant, grâce au matériel adapté à l'environnement aquatique. Celui-ci concourt au processus d'autonomie de l'enfant en lui offrant de multiples points « d'ancrage » autres que ses parents.

Sur un tapis

Ainsi, le matériel peut être utilisé pour les toutes premières séparations de l'enfant et du parent. Pour un tout-petit, on recourt préférentiellement au petit tapis mousse alvéolé qui, tout en favorisant l'immersion totale du corps, assure une bonne stabilité. L'enfant est placé au milieu du tapis, sur le dos, jambes dans l'eau ; le parent se penche au-dessus, afin de maintenir la communication et d'éviter à l'enfant la perte de tout repère visuel. La même position peut avoir lieu sur un tapis souple plus grand, en partie immergé par le poids du bébé.

Toujours sur le tapis, mais cette fois en position ventrale, au centre du tapis ou les jambes dans l'eau, l'enfant se met en appui sur les avant-bras; il est ainsi à l'aise pour tapoter, éclabousser, ou goûter l'eau qui l'entoure...

Le retournement du ventre sur le dos, plus facile à réaliser que le retournement inverse, s'effectue soit spontanément soit à l'occasion d'une sollicitation du parent.

Accroché à la goulotte

Lorsque le bassin dispose de goulottes permettant que l'on s'y accroche, la séparation d'avec le parent peut également se réaliser de la façon suivante : l'enfant s'agrippe au rebord avec les mains et colle le reste de son corps le long de la paroi. Un léger soutien sous les fesses, nécessaire au départ, est rapidement supprimé. Les enfants qui sur le sol recherchent la position debout ont beaucoup de plaisir à se tenir ainsi.

Dans cette position, et probablement mieux que dans toute autre, l'enfant découvre la limite entre l'air et l'eau : il répète fréquemment l'expérience consistant à « mettre la bouche dans l'eau », et à la ressortir. Si la surface de l'eau est au même niveau que le sol (goulotte finlandaise), l'enfant observe ce qui se passe à l'extérieur du bassin.

Toutes ces situations où l'enfant n'est pas tenu par le parent doivent obéir au principe de « sécurisation maximale » : l'enfant doit toujours être placé en bon équilibre (au milieu du tapis, ou les deux tiers du corps au moins en appui); on doit veiller à ne pas le mettre dans des situations qu'il ne peut maîtriser (force des bras insuffisante pour se suspendre à la goulotte, ou pour se tenir en équilibre sur le tapis appuyé sur les avant-bras), enfin il doit toujours pouvoir garder un contact visuel avec le parent.

En contrepartie, une fois ces précautions prises, il faut pour le parent se garder d'intervenir intempestivement afin de préserver l'intérêt de ces mises en situation : à savoir, l'indépendance offerte à l'enfant dans le libre exercice de sa motricité et l'autonomie toujours plus grande qui en résulte. En effet, sans être tenu par le parent, ni entravé par certains aspects matériels, il peut choisir selon son intérêt du moment de jouer avec l'eau, d'entrer éventuellement en relation avec autrui, de se déplacer à sa guise, de quitter son point d'appui en glissant dans l'eau, etc.

Au fur et à mesure du développement psychomoteur de l'enfant, les positions se diversifient.

Ainsi sur le tapis : placé en position ventrale au milieu d'un tapis suffisamment grand, l'enfant va « ramper », avancer à « quatre pattes », s'asseoir, se déplacer sur les fesses; plus tard, il va s'accroupir, se redresser et se tenir debout, marcher, courir, faire des roulades dans tous les sens... En un mot, prendre son pied!

Il réalise alors l'expérience entièrement nouvelle – et difficilement réalisable autrement – d'un support mouvant où ses déplacements le mettent en perpétuelle recherche d'équilibre, car la mobilité et la souplesse du tapis rendent plus difficiles et plus structurantes des actions motrices effectuées d'habitude sur un plan dur (le sol)!

A la goulotte ou au rebord : de la position de départ (l'enfant est accroché des deux mains au bord), on évolue vers la progression le long du bord, une main après l'autre; la sortie du bassin par la force des bras et en s'aidant d'un genou; l'accrochage d'un seule main avec équilibration de l'autre, la tenue dos au mur, etc.

Les possibilités « d'ancrage » autres que celles offertes par les parents ne se limitent pas au tapis ou à la goulotte, elles sont fonction de l'aménagement matériel du bassin et du désir de l'enfant : échelles, marches, perche ou corde tendue horizontalement sur l'eau, plate-forme ou rocher, toboggan, etc., toutes offrent des occasions d'exploration aussi riches que variées.

En outre, la simple marche dans l'eau en faible profondeur permet à l'enfant de découvrir la résistance à l'avancement et les sensations plantaires.

L'activité « bébés-nageurs » propose à elle seule une mine considérable d'expériences fort enrichissantes pour l'enfant, et ce dès l'âge de quatre mois. Elle est une des deux sources d'éveil ayant joué un rôle prépondérant dans l'épanouissement d'Arthur et de Kalvine. C'est à notre sens la meilleure école de formation à la vie qui soit pour les tout-petits, mais également la meilleure école d'éducation qui soit pour les parents! Et ce à raison de deux petites séances d'une demi-heure par semaine seulement (le mercredi et le samedi)...

La seconde source d'éveil, l'apprentissage « précoce » de la lecture, peut apparaître à première vue plus déterminante pour le développement de l'enfant, sans doute à cause de l'impact beaucoup plus spectaculaire de son résultat : lire à quatre ans comme un enfant de neuf ans. C'est impressionnant, compte tenu surtout du rôle principal et direct que joue la lecture dans l'intégration sociale *via* la réussite scolaire! mais nous ne sommes pas sûrs, qu'il faille pour autant mésestimer les mérites de l'initiation aquatique précoce. Ses effets – plus discrets certes – ne sont pas moins nettement tangibles.

Autant dire que ces deux activités sont d'une complémentarité exemplaire. Mais, par-dessus tout, elles ont l'immense avantage d'apporter à l'enfant ce plaisir qui reste le moteur de son épanouissement.

APPRENDRE A LIRE AUX TOUT-PETITS

En 1982 (Arthur allait avoir cinq ans), Dadou qui recherchait des moyens d'éducation « alternatifs » allait faire une découverte sensationnelle, qui fut capitale pour nos enfants et qui, nous l'espérons, le sera pour d'autres. Il s'agissait d'un petit livre signé Glenn Doman, intitulé *J'apprends à lire à mon bébé, lire avant 4 ans*, dont la première édition en langue française remontait à 1965!

Lire avant quatre ans : pourquoi ?

Nous avions adhéré d'emblée aux propos de Doman car ils confortaient certaines de nos intuitions. A commencer par les deux idées sur lesquelles se fondait son ouvrage : primo, le jeune enfant jouit d'un potentiel global très important, mais insuffisamment développé, parce que sous-évalué ; secundo, les premières années de la vie sont cruciales pour le développement des habiletés mentales et, en particulier, les habiletés cognitives nécessaires à tout apprentissage.

En outre, comme bon nombre de parents, nous avions remarqué que notre enfant était particulièrement attiré depuis l'âge de deux ans par la lecture (ne serait-ce que celle des lettres de l'alphabet ou des panneaux indicateurs sur la route).

En fait, que nous dit Doman ?

En premier lieu, que l'enfant peut apprendre à lire assez tôt – bien avant l'âge de six ans – tout simplement parce que la nature l'a doté des capacités cérébrales nécessaires et suffisantes pour accomplir un certain nombre d'opérations intellectuelles, comme par exemple lire.

Cela repose sur des données biologiques élémentaires liées au développement du cerveau.

Le développement exponentiel du cerveau

On se rend difficilement compte de la vitesse prodigieuse à laquelle l'embryon – et avec lui le cerveau – se développe : à la conception, l'œuf est microscopique et, douze jours plus tard, il est assez grand pour que l'on puisse y différencier le cerveau.

Mais, si elle est prodigieuse, cette vitesse décroît chaque jour : à sa naissance, l'enfant pèse trois kilos à trois kilos et demi, soit des millions de fois le poids de l'œuf au moment de la conception. Cela signifie que, si la vitesse de croissance restait la même au cours des mois suivants, il pèserait, à neuf mois, des milliers de tonnes, et, à dix-huit mois, plusieurs millions de tonnes !

Le développement du cerveau s'accorde certes à celui du corps, mais sa vitesse décroît plus rapidement encore : ainsi, si le cerveau de l'enfant représente 11 % du poids total du corps à la naissance, chez l'adulte, il ne représente plus que 2,5 % de ce poids !

Il en résulte, en outre, que :

– lorsque l'enfant a cinq ans, son cerveau a atteint 80 % de son développement total ;

– quand il a huit ans, ce développement est pratiquement achevé ;

– entre huit et dix-huit ans, la croissance du cerveau est moindre qu'en une seule année, entre sept et huit ans.

Ces données montrent bien combien ce développement exponentiel du cerveau entre la conception et l'âge de cinq ans offre une opportunité d'apprentissage exceptionnelle. Elle reste généralement négligée.

Outre ces faits fondamentaux, Doman rappelle quelles sont les fonctions cérébrales essentielles de l'homme. Celles qui lui appartiennent exclusivement, le caractérisent et le distinguent des autres créatures, et qu'il est capable d'exercer dès l'âge de huit ans. Issues de la couche supérieure du cerveau appelée cortex, elles sont au nombre de six :

1. seul, l'homme est capable de marcher en se tenant absolument droit ;

2. seul, l'homme parle un langage abstrait, symbolique et inventé ;

3. seul, l'homme est capable de combiner ses possibilités manuelles exceptionnelles avec les capacités motrices énumérées ci-dessus pour s'exprimer par écrit.

Ces trois premières capacités sont de nature motrice (expressive) et sont fondées sur les trois suivantes, qui sont de nature sensorielle (réceptive) :

4. seul, l'homme comprend le langage abstrait, symbolique et inventé qu'il entend ;

5. seul, l'homme peut identifier un objet par le toucher ;

6. seul, l'homme voit d'une manière qui le rend capable de lire le langage abstrait quand celui-ci se présente sous une forme écrite.

Le moment privilégié pour apprendre à lire

Un enfant de huit ans étant capable d'exercer toutes ces fonctions – puisque, généralement à cet âge, il marche, parle, écrit, lit, comprend le langage et identifie les objets par le toucher –, par la suite, il ne se produit plus selon Doman qu'une sorte de multiplication latérale de ces six capacités, et non une addition de nouvelles aptitudes ; d'où l'importance capitale de ces huit premières années.

Nous avons déjà largement abordé la première année, période vitale qui, sur le plan des capacités de développement physique, sensoriel et psycho-affectif, détermine plus fortement que n'importe quelle autre l'avenir de l'enfant.

De l'âge d'un à cinq ans se situe la période cruciale où l'enfant cherche à assouvir sa soif d'apprendre, à satisfaire son appétit de connaître et d'assimiler ce qui l'entoure sous toutes les formes possibles, mais surtout sous la forme du langage, écrit ou parlé. C'est durant cette période qu'en apprenant à lire il pourra s'ouvrir les portes qui donnent accès – par le livre – à la richesse des connaissances humaines.

C'est durant ces années irremplaçables, ces années d'insatiable curiosité où le langage occupe un rôle central – car il est l'instrument qui lui permet de communiquer et que communiquer est à la fois vital et enrichissant pour lui – que son intellect se modèle, que se déterminent ses aptitudes et ses centres d'intérêt futurs. C'est donc le moment privilégié pour apprendre aisément et naturellement la lecture, un exercice pourtant réputé complexe tant il implique de facteurs : observation, orientation spatiale, discrimination visuelle et sonore, spéculation, coordination, intégration.

Lire avant l'école

La période allant de cinq à huit ans marque pratiquement la fin de l'extraordinaire plasticité de l'esprit (quand sa capacité d'apprentissage est au summum), mais elle est très importante, dans la mesure où généralement commence alors pour l'enfant une grande aventure qui s'appelle l'école. Il va lui falloir à la fois étudier et apprendre à vivre en collectivité (ce qui n'est pas aussi aisé que les adultes voudraient souvent s'en persuader !). Plus l'enfant aura acquis un équilibre psycho-affectif satisfaisant, lui conférant un certain degré d'autonomie, et plus il aura pris l'habitude d'apprendre dans la joie, mieux il s'intégrera dans cet univers complexe de l'école.

Il nous apparaît très important de faire remarquer que, si tous les enfants savaient lire (dans la joie!) avant d'entrer à l'école, le cours de la scolarité en serait grandement modifié. Les modalités de la progressive intégration sociale de l'enfant se trouveraient également améliorées, car c'est justement à huit ans – une fois la problématique œdipienne résolue – qu'il devrait accéder à l'autonomie seyant à l'âge de « raison ». Cette autonomie sera déterminante dans la suite de son développement, notamment pour ce qui touche à son intérêt et à sa motivation scolaire.

En fait, la capacité qu'ont tous les enfants d'apprendre à lire beaucoup plus tôt qu'on ne l'imagine, et ce d'une façon aisée et naturelle, devrait avoir un réel retentissement sur la manière dont est conçu le parcours scolaire. Toutes les enquêtes biographiques montrent que ceux qui réussissent dans les études ont la particularité d'avoir su lire avant l'âge de l'école! Longtemps on a expliqué cela par une supériorité innée. En un mot, ils auraient su lire plus tôt parce qu'ils étaient plus intelligents, parce qu'ils étaient en quelque sorte des « génies ». Or, une des vertus de la méthode Doman est de faire apparaître l'inverse, à savoir que c'est parce que l'on apprend à lire plus tôt qu'on se donne les moyens d'être plus intelligent – c'est-à-dire de développer en soi les capacités de traiter une information de plus en plus complexe.

Les bénéfices de la lecture

Personne ne peut sérieusement contester l'étroite relation existant entre l'aptitude à lire et l'aptitude à exprimer l'intelligence. Lire procède d'un processus d'une complexité considérable, mais, paradoxalement, plus tôt l'enfant en fait l'apprentissage et plus facilement il y accède. Dans un univers comme le nôtre où la communication par le langage – notamment écrit – est omniprésente, il faut écouter ceux qui rencontrent des difficultés à lire pour mesurer le handicap que cela représente. Nous abondons largement dans le sens de Doman, lorsqu'il rappelle que le langage est un instrument vital sans lequel on ne peut envisager d'exprimer une pensée complexe, et que l'aptitude à lire offre un enrichissement considérable et du langage de l'enfant et de sa capacité de penser.

Le bénéfice considérable que chaque enfant, pour son épanouissement personnel, mais aussi que toute la collectivité pourraient tirer de l'apprentissage « précoce » de la lecture nous incite à recommander avec enthousiasme cette méthode Doman qui devrait compter parmi les œuvres pédagogiques les plus remarquables de tous les temps ! Nous tenons à en louer ici les mérites, à témoigner de notre reconnaissance (et surtout celle de nos enfants) envers son auteur et toute son équipe qui ont enrichi l'éducation d'une perspective révolutionnaire, porteuse d'une grande espérance pour l'humanité.

La méthode Doman, pour qui et à quel âge ?

Avant d'aborder la description sommaire de la méthode proprement dite, il faut préciser, d'une part, que celle-ci a demandé à une importante équipe de chercheurs de longues années d'études sur le développement et le fonctionnement du cerveau, notamment pour arriver à montrer que la lecture est bien une fonction cérébrale au même titre que l'audition du langage, et non pas une discipline scolaire telle l'orthographe, par exemple.

Il faut préciser, d'autre part, que cette méthode fut utilisée pour le plus grand profit d'enfants atteints par de graves lésions cérébrales et voués généralement, selon les médecins, à une vie végétative (soigner ces enfants est en fait la principale activité de Glenn Doman et son équipe !).

Ce fut le cas du petit Tommy, dont l'histoire est exemplaire. Condamné par les médecins à ne jamais pouvoir parler ni marcher, il n'avait d'autre perspective qu'être placé à vie dans une institution spécialisée.

Le cas semblait désespéré, mais Doman accepta quand même d'essayer quelque chose pour Tommy à l'« Institut pour le développement du potentiel humain » qu'il avait fondé à Philadelphie. L'enfant était exactement âgé de trois ans et quinze jours. Il ne savait ni marcher ni parler.

Avec le soutien de ses parents, qui se sont investis à 120 % dans le programme d'apprentissage qu'avaient prescrit Doman et son équipe, Tommy finit par savoir parfaitement lire à cinq ans. Il lisait plus vite qu'il ne pouvait parler et comprenait, de toute évidence, ce qu'il lisait.

A six ans, il marchait, avec des jambes encore vacillantes certes, mais il marchait bel et bien. Et, il lisait comme un élève de onze ou douze ans! Le même enfant qui, à l'âge de deux ans, fut classé parmi les idiots irrécupérables – essentiellement parce qu'il ne pouvait pas parler (ni, par suite, manifester son intelligence!) – fut considéré, à six ans, comme un enfant d'une intelligence supérieure, parce qu'il lisait remarquablement bien!...

Notre expérience personnelle repose sur trois cas : celui d'Arthur qui a commencé à cinq ans, de Kalvine qui, elle, a débuté à huit mois, et également celui de Benjamin, un garçon dont j'ai été le précepteur durant deux années. A six ans et demi, âge où je l'ai connu, il ne savait ni lire ni écrire ni compter, pourtant, nous avons pu, lui, sa famille et moi-même, surmonter cette situation. Il rattrapa totalement son retard et réintégra par la suite normalement l'école au niveau des enfants de son âge.

Si l'efficacité de la méthode fut indéniable dans les trois cas, seul celui de Kalvine est typique et peut constituer une authentique référence. Avec elle, nous avons suivi la méthode pratiquement à la lettre et cela constitue tout de même la façon la plus sûre d'en juger. Notre constat est le suivant : plus tôt l'enfant apprend à lire selon cette méthode Doman avec son protocole et ses règles très précises, et plus facile ce sera finalement pour lui. En un mot, il lira beaucoup mieux, c'est-à-dire plus vite et avec plus de compréhension.

La lecture devient alors une vraie source de liberté pour l'enfant. Elle lui donne l'occasion d'étancher sa soif infinie de connaissances, mais aussi de satisfaire son besoin intense d'imaginaire autant que son désir d'indépendance. En nous fondant sur le cas de Kalvine, nous pouvons réellement témoigner de la pertinence de la méthode Doman, de son extraordinaire efficacité et du formidable retentissement que peut avoir la lecture sur toute la personnalité d'une enfant de quatre ans.

Comment apprendre à lire à son enfant selon la méthode Doman ?

Il y a, pour Doman, deux points cardinaux dans le programme d'apprentissage « précoce » de la lecture mis au point par lui-même. Le premier est d'ordre humain : il porte sur l'attitude de la mère (ou du père), sa façon d'aborder la question, le climat qui doit présider aux séances. Le second est d'ordre purement matériel : il concerne la taille des lettres et des mots donnés à lire et l'ordre dans lequel on les présente à l'enfant.

Le climat des séances : donner envie de lire

La règle fondamentale est celle que nous retrouvons chaque fois qu'il s'agit pour l'enfant d'apprendre : cela doit être un jeu pour lui. L'apprentissage de la lecture, tout particulièrement, peut être un jeu merveilleux, source d'un plaisir intense.

Second point important, il faut que la durée du jeu soit très courte : trois minutes en tout et pour tout par jour réparties en trois séances ! et surtout faire preuve de perspicacité afin que les séances prennent fin avant que l'enfant ne désire s'arrêter ! L'observation fidèle de ce principe suscitera chez lui le désir de jouer encore à la lecture et développera, au lieu de le décourager, son désir naturel d'apprendre. Ainsi, il réclamera souvent de jouer à la lecture, manifestant tout son enthousiasme à apprendre.

La spécificité du matériel

C'est dans la brièveté des séances que réside tout le génie de la méthode Doman. Ainsi que dans l'extrême simplicité du matériel, dont l'élaboration a également résulté des études concernant le développement et le fonctionnement du cerveau.

Pour définir les normes de ce matériel, en effet, Doman et son équipe ont pris en considération, outre le fait que la lecture est une fonction cérébrale, les possibilités et les limites du système visuel chez le tout-petit. Ainsi, le matériel peut répondre à ses besoins, de la vision rudimentaire à la vision complexe, de la fonction cérébrale au phénomène d'assimilation.

Concrètement, il faut confectionner des pancartes en carton blanc, assez rigides pour résister à l'emploi, et sur lesquelles il faut dessiner (plutôt qu'écrire) en script – au feutre rouge, puis noir – les lettres des éléments du programme d'apprentissage qui comporte sept étapes. Les dimensions de ces pancartes, ainsi que le format et l'épaisseur du trait des caractères sont rigoureusement spécifiés.

Comment confectionner les pancartes

Sur fond blanc, non brillant.

1. Les 3 premiers mots – maman, papa, et le prénom de l'enfant – (étape n° 1) :

– un mot par pancarte, de 15 cm de haut sur 60 de large;

– les lettres doivent mesurer 12 cm sur 10, avec un espacement de 12 mm; doivent être rouges et dessinées en minuscules.

2. Les 20 mots au « moi » (étape n° 2) :

– un mot par pancarte, de 12,5 cm de haut, large de 60 cm;

– lettres minuscules rouges de 10 cm de haut.

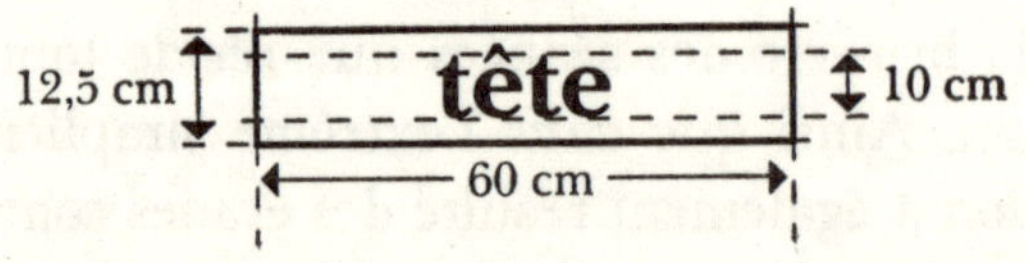

Comment confectionner les pancartes *(suite)*

3. Les mots de l'univers immédiat (étape n° 3) :
– sur des pancartes de 7,5 cm de haut, en minuscules rouges de 5 cm.

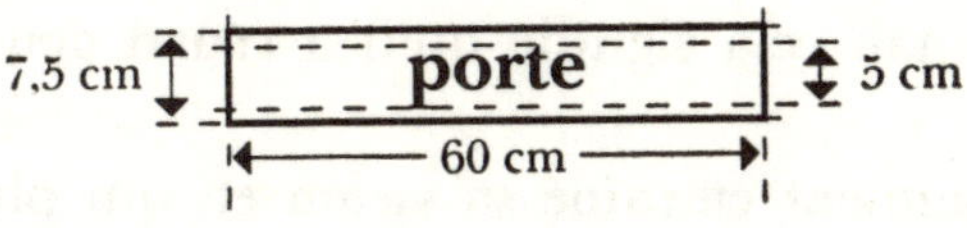

4. Le vocabulaire de l'articulation des phrases (étape n° 4) :
– sur des pancartes de 7,5 cm de haut, en minuscules noires de 5 cm.

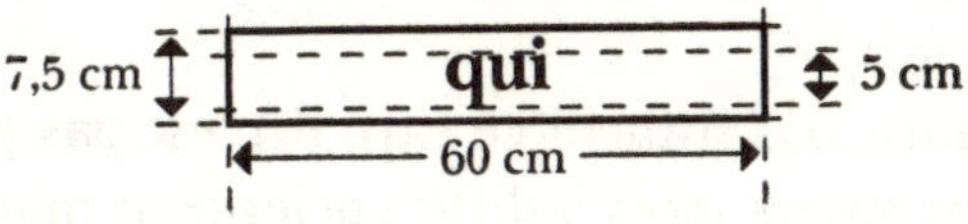

5. Le vocabulaire des phrases construites (étape n° 5) :
– les mots sont écrits en minuscules noires de 2,5 cm de haut;
– les cartes sont perforées et assemblées en un livre, au moyen d'anneaux pour feuilles volantes. Elles doivent être assez grandes pour contenir le texte de chaque page.

6. Un livre usant d'un vocabulaire limité (étape n° 6) :
– les mots en capitales et en minuscules noires de 6 mm de haut.

7. L'alphabet (étape n° 7) : sur des pancartes de 10 cm sur 10, portant des capitales et des minuscules noires de 7,5 cm.

On commence donc avec de grandes minuscules rouges, pour arriver progressivement à des minuscules noires, de dimension normale (on voit mieux les grandes lettres; de même, le rouge attire davantage l'œil des tout petits enfants). Cela, afin de permettre au système visuel de l'enfant de se former et de se familiariser peu à peu avec les mots qu'on lui présente.

Les différentes étapes du processus d'apprentissage

La première étape

La première étape consiste à mettre en place le processus de discrimination (ou de différenciation) visuelle où l'enfant va apprendre à distinguer un mot d'un autre. C'est tout. Mais c'est capital, car selon Glenn Doman cela signifie qu'il a réussi deux choses extraordinaires :

1. il a suffisamment entraîné sa vision et, qui plus est, son cerveau, pour différencier deux symboles écrits;

2. il a saisi l'une des plus étonnantes abstractions avec lesquelles il sera aux prises au cours de sa vie : il peut lire des mots. Il ne lui restera à saisir qu'une seule abstraction plus grande encore – celle des lettres de l'alphabet.

Tant qu'il n'aura pas franchi ce cap, il n'est pas prêt pour continuer. Les deux premiers mots à différencier sont maman et papa; et le troisième, son prénom!

Le protocole d'apprentissage sera toujours le même : enfant et parent assis face à face, à un mètre l'un de l'autre, le parent présente à l'enfant le carton à la hauteur de ses yeux en lui disant d'une voix claire : « c'est le mot maman! », « c'est le mot papa », etc.

La deuxième étape

La deuxième étape concerne le vocabulaire du « moi ». C'est son corps que l'enfant découvre avant toute chose, et son univers qui se développera progressivement vers l'extérieur commence par lui-même. Le vocabulaire du « moi » comporte 20 mots et dans cet ordre exact : main, pied, tête, œil, bras, nez, jambe, genou, dents, coude, pouce, doigt, ventre, bouche, lèvres, épaule, langue, cheveux, oreille, orteils.

Le protocole d'apprentissage est le suivant : on présente les cartons par séries de 5 mots dont un mot nouveau; durant une seconde par mot; à la fréquence de trois séances par jour, à une demi-heure d'intervalle au minimum. Donc au total, chaque mot devra être présenté quinze fois, soit cinq jours de suite. Soit, compte tenu du temps de mise en place préalable à chaque séance et celui consacré aux effusions de joie et de tendresse qui la clôturent, une durée moyenne d'une minute par séance, trois fois par jour.

Toute la « magie » de la méthode réside dans la brièveté des séances, qui explique l'impression de moindre effort constatée chez l'enfant. La méthode est bien en adéquation avec les capacités naturelles de l'enfant. Elle répond parfaitement à ce principe écologique : c'est à la méthode de s'adapter aux capacités de l'enfant et non l'inverse !

La troisième étape

La troisième étape porte sur le vocabulaire de la maison et touche à quatre grands domaines : la famille, les objets appartenant à la famille, les objets appartenant à l'enfant, et les actes.

A raison de 10 à 50 mots par rubrique (selon les désirs de la mère et de l'enfant) il s'agit de choisir les termes qui reflètent le mieux l'univers propre à chaque enfant. Cela signifie qu'après cette troisième étape l'enfant aura appris entre 60 et 200 mots.

La rubrique consacrée aux actes a la particularité de comprendre des verbes conjugués à la troisième personne du présent de l'indicatif; par exemple : « s'assied », « se lève », « court », « rit », « grimpe », « rampe », « marche », « saute », « jette », « lit »...

A chaque mot nouveau, le parent commence par expliquer l'acte en l'accomplissant lui-même; par exemple, la mère saute en disant : « Maman saute. » Ensuite, elle montre le mot à l'enfant et elle ajoute : « Ça, c'est le mot « saute ». » Et ainsi de suite, pour chaque nouveau verbe présenté.

Quatrième, cinquième et sixième étapes

Les quatrième, cinquième, et sixième étapes s'articulent autour du choix d'un petit livre au vocabulaire volontairement réduit (pas plus de 150 mots). La quatrième et la cinquième étape reprennent respectivement le vocabulaire d'articulation de la phrase et le vocabulaire des phrases construites contenus dans le petit livre dont la lecture finale constitue la sixième étape.

A titre indicatif, c'est à vingt et un mois, soit environ un an après ses débuts, que Kalvine lut son tout premier livre. Nous en avions nous-mêmes créé le texte : il racontait l'histoire d'une petite fille qui s'appelait Kalvine et à qui il arrivait des tas de choses amusantes.

La septième étape

Enfin, l'apprentissage de l'alphabet, septième et dernière étape!

Glenn Doman explique que la connaissance de l'alphabet peut paradoxalement constituer un obstacle pour apprendre à lire. L'enfant aura tendance à prononcer la lettre au lieu de la syllabe. Par exemple, pour le mot ballon, il risque de dire bé-a au lieu de ba! D'où la position finale occupée par l'alphabet dans le processus d'apprentissage de la lecture.

Des moments d'une grande intimité

A l'issue de longues années de recherches, Doman et son équipe ont mis à la disposition des familles une méthode simple, claire, économique, efficace, qui ne réclame de la part des parents que de l'enthousiasme et du tact, comme cela est nécessaire chaque fois qu'il s'agit d'apprendre à un enfant.

Les moments que Dadou a vécus avec Arthur et Kalvine durant ces séances comptent parmi les plus merveilleux de sa vie. Cette communion partagée, cette atmosphère euphorique, est un vrai bonheur pour une mère, et aussi pour l'enfant. Le moment le plus magique étant certainement celui où l'enfant lit spontanément son premier mot. Kalvine y parvint à l'âge de seize mois. Au moment où Dadou lui montra le mot « hélicoptère » et allait le prononcer, elle l'a précédée. Avec la voix mignonne d'une enfant commençant à peine à parler, elle a dit quelque chose comme « likopté ». Dadou lui a fait une véritable fête!

Le lendemain, Kalvine a pris d'elle-même le carton « Arthur » et s'est mise à dire en s'asseyant dessus « A-tu, A-tu ». Ce n'est qu'à partir de ce moment-là que Dadou a commencé à opérer des contrôles de temps à autre.

Ainsi, comme précédemment pour l'activité « bébés-nageurs » ou encore pour la gymnastique d'éveil, c'est dans l'instauration d'un climat joyeux et ludique, que la mère ou le père sauront mettre en place, notamment par leur attitude chaleureuse et détendue, que l'enfant trouvera le plaisir et la confiance indispensables à la réussite de l'entreprise.

Quelques recommandations

Il faut veiller à observer attentivement les réactions de l'enfant de façon à entretenir la relation privilégiée de grande intimité et de bonheur qui doit présider à l'apprentissage. Pour cela, Doman apporte quelques recommandations qu'il convient de suivre scrupuleusement.

La règle fondamentale est la suivante : apprendre à lire à l'enfant est un acte positif. Il ne faut jamais en faire un acte négatif, à savoir *ne jamais ennuyer l'enfant* :

• tout d'abord, avant de commencer chaque séance, veillez à ce que le moment et le cadre s'y prêtent bien. Soyez sûrs que l'enfant et vous-même êtes bien réceptifs, détendus et de bonne humeur, et que l'environnement ne puisse provoquer de distractions visuelles, auditives ou tactiles;

• lorsque l'enfant ou vous-même n'en éprouvez pas l'envie, il ne faut surtout pas se forcer. Rangez les cartes jusqu'à ce que l'envie commune réapparaisse. Au moment où Kalvine découvrit les joies de la marche, vers l'âge de onze mois, son intérêt pour l'apprentissage de la lecture déclina. Dadou rangea donc les cartons pendant environ un mois. A la reprise, Kalvine retrouva avec joie ses chers cartons;

• ne cherchez pas à aller trop vite car alors l'enfant n'apprendra rien. Or, il veut apprendre. Attention aussi à ne pas aller trop lentement, à force de vouloir s'assurer que l'enfant connaît bien les mots déjà appris;

• ne le mettez jamais en situation d'échec. Par exemple, lors d'un contrôle, montrez-lui le mot et dites-lui d'une voix claire – sans aucune interrogation dans la voix! : « Et ça, c'est le mot... » en lui laissant au moins cinq secondes pour lui permettre de dire le mot.

S'il vous donne la bonne réponse, alors accueillez-le avec force manifestations de joie et de reconnaissance pour son talent;

félicitez-le, dites-lui que vous êtes très content de lui, que vous l'aimez beaucoup (prenez-le dans vos bras, câlinez-le tendrement). En toutes circonstances, notamment pour le tout-petit, la fin de chaque séance sera marquée par plein de « bravo », de câlins chaleureux, ponctuant ainsi le jeu d'apprendre à lire par une note de fête.

S'il ne répond pas ou donne une réponse incorrecte, vous lui dites le mot, tout simplement, comme si telle était votre intention de départ ;

- par conséquent, il ne faut pas l'interroger trop souvent (pas plus d'une fois par semaine), car les enfants adorent apprendre mais ils n'aiment pas qu'on les interroge.

Il serait très maladroit, par exemple, de demander à l'enfant d'exhiber ses talents devant des amis, des parents ou autres. En revanche, s'il désire spontanément le faire, laissez-lui cette liberté, car de sa part ce n'est pas de la fanfaronnade mais l'expression saine de sa fierté naturelle.

La joie d'apprendre

Naissance d'un lecteur

Une fois les six premières étapes franchies, c'est-à-dire après que l'enfant aura lu son tout premier livre (d'environ 150 mots), il n'est pas nécessaire d'aborder la septième, l'alphabet. Ce n'est pas très urgent car pas vraiment opératoire pour lire, d'une part ; et d'autre part, la plupart du temps, l'enfant l'aura appris de lui-même.

L'étape suivante sera plutôt consacrée à l'extension du vocabulaire. Pour cela, il suffit de choisir un autre livre (et ainsi de suite) répondant toujours aux critères précis indiqués par la méthode :

1. caractères assez grands ;
2. textes qui ne soit pas entrecoupé d'illustrations ;
3. étendue adéquate du vocabulaire ;
4. intérêt du sujet.

Pour Glenn Doman, il y a en fait trois niveaux de compréhension distincts dans le processus d'apprentissage de la lecture. Chaque fois que l'enfant atteint l'un d'eux, il manifeste une immense joie devant cette nouvelle et passionnante découverte.

Le premier ravissement, il l'éprouve en découvrant que les mots ont une signification, comme un code dont il partagerait le secret avec les adultes.

Deuxième révélation, il s'aperçoit que les mots qu'il lit séparément peuvent être employés ensemble, et sont, par là même, beaucoup plus que de simples étiquettes appliquées aux objets.

La troisième et dernière découverte est sans conteste la plus grande de toutes. Soudain, il s'aperçoit que le livre qu'il est en train de lire lui offre plus que le simple amusement de traduire en objets des noms secrets ; plus, même, que l'amusement consistant à transposer des séries de mots en commentaire sur les objets ou sur les personnes... Il se rend compte que le livre qu'il lit est en train de lui parler, et à lui seul !

A partir de ce moment magique, il comprend également, que les mots qu'il connaît peuvent être combinés autrement pour exprimer des idées entièrement neuves ; et donc qu'il ne lui sera pas nécessaire d'apprendre une nouvelle série de mots chaque fois qu'il voudra lire quelque chose.

C'est ainsi que d'extensions en extensions, grâce aux multiples agencements auxquels se soumettront les textes, l'enfant deviendra progressivement un vrai lecteur : *celui pour qui l'acte de lire est générateur de sens !*

De plus, au fil de ses lectures, il saisira que, par l'intermédiaire de cet objet apparemment simple qu'est le livre, beaucoup de gens, d'ici et d'ailleurs, d'hier et d'aujourd'hui peuvent s'adresser à lui, et lui révéler par la magie des mots le trésor des connaissances et des aventures humaines.

Doman fait remarquer à juste titre que c'est grâce à son aptitude à écrire et à lire que l'homme a pu transmettre ses connaissances aux hommes des siècles à venir après lui et des pays lointains. Les connaissances de l'homme ont pu ainsi s'accumuler dans le temps et dans l'espace ; et, si l'homme est ce qu'il est, c'est essentiellement parce qu'il peut lire et écrire.

Les progrès de Kalvine

• A huit mois : premières pancartes ;

• à onze mois : interruption d'un mois lors de la découverte de la marche ;

• à un an et quatre mois : premier mot lu spontanément (« hélicoptère ») ;

• à un an et neuf mois : premier livre en écriture script ;

• à deux ans : elle lit systématiquement les mots qu'elle reconnaît dans les livres et joue à associer les sons aux mots grâce aux ouvrages de la série *Préparation à la lecture* de Jean et Jeanine Guion (Sermap-Hatier) ;

• à deux ans et neuf mois : elle apprend la méthode « syllabique » avec *Ratus et ses amis*, *méthode de lecture CP* de Jean et Jeanine Guion (Hatier), et *Apprendre à lire CP, vers le CE1* avec le *Cahier de lecture CP* qui comprend des exercices variés pour progresser ;

• à trois ans et deux mois : elle termine la méthode « syllabique », et lit des petits romans de la série « Bibliothèque de Ratus » écrits par les mêmes auteurs, pour les six-sept ans (les « mini Ratus »), elle utilise aussi une série livres de lecture et d'exercices « Chantecler éducatif » (à partir de six ans) ;

• à trois ans et demi : livre de lecture CE1 *Ratus découvre les livres* ; exercices de lecture CE1 ; et *Devenir meilleur lecteur CE1*, collection Apprendre (Sermap-Hatier).

Elle lit des textes en écriture cursive (attaché).

Et elle lit les albums de Tintin (en script) et de Yakari (en lettres capitales) ;

• à quatre ans : exercices de lecture CE2, Georges Lefèvre, collection Apprendre (Sermap-Hatier).

Elle lit, dans la série « Bibliothèque de Ratus », les romans pour « grands Ratus » (à partir de dix ans) (Hatier).

Les progrès de Kalvine *(suite)*

Lorsqu'un enfant commence à savoir lire, on peut correspondre avec lui et lui laisser régulièrement des messages écrits, notamment lorsqu'on est absent (quand il se réveille par exemple). C'est avec un immense plaisir qu'il lira un message le concernant, du type : « Bonjour, Kalvine, je suis partie faire les courses. Je reviens tout de suite. Je t'embrasse très fort. Je t'aime. Dadou ». Naturellement, ces messages évolueront en fonction des progrès de l'enfant, et de l'enrichissement de son vocabulaire.

C'est en même temps un bon moyen de faire savoir à l'enfant combien ses parents l'aiment et de lui montrer qu'il est un être important ! Dans un tout autre registre on peut lui téléphoner régulièrement depuis son lieu de travail. Cela lui fait toujours plaisir de savoir qu'on pense à lui. Comme à tout le monde d'ailleurs !

Joindre l'utile à l'agréable

Lorsqu'on regarde de près le parcours de Kalvine, on peut noter, qu'après avoir suivi la méthode Doman jusqu'au terme de son processus, elle a enchaîné à l'âge de deux ans et neuf mois environ avec la méthode traditionnelle dite « syllabique ». On mesure facilement la difficulté que peuvent rencontrer les enfants de six ans qui abordent d'emblée la lecture par cet exercice. Rébarbative dans ces conditions, cette méthode syllabique ne l'est pourtant pas pour un enfant qui sait déjà un peu lire, il en fait au contraire un jeu amusant de plus !

La différence est fondamentale et conditionne toute la suite des études. Le rôle que jouent les études, d'abord dans le développement personnel de l'enfant, puis dans son intégration sociale, est capital et c'est pourquoi il nous paraît essentiel que chaque enfant bénéficie dans ce domaine d'un bon départ. L'enfant a besoin d'avoir confiance en lui-même.

On ne le répétera jamais assez : pas plus que l'adulte, l'enfant n'a vocation à supporter l'ennui et la contrainte. Au contraire. Et lorsqu'il s'agit d'apprendre surtout, il lui faut un climat joyeux et serein, et se sentir reconnu. Apprendre pour lui est une fête : regardez comme il est heureux de vous montrer qu'il a reconnu tel mot dans un livre ! de vous entendre répondre à ses innombrables questions sur la vie ! de vous voir lui indiquer comment marche tel appareil ! etc.

Lorsqu'on saisit le regard brillant d'un enfant qui veut apprendre, on se dit qu'il serait quand même dommage pour lui de ne pouvoir assouvir un tel désir, et pour nous de ne pouvoir provoquer un tel enthousiasme.

Kalvine, alors qu'elle n'avait que deux ans et neuf mois, et qu'elle venait à peine de commencer la méthode « syllabique » avec son livre *Ratus et ses amis, méthode de lecture CP*, n'a cessé, durant tout un après-midi, de courir après Dadou, le livre à la main, pour lui montrer des épisodes qu'elle avait hâte de lui lire. Elle eut du mal à attendre que sa mère soit disponible.

Apprendre doit nécessairement joindre l'utile à l'agréable. Tout simplement parce que, sans agrément, il y a rarement d'utilité (enfants, que de choses avons-nous apprises de force pour presque aussitôt les oublier !). Chez l'enfant, plus encore que chez l'adulte, le plaisir est le moteur de toute activité. L'enfant ne fait bien que ce qui lui plaît ! Comment pourrait-il d'ailleurs en être autrement ? Peut-on imaginer le contraire : qu'un enfant fasse bien ce qui lui déplaît ou veuille mal faire ce qui lui plaît ?

Seule une éducation qui respecte la vraie nature de l'enfant – c'est-à-dire son désir d'apprendre, dans la joie et la liberté pour devenir grand, son but suprême – pourra harmonieusement développer ses capacités. Et nous avons vu combien elles pouvaient être remarquables, pour tous.

En un mot, les enfants ont naturellement tout ce qu'il leur faut pour réussir, il suffit que les parents leur en donnent les moyens ! Peut-il y avoir de mission plus exaltante que celle-ci ?

L'éclat du regard de Kalvine, lorsque du haut de ses quatre ans, avec une mine gourmande, elle se jette sur les livres qu'elle vient de choisir avec sa mère à la bibliothèque municipale, nous plonge dans un bonheur total. Le même que nous avions jadis ressenti avec Arthur. Et que dire des moments où nous la voyons découvrir ses albums tout neufs de Tintin, de Jo, Zette et Jocko ou de Yakari...

Il faut savoir, cela dit, que les enfants ne veulent surtout pas, sous prétexte qu'ils savent lire, qu'on cesse de leur faire la lecture tous les soirs. Il s'agit là d'un rituel sacré auquel ils tiennent beaucoup : ils choisissent d'ailleurs les livres qu'ils souhaitent qu'on leur lise, ainsi que ceux qu'ils souhaitent nous lire. Quand ils lisent à voix haute pour leurs parents, ils lisent généralement mieux que jamais, de manière théâtrale – avec force intonations, mimiques, gestes, rires, etc. –, sans doute parce qu'ils veulent leur donner du plaisir. Ils exigent naturellement qu'on leur rende la pareille.

L'expérience de Kalvine, en ce qui concerne les « bébés-nageurs » aussi bien que l'apprentissage de la lecture, est exemplaire dans le sens où elle a commencé chacune de ces activités pratiquement à l'âge minimum requis et où nous lui avons fait suivre au plus près les « programmes ». Cela a donné un résultat quasi optimal.

L'expérience d'Arthur l'est tout autant. Même s'il a dû reprendre de zéro l'activité « bébés-nageurs » à l'âge de quatre ans, et s'il a commencé l'apprentissage de la méthode Doman à cinq ans seulement, le résultat, sans être aussi « spectaculaire » que chez Kalvine, n'en a pas moins été positif...

Il en est de même pour des milliers d'enfants qui n'ont pas forcément débuté aussi tôt que Kalvine, ni suivi les « programmes » d'aussi près.

Compte tenu de la simplicité de ces deux activités, du peu de disponibilité qu'elles exigent (une demi-heure à une heure par semaine pour « apprendre l'eau »! trois minutes par jour en tout et pour tout pour apprendre à lire!), et de la relation privilégiée qu'elles créent entre les parents et l'enfant, on ne peut qu'encourager à les pratiquer. Cela n'engendre que pur bénéfice pour l'enfant, quel que soit son âge au démarrage (voir le cas d'Arthur). Quant aux parents, il éprouveront grâce à elles la joie incomparable de donner un excellent départ à leur enfant.

3

UN MONDE CONVIVIAL

Un enfant qui se sent en sécurité – surtout affectivement – tout en étant reconnu comme quelqu'un d'important aura plus facilement confiance en lui; ce qui est primordial pour grandir. Qu'il éprouve de surcroît le plus grand plaisir dans tout ce qu'il fait ne peut que lui donner encore davantage l'envie d'entreprendre, de jouer – notamment à apprendre.

Toutefois, l'enfant ne vit pas isolé des autres, dans son petit coin. Comme tout le monde, il a besoin de communiquer. Parce que c'est vital, d'une part, et enrichissant, d'autre part.

Seulement, son mode de communication n'est pas comparable à celui de l'adulte. Il serait donc plutôt néfaste de le lui appliquer. Penser que plus tôt il sera « socialisé » et meilleure sera sa relation sociale future est une vue simpliste de l'enfance, qui n'est pas, rappelons-le, une réplique miniaturisée de la vie adulte. Livrer trop tôt un enfant à lui-même, ce n'est pas du tout favoriser son autonomie. Bien au contraire, c'est, en le déstabilisant affectivement, le rendre encore plus dépendant.

Obliger l'enfant à affronter des situations qu'il ne peut raisonnablement gérer, faute de maturité suffisante ou pire encore lui imposer des conduites totalement inadéquates, dont il ne comprend pas le sens, le plonge dans la confusion totale. Agir dans ce sens, c'est finalement le contraindre à un « forcing », générateur de mauvais stress (*distress* [1]), tout à fait contre-indiqué pour son développement global.

1. Le *distress* ou mauvais stress s'oppose à l'*eustress* ou bon stress (réponse de l'organisme pour s'adapter à une situation donnée).

L'enfant a besoin de voir clair, de communiquer d'une façon univoque ; car grandir, c'est d'abord, pour lui, faire l'apprentissage du sens. Or, si l'enfant se retrouve sans repères stables et sûrs, il va devoir naviguer au jugé dans un épais brouillard. De quoi générer chez lui une insupportable angoisse. De quoi bloquer totalement sa débordante énergie, son intense désir d'entreprendre, de grandir. De quoi ruiner son imperturbable optimisme, son amour pour la vie.

Le condamner ainsi au « mal vivre », qu'il manifestera par un comportement parfois excessivement agressif ou au contraire résigné, c'est en fait le détourner de sa nature d'enfant, c'est lui voler son enfance.

La maturation sociale d'un enfant passe d'abord par l'observation de quelques règles élémentaires, désormais bien établies, de la psychologie de l'enfant. Elles concernent : le processus de socialisation de l'enfant avec ses pairs ; puis, ce qu'on appelle communément la discipline et la propreté ; et enfin, mais ce n'est pas le moins important, son identité symbolique. La constitution de cette identité obéit à un processus très précis principalement marqué par deux étapes : l'acceptation de son identité sexuelle, et la résolution du conflit œdipien. Pour franchir ces deux étapes cruciales, l'enfant aura besoin d'un environnement particulièrement adapté à l'enjeu et conscient des mécanismes en action.

Le respect de la nature de l'enfant est la condition *sine qua non* de son développement harmonieux. Or, dans ces domaines, les adultes, en toute bonne foi, exercent souvent sur les enfants une pression excessive. Éviter cela, c'est éviter des drames immédiats et surtout, c'est éviter de porter atteinte à l'équilibre psycho-affectif de l'enfant. C'est protéger la qualité de ses relations futures avec les autres.

LA SOCIABILITÉ

Le regard de l'adulte

Le plus souvent, les problèmes rencontrés par les enfants sont liés à de sérieux malentendus sur la nature de l'enfance. Ces problèmes sont parfois dramatiques. Prenons un exemple typique et apparemment anodin.

Deux jeunes mères ayant chacune un bébé de huit mois passent l'après-midi ensemble. Elles installent les bébés dans un coin avec des jouets pendant qu'elles discutent tranquillement juste un peu plus loin.

A un moment donné, l'un des deux bébés se met à crier parce que l'autre lui a mis le doigt dans l'œil. Qu'arrive-t-il alors ?

La maman du bébé « agresseur » le gronde, et d'autant plus fort qu'elle se sent quelque peu obligée d'en rajouter devant son amie. Elle traite son enfant de « méchant », de « vilain » pour avoir fait mal au charmant bébé.

La maman du bébé « agressé », quant à elle, se demande quelle mouche a bien pu piquer le bébé de son amie pour qu'il veuille fourrer son doigt dans l'œil de son malheureux petit. La courtoisie cependant lui fait dire que « ce n'est rien », « qu'il n'y a là rien de bien méchant ». En quoi elle dit bien la vérité, car ce qui a été perçu comme une agression n'en est pas une. Des bébés de huit mois ignorent ce qu'agresser veut dire : ils ne peuvent donc en avoir l'intention.

Ainsi que nous l'avons vu au premier chapitre, un bébé de huit mois considère tout ce qu'il perçoit comme un objet qui se prête à son envie de le toucher pour mieux l'étudier. S'il enfonce son doigt dans un œil, il n'a absolument pas conscience d'avoir affaire à un « sujet ». Encore moins de lui faire du mal.

Le gronder, même gentiment, c'est par conséquent le culpabiliser à tort, lui attribuer un mal qu'il ne peut avoir commis. Il ne comprend pas très bien ce qui se passe, pourquoi toutes ces mimiques, ces gestes, voire ces paroles hostiles à son égard. Cela engendre un certain trouble dans son esprit, une perte de sens préjudiciable à son développement. Car le sentiment de confusion n'est pas moins dommageable que le sentiment d'injustice dont l'enfant aurait souffert s'il avait bien saisi ce qui se passait.

Les enfants entre eux

D'une manière générale, les adultes « fantasment » beaucoup sur les rapports de convivialité que les tout-petits pourraient entretenir.

Par exemple, ils ont tendance à surestimer l'aptitude d'un enfant de deux ans à jouer avec d'autres enfants. Ainsi, lorsque ces enfants se bagarrent, ils sont considérés naturellement comme « agressifs ». Or, à cet âge, l'enfant n'est pas encore prêt à partager le même jeu.

Entre deux et trois ans, l'enfant traverse une période qui se caractérise par une expression exacerbée de son individualité. Il maîtrise de mieux en mieux son corps. Le langage lui procure un réel pouvoir, celui de penser : il imagine, questionne, joue avec les mots. Il s'affirme volontiers en s'opposant. Il s'approprie plus facilement qu'il ne partage. C'est un être entier, un « naturel égocentrique », joyeux, enthousiaste, qui promène son dynamisme, parfois exubérant, sur tous les fronts. En un mot, il est du genre « charmant mais plutôt infernal », tant son moi est protubérant. C'est pourquoi mettre ensemble des enfants de cet âge revient un peu à mettre des crabes dans le même panier...

L'aptitude des enfants à jouer ensemble obéit à un processus qui est le même pour tous.

Avant l'âge de deux ans

L'enfant n'a donc aucune aptitude à jouer avec les autres. C'est le temps du « jeu solitaire ». Un autre bébé est un « jouet », pas un compagnon de jeu. Il l'examine attentivement, comme il le ferait s'il s'agissait d'un jouet ou de tout autre objet attrayant, en le palpant, le tapotant, le pinçant, ou en enfonçant son doigt.

A l'abord de la deuxième année

Durant cette époque, s'effectue la transition entre le « jeu solitaire » et le « jeu parallèle ». Désormais, deux enfants ou davantage peuvent occuper le même espace géographique, mais le jeu de chacun reste indépendant de celui des autres, même s'ils éprouvent du plaisir à être ensemble.

A l'abord de la troisième année

Le « jeu associatif » apparaît : tous les enfants font la même chose – par exemple jouer dans un bac à sable, faire des pâtés, jouer à la poupée, aux petites voitures – sans toutefois qu'il y ait vraiment d'échanges entre eux. Ils peuvent trouver du plaisir à s'imiter systématiquement, d'où l'intérêt qu'ils aient chacun un exemplaire du même type de jouet (cubes, poupée, voiture, etc.).

Ainsi, si une petite fille de deux ans ne partage pas spontanément ses poupées et invite sa compagne à jouer à autre chose, celle de trois ans – au contraire – les prêtera volontiers afin de jouer à s'imiter, comme par un effet de miroir. Il en est de même pour les petits garçons jouant, par exemple, aux petites voitures.

A partir de quatre ans

Alors seulement, intervient le « jeu coopératif ». Les enfants peuvent discuter de leurs plans et se distribuer des rôles : par exemple, désigner celui qui poussera le chariot, et celui qui y sera tiré.

Lorsque cette évolution est ignorée, par leur maladresse, les adultes peuvent nuire au développement harmonieux des enfants. « Faire la morale » à un bébé qui en fait pleurer un autre ou à des enfants de deux ans qui se disputent violemment un jouet est non seulement inadéquat mais aussi injuste.

LA DISCIPLINE

L'autorité parentale

Tracer des limites

Il serait dommage de faire en sorte qu'éduquer se résume à « discipliner », comme si un enfant était par essence un fauteur de troubles à qui il faut impérativement poser des limites strictes.

A l'âge de deux ans, celui-ci a tendance à faire valoir son individualité avec un dynamisme débordant, « au mépris », pourrait-on penser, des règles de bienséance. Mais en réalité, il n'y a pas de mépris ni des autres ni des règles chez un enfant de cet âge; il y a seulement une certaine incapacité de se conformer à la règle collective tant il est occupé par l'affirmation de son individualité.

Il ne s'agit donc pas de le mater, c'est-à-dire de lui interdire de s'affirmer, de briser l'élan de son dynamisme – ce qui ferait de lui à force un rebelle ou un résigné – mais de le comprendre et de l'amener à se maîtriser.

Il faut donc commencer par trancher, déterminer ce qui est acceptable et ce qui ne l'est pas, et s'y tenir. Cela permet de distinguer l'essentiel – les limites à ne pas franchir – des interdictions accessoires, et de se montrer ferme, ce que les enfants en général apprécient, car ça les rassure.

A partir du moment où les limites sont logiques et qu'elles leur paraissent justifiées, d'une part, et que d'autre part, l'autorité des parents est légitimée par l'attention et l'affection qu'ils portent aux enfants, ces derniers comprendront qu'ils ont mieux à faire que de « casser les pieds » des parents en bravant les interdits. Avec les enfants, il ne suffit pas d'être génériquement « parents » pour jouir d'une autorité de « droit », il faut d'une certaine manière mériter, et le statut de parents, et la fonction d'autorité qu'il confère.

Ne pas pénaliser à mauvais escient

Les tracasseries inutiles

Lorsque les enfants sont confrontés à des interdictions ou à des obligations qui relèvent plus de la tracasserie qu'autre chose, généralement ils le font savoir. Parfois crûment. Et ils ont raison. Ils n'ont pas vocation à subir ce que les adultes ne voudraient pas subir. Comme l'interdiction de dire ce qu'on ressent ou l'obligation de manger quand on n'a pas faim. De quel droit encore exiger d'eux « qu'ils se tiennent bien à table » à l'âge de deux ans ou les punir au même âge parce qu'ils n'ont pas dit « s'il te plaît » ou « merci » comme il le fallait. On ne peut raisonnablement leur demander plus que ce qu'ils sont potentiellement capables d'offrir. Quand bien même quelques manquements momentanés aux « bonnes manières » pourraient choquer, il ne faut jamais oublier qu'on éduque ses enfants pour les aider à devenir sains et épanouis. L'enfant a besoin d'être reconnu comme quelqu'un d'important ; le brimer pour un rien, c'est nuire à sa confiance en lui-même, à son désir de grandir.

Ceux qui « cherchent » les punitions

Toute attitude de provocation chez un enfant résulte le plus souvent d'un malaise psycho-affectif. Un enfant « mal dans sa peau » parce qu'il est un peu trop délaissé par ses parents, par exemple, peut faire sciemment une grosse bêtise pour attirer leur attention. Une façon de leur envoyer un message de détresse.

Malheureusement, il arrive que les parents, peu attentifs, ne lui renvoient que leur mécontentement sous forme de punition (châtiment corporel ou privation) sans se rendre compte que l'enfant recherchait un signe de leur part, l'attention qui lui manque désespérément.

Toutefois, il arrive que le châtiment soit préféré à l'indifférence. Les coups sont moins douloureux que le total isolement, puisqu'ils sont pour l'enfant la seule preuve qu'il existe aux yeux de ses parents. Cela fait croire à certains que leurs petits sont « masochistes », qu'ils « aiment » les coups. Ceux-là ignorent que le châtiment, comparé à la totale indifférence, devient une marque d'attention. De là le risque d'un cycle infernal « provocation-punition » fondé sur un dramatique malentendu que seule la clairvoyance des parents peut stopper.

Châtier en public

Le pire est sans doute de châtier un enfant en public, d'en rajouter même, de peur d'être pris pour un éducateur laxiste. Il n'y a rien de plus humiliant pour un enfant que d'être puni en public, surtout sous la forme d'une fessée, culotte baissée, dont les séquelles peuvent être désastreuses, notamment sur le plan sexuel.

Ne pas tout permettre

Tout permettre n'est certainement pas non plus rendre un grand service à l'enfant. C'est risquer, d'une part, d'en faire une sorte de petit tyran à tendance hystérique finissant, à la longue, par agréger sur lui la rancœur de son entourage, ce qui l'isolera encore davantage; et surtout, d'autre part, de compromettre ses relations avec les autres, son intégration sociale future. C'est finalement le piéger que de lui faire croire que, toute sa vie durant, il pourra faire ce qu'il veut, sans limites. Car « sans limites » veut dire également « sans repères »... C'est le préparer à une confrontation périlleuse avec la réalité.

Malheureusement, certains considèrent comme du « libéralisme » ce qui n'est que du laxisme pur et simple. L'excès de permissivité dérive le plus souvent vers la négligence caractérisée. C'est dommage pour les enfants; mais aussi pour tout le monde, car la société tout entière, au bout du compte, paie au prix fort les « pots cassés ».

On ne le répétera jamais assez : non seulement l'enfant a besoin d'une autorité, absolument nécessaire pour qu'il ait des repères sûrs, mais surtout il la réclame. Non pas sous la forme d'interdits procéduriers qui brident son élan, mais sous celle d'une attention et d'une affection constantes et sereines qui le rassurent. Une autorité, non pour le brimer mais pour le guider. Non pour lui fermer la voie d'accès au monde mais pour l'éclairer.

Le don d'écoute

Respecter le besoin de s'exprimer

Pour les parents, la confiance des enfants est primordiale, et réciproquement. Car c'est essentiellement la solidité de cette confiance mutuelle qui conditionnera leurs relations. C'est pourquoi il faut impérativement laisser les enfants exprimer leurs sentiments. Tous leurs sentiments, les mauvais comme les bons.

N'oublions pas que les adultes qui ont recours à la psychothérapie apprennent essentiellement à exprimer leurs sentiments « refoulés ». C'est donc un acte de salubrité fondamental que de permettre aux enfants de dire les sentiments qu'on considère comme négatifs : colère, peur, embarras, peine ou inquiétude, etc.

Car, à force de refouler leurs sentiments négatifs, les enfants finissent par réprimer également leurs « bons » sentiments, leurs sentiments positifs d'amour et d'affection. Cela crée des blocages psychologiques qui à la longue hypothèquent lourdement leur développement.

Faire preuve d'empathie : l'écoute active

Mais il ne suffit pas aux enfants de pouvoir expliquer ce qui se passe en eux. Il faut aussi qu'ils sachent que les parents les écoutent effectivement, et surtout les comprennent. Il y a près d'un demi-siècle, le grand psychologue américain Carl Rogers a mis au point le moyen le plus sûr pour les parents de faire savoir aux enfants qu'ils les comprennent profondément. Il s'agit de la technique des « sentiments réfléchis » ou de l' « écoute active », aujourd'hui à la base de la formation de tout psychothérapeute.

C'est en quelque sorte de l'empathie appliquée. C'est-à-dire la faculté pour un individu de se mettre à la place de celui qu'il écoute. De se « mettre dans sa peau ».

Réfléchir les sentiments de l'enfant

Le principe est le suivant : il s'agit pour celui qui « écoute » de traduire les sentiments de l'autre en des paroles qu'il lui renvoie comme s'il était un miroir.

Exemple classique : un enfant de deux ou trois ans se plaint d'avoir été frappé par un de ses camarades de jeu ou par un de ses frères ou une de ses sœurs. Au lieu d'un accueil excédé : « Ah, quoi encore! qu'est-ce qui se passe! », suivi d'un interrogatoire en règle pour savoir « qui a commencé, etc. », la technique des « sentiments réfléchis » préconise une tout autre attitude. Lorsque l'enfant vient dire en pleurant : « Un tel m'a tapé! », il convient de lui répondre d'un air compatissant : « Ça te rend malheureux qu'il ait fait ça. » Sous-entendu, « comme je te comprends ».

Autre exemple : A l'heure du coucher, cette fois, l'enfant dit ne pouvoir s'endormir parce que, selon lui, il y a une sorcière dans sa chambre. Lui dire « Allons, ne sois pas bête, tu sais bien qu'il n'y a pas de sorcière dans ta chambre! » en faisant le tour de la pièce avec lui, pour bien lui montrer qu'il n'y a (évidemment) pas de sorcière, n'enlèverait pas pour autant sa peur qui repose sur le fantasme et ne peut donc se résoudre par le réel.

Ce qu'il faut faire, c'est lui dire avec compassion : « Parle-moi de cette sorcière », puis après qu'il aura dit que cette vieille sorcière lui faisait peur, enchaîner par des répliques comme : « Cette sorcière est très méchante, c'est ça ? » L'enfant acquiescera et poursuivra son récit en expliquant que c'est pour ça qu'il la déteste de toutes ses forces et qu'il va la jeter dans le feu. Il aura alors exorcisé sa peur par la seule force de son imaginaire que la personne qui l'écoute « active » par la simple réflexion de ses sentiments.

Traduire et non répéter

Lorsqu'on pratique cette technique, il faut éviter de répéter simplement ce que dit celui qui s'exprime. Il s'agit de « traduire » et non pas de « répéter » ce qu'il ressent. Si un enfant clame : « Je déteste la nouvelle maîtresse », il ne s'agit pas de répéter tout bonnement : « Tu détestes ta nouvelle maîtresse, c'est ça ? » Auquel cas, l'enfant pourrait répondre à juste titre : « Eh bien oui c'est ça, puisque je viens de te le dire ! » Et on n'est pas plus avancé.

En fait, il aurait fallu dire, par exemple : « Tu es déçue par ta nouvelle maîtresse, c'est ça ? » L'enfant aurait alors approfondi son argumentation au fur et à mesure des relances de celui qui l'écoute « activement ». En traduisant, en « décodant » chaque fois ce que l'enfant vient de dire, et non pas simplement en répétant textuellement.

Cela pourrait donner le dialogue suivant :

Enfant : Je déteste tante Jeanine !

Parent : Tu es déçu par tante Jeanine, c'est ça ?

Enfant : Oh oui, elle ne me fait jamais de câlins !

Parent : Tu voudrais qu'elle soit plus affectueuse avec toi.

Enfant : Oui, c'est ça.

C'est infiniment plus positif et constructeur que si le dialogue était le suivant :

Enfant : Je déteste tante Jeanine !

Parent : Dis donc, je t'interdis de parler comme ça de tante Jeanine !

Ici, rien n'empêche l'enfant de persévérer dans son idée et de ruminer des sentiments de mécontentement et de dépit qu'il n'aura pu exprimer ouvertement. Il n'aura pas la consolation d'avoir été « compris », donc d'avoir été réellement, « activement » écouté.

Ainsi, il faut éviter de simplement répéter le message, mais le retourner sous une forme traduite, décodée.

Traduire et non interpréter

A l'opposé, il existe un second écueil. Lorsque pour écouter « activement », au lieu de restituer intrinsèquement le message, on répond en transmettant son propre message comme une évaluation, une opinion, un conseil, un raisonnement, une analyse, une question ou une suggestion. Là encore, cela n'avance à rien.

Cette technique des « sentiments réfléchis » comporte un système d'autorégulation. Lorsque l'enfant qui exprime ses sentiments ne les retrouve pas dans les propos qu'on lui retourne, il le voit bien et le dit carrément : « Non, ce n'est pas ça », ou « Non, ce n'est pas tout à fait comme ça ». S'il devait trop souvent rectifier, sa conclusion serait évidemment qu'on ne le comprend décidément pas.

En fait, pour véritablement comprendre son enfant, et pouvoir ainsi engager avec lui une communication positive et enrichissante, chaque parent se doit de cultiver le sentiment d'empathie à son égard. En se « mettant dans sa peau », il va pouvoir saisir exactement ce que l'enfant pense et ressent, voir le monde comme l'enfant le voit.

L'enfant, de son côté, a absolument besoin d'être compris par ses parents, pour acquérir l'indispensable confiance que son développement exige. Laisser « respirer » son enfant, c'est-à-dire lui faire confiance, pour qu'il « respire » la confiance (en lui-même), voilà, en résumé, le rôle – déterminant – des parents dans ce domaine de la discipline et des « bonnes manières ». La formule est encore plus appropriée pour ce qui concerne les questions de propreté.

LA PROPRETÉ

De nombreux parents se compliquent trop l'existence et surtout celle de leurs enfants à propos de la propreté. D'où la nécessité de rappeler précisément les mécanismes naturels d'élimination des déchets et les facultés que l'enfant a normalement de les contrôler. Mais au préalable, il faudrait dire quelques mots de l'enjeu véritable de la « propreté ».

La propreté d'un enfant n'est pas le problème des parents. Elle concerne le rapport intime de l'enfant avec son corps. Ce n'est pas une question d'hygiène « sociale » qui serait l'affaire des parents et de leur conformité à la norme sociale, mais bien celle de l'enfant et de sa propre hygiène, non seulement physiologique mais aussi psychologique. C'est pourquoi, en cas de « réussite », la propreté ne doit pas être l'objet de la fierté « sociale » des parents mais de la fierté personnelle de l'enfant.

Comme dans toute question individuelle, il n'y a pas de normes qui déterminent à quel âge un enfant doit être « propre ». On peut simplement affirmer avant quel âge (deux ans) il ne devrait jamais être question de le rendre propre, et après quel âge (cinq ans) le fait de ne pas l'être encore signale un problème d'ordre physiologique ou plus fréquemment d'ordre psychologique, le plus souvent lié à un mauvais « apprentissage » de la propreté.

Les mères qui ont tendance à faire de la « propreté » leur cheval de bataille en matière d'éducation devraient réfléchir à deux fois avant d'exposer leurs enfants à des conséquences désastreuses pour leur développement. Exiger d'un enfant qu'il contrôle ses sphincters alors que celui-ci n'est pas encore en mesure de le faire, c'est exercer sur lui un « forcing » aussi inutile que traumatisant. Cette relation de contrainte, de tension diffuse, ou manifeste, quand il y a des punitions ou des menaces de punition, n'est pas propice à instaurer le climat de confiance qui doit présider à tout apprentissage. Et c'est d'autant plus malheureux qu'il n'y a strictement rien à gagner à vouloir rendre un enfant propre à tout prix.

Les choses peuvent être beaucoup plus simples, à condition que l'on se montre suffisamment attentif et patient. Il faut d'abord distinguer l'entraînement de l'intestin de celui de la vessie, car ils impliquent des mécanismes différents. L'entraînement de l'intestin survenant le premier et se révélant plus facile pour l'enfant que celui de la vessie.

Le contrôle de l'intestin

Les mécanismes en jeu

Les adultes connaissent bien le signal qui leur indique le moment d'aller à la selle. Physiologiquement, c'est la résultante d'un mécanisme naturel qu'on appelle le mouvement des masses intestinales : tout le contenu du côlon au-delà de sa partie ascendante se divise en plusieurs longues masses ressemblant à des saucisses, et qui avec une rapidité surprenante descendent dans le rectum ; la pression ainsi exercée sur le rectum déclenche la contraction des muscles abdominaux et le relâchement de ceux qui ferment le rectum.

Pour un bébé, ce n'est pas vraiment différent, à ceci près que lui utilise « sans entraves » son contrôle automatique chaque fois que le mouvement des masses intestinales se produit. Il ne s'agit pas d'une quelconque « insouciance » de sa part, mais de se soulager naturellement, sans protocole, d'une forte pression physiologique interne.

A partir de deux ans, l'apprentissage consistera donc à entraîner progressivement l'enfant à repérer le signal qui déclenche l'envie d'aller à la selle *avant* de l'inviter à se mettre sur le pot. Et non de l'asseoir de force sur un pot et, d'une façon ou d'une autre, exiger de lui, sous prétexte que c'est « son heure », que le signal se déclenche et qu'il se soulage.

On voit bien ici ce qu'est le comportement « écologique », qui respecte les mécanismes naturels, et celui qui au contraire voudrait « forcer » ceux-ci, les soumettre à des conditions arbitraires, ce qui est plus que néfaste à l'équilibre de l'enfant.

Ne pas exercer de pression

Les conséquences d'une telle erreur peuvent être extrêmement dommageables pour le développement psychologique de l'enfant. Cette situation de « forcing » le met mal à l'aise. Il peut ainsi croire qu'on attend de lui qu'il éprouve quelque chose (l'envie d'aller à la selle), qu'il ne ressent pas naturellement (puisque le mouvement des masses intestinales ne se produit pas). Ce qui sèmerait chez lui un doute grandissant sur ses capacités de ressentir par lui-même ce qui se passe en lui.

Suivant la pression exercée par la mère dans son chantage affectif au sujet de cette prétendue propreté et le caractère plus ou moins docile ou rebelle de l'enfant, toutes sortes de réactions psychologiques peuvent apparaître.

L'enfant docile, par crainte d'être puni s'il ne se plie pas aux habitudes de propreté qu'on lui impose, va transférer ses frustrations ailleurs : il peut soudain devenir timoré, anxieux, et le plus souvent faire des cauchemars. Ou encore faire des difficultés pour manger, se montrer récalcitrant à tout propos.

En revanche, l'enfant rebelle, ayant découvert qu'agir sur ses intestins d'une certaine façon paraissait être l'action la plus importante qu'il puisse faire aux yeux de sa mère, va rapidement comprendre qu'il détient là un certain pouvoir. Celui de la satisfaire ou pas. Cela n'augure pas de façon très saine leur relation, qui doit, de surcroît, nécessairement préfigurer les relations de l'enfant avec les autres.

Les étapes de la propreté

L'apprentissage de la propreté se fait en trois étapes.

La première, vers vingt mois, consiste à dire à l'enfant d'un ton naturel, ce qui se passe quand il est en train de pousser pour déféquer dans ses couches.

La deuxième survient lorsque l'enfant – après avoir, à la longue, repéré le mécanisme du mouvement des masses intestinales – signale lui-même qu'il est en train de « faire ». Il est alors prêt pour la troisième étape : l'apprentissage du pot.

A deux ans, un enfant a besoin qu'on l'aide un peu au début pour effectuer un certain nombre de gestes nouveaux, comme baisser sa couche, s'asseoir sur le pot, pousser, savoir s'il a fini, se relever... Mais, il faut surtout l'amener à le faire progressivement tout seul et non pas le faire délibérément à sa place tandis qu'il « subit » passivement ce qui se passe. Pour cela, il faut lui présenter tout cela comme un exercice amusant dont la finalité est le « cadeau » qu'il fait.

La mise en place d'un rituel

Afin de mettre l'enfant à l'aise, on peut, quelques semaines avant de commencer l'apprentissage du pot, placer l'objet à l'endroit où il devra s'en servir plus tard afin qu'il joue déjà avec – en l'explorant à sa guise et en s'entraînant à s'asseoir dessus et à se relever – sans faire référence à l'apprentissage lui-même.

L'endroit où l'enfant se sert de son pot doit être toujours le même, de préférence là où les adultes vont (cabinets ou salle de bains), il ne faut surtout pas déplacer le pot d'une pièce à l'autre, au gré du planning de l'enfant. Il est important que l'usage du pot soit associé définitivement à l'acte d'élimination des déchets et que l'enfant sache que celui-ci est affecté à un lieu commun à tous, les cabinets. L'acte d'éliminer doit être suffisamment ritualisé afin que l'enfant le prenne au sérieux tout en le trouvant amusant.

D'ailleurs, pour ceux que cela ne gêne pas, l'enfant peut être aidé s'il voit son père ou sa mère aller eux-mêmes à la selle. Le désir qu'ont les enfants d'imiter leurs parents les incite généralement à essayer d'adopter les mêmes rituels. D'autant plus s'ils se terminent joyeusement.

Chez l'enfant, l'acte de déféquer n'est pas vécu, comme chez l'adulte, sur un plan simplement hygiénique, mais aussi symbolique. Il fait cadeau à ses parents d'un élément provenant de son corps. Donc d'une partie de lui-même. Aussi faut-il l'en féliciter – sobrement – chaque fois qu'il a fini. Et surtout, pour être tout à fait cohérent, attendre qu'il soit parti et qu'il soit déjà accaparé par autre chose – un autre jeu – avant de jeter discrètement ses excréments et de tirer la chasse d'eau. Il ne comprendrait pas qu'on se débarrasse de son « cadeau » d'une manière aussi expéditive. Et le bruit de la chasse peut l'effrayer.

Enfin, il ne faut jamais perdre de vue que toute dépréciation de cette fonction d'élimination – notamment le dégoût qu'on pourrait manifester à son propos – affecte également, dans l'esprit de l'enfant, la zone des organes sexuels voisine. Tout ce qui se rattache à l'ensemble de cette partie du corps risque chez lui d'être associé à la « saleté », ce qui compromet gravement l'épanouissement normal de sa vie sexuelle future.

La maîtrise de ce nouvel apprentissage constituera pour l'enfant le franchissement d'un palier supplémentaire sur le chemin qui le mène à son autonomie. Il est certain qu'il tire une certaine fierté d'être propre : cela marque à ses yeux son passage du statut de bébé à celui de « grand » enfant et le rapproche progressivement du modèle qui l'attire, celui de l'adulte.

Le contrôle de la vessie

Le contrôle de la vessie est plus difficile que celui des intestins. Cela prend donc plus de temps. Les sensations physiques signalant à l'enfant qu'il a besoin d'uriner sont moins nettes que celles provoquées par le mouvement des masses intestinales. D'autre part, chez l'enfant, du moins au début, le fait d'uriner est un réflexe automatique que déclenche la tension de la vessie. Au contraire, lorsque les fèces se sont formées à la suite du travail intestinal, la défécation requiert simplement un acte d'expulsion. Autrement dit, il est plus facile pour l'enfant de se contrôler pour faire quelque chose que pour empêcher que quelque chose ne se produise.

Le contrôle de la vessie présente deux aspects : le contrôle éveillé et le contrôle nocture. Le premier précédant logiquement le second.

Le contrôle éveillé de la vessie

Le contrôle éveillé se fait en trois étapes :

1. l'enfant a conscience de s'être mouillé;
2. il comprend qu'il est en train de se mouiller, et peut le signaler;
3. il commence à anticiper et à penser qu'il va se mouiller.

Dans un premier temps, comme pour la défécation, il suffit à chaque étape de lui commenter simplement ce qui se passe. Et, là encore, l'enfant aimant bien imiter les grandes personnes, on peut lui suggérer de regarder ses parents ou ses aînés faire « pipi ». Surtout le père, quand il s'agit d'un garçon qui pourra le voir uriner debout.

Ensuite, lorsque l'enfant est en mesure de bien repérer le signal lui indiquant le besoin d'uriner, lorsque sa vessie est pleine, il suffit de le mettre en petite culotte et de lui dire qu'il peut faire pipi, dans le pot si c'est une fille; dans les WC « comme papa » si c'est un garçon, à condition qu'ils soient bien à sa hauteur. Si toutefois la petite fille veut uriner debout, il faut la laisser essayer pour qu'elle s'aperçoive d'elle-même que cela ne fonctionne pas très bien, et que c'est mieux « comme maman ».

Le contrôle nocturne de la vessie

Le contrôle nocturne de la vessie est beaucoup plus délicat. Il ne peut être atteint que lorsque deux conditions sont remplies : premièrement, l'enfant doit pouvoir contrôler sa vessie pendant la journée ; deuxièmement, il doit pouvoir garder ses sphincters fermés sans se réveiller. Si le contrôle nocturne est plus difficile à acquérir que le contrôle de jour, il est aussi plus long. Aucune intervention particulière des parents ne peut le favoriser ; mais il faut savoir qu'une hantise exagérée de leur part à ce sujet est propre à compliquer les choses, et finalement à retarder le contrôle que l'on cherche à accélérer.

Il est par exemple prématuré de vouloir supprimer trop vite les couches, sous prétexte qu'elles ont été sèches deux ou trois nuits de suite.

L'enfant ne mouille pas son lit « délibérément » pour embêter qui que ce soit (comment pourrait-il le faire alors qu'il dort !). Toutefois, à partir de trois ans, sa défaillance nocturne, ou énurésie nocturne, peut résulter d'une difficulté à vivre une situation déstabilisante – comme la naissance d'un petit frère ou d'une petite sœur, un conflit entre les parents, une éducation trop rigide, l'entrée en maternelle, etc. – qui le conduit à régresser pour retrouver le relatif confort de la vie de bébé. L'énurésie, dans ce cas, n'est que le symptôme de problèmes relationnels auxquels il faut remédier au sein de la famille, en rassurant l'enfant sur l'amour de tous ceux qui l'entourent ; en le valorisant davantage, en s'intéressant de plus près à ce qu'il fait, en lui offrant des occasions de se rendre utile, etc.

Comme pour la défécation, il faut féliciter simplement l'enfant pour ses succès et passer rapidement sur ses échecs. Il est lui-même suffisamment embarrassé par son incapacité momentanée à contrôler sa vessie et il serait maladroit d'en rajouter. Il ne faut pas oublier que c'est son problème à lui, et surtout ne pas en faire le problème des parents.

A partir de quatre ans, sauf problème rénal ou vésical précis, l'enfant fait pipi au lit parce qu'il ne se réveille pas. Son sommeil, lourd, est celui d'un bébé qui se sent entièrement pris en charge par ses parents, faute d'avoir été encouragé à l'autonomie. Le réveiller la nuit pour le faire uriner n'est pas la solution, puisque cette attitude le maintient en dépendance (il continue de compter sur eux pour être vigilant à sa place, y compris quand il dort).

La solution est par conséquent d'ordre psychologique. Il faut par exemple le laisser prendre plus d'initiatives chez lui ; ou encore lui faire pratiquer les activités de son choix hors de chez lui. A mesure que l'enfant se sentira plus responsable de lui-même, le symptôme disparaîtra sans qu'il y ait besoin de palliatifs médicaux ou instrumentaux. Malgré leur succès parfois spectaculaire, mais le plus souvent provisoire, ou apparent, ces moyens-là ne font que retarder l'essentiel, à savoir, l'accession de l'enfant à l'autonomie.

En général, plus l'enfant est psychologiquement sain et plus facilement il franchit cette période – entre deux et quatre ans – liée à l'apprentissage de la propreté. Sa confiance en lui-même s'en trouve naturellement renforcée. Ce qui est très important pour son épanouissement, son équilibre. Pour l'élaboration de sa personnalité future.

LA SEXUALITÉ

La période qui s'étend de l'âge de trois ans à six-sept ans détermine pour une large part – à l'instar de la première année – les structures profondes de la personnalité, la tonalité générale d'une existence. Il s'y produit une série d'événements se rapportant à la sexualité qui vont bouleverser le monde de l'enfant en modifiant notamment la perspective à travers laquelle il percevait ses parents et se situait par rapport à eux. Une période capitale dont l'enjeu est tout simplement sa propre identité. La question fondamentale de l'identité transite en quelque sorte par celle de la sexualité.

Quelles que soient les conceptions morales de chaque parent, et quel que soit le caractère de chaque enfant, la nécessaire intégration de son identité par l'enfant obéit à un processus de clarification que l'on ne peut et ne doit pas éviter. L'ignorer, c'est risquer de plonger l'enfant dans un monde opaque – sans repères ni visibilité, où la puissante illusion du fantasme le coupe dangereusement de la réalité – propre à le « fixer » définitivement au stade infantile et à le rendre inapte à la vie adulte, tant sur le plan général que sur le plan sexuel.

C'est cette période qui va réellement propulser l'enfant dans son désir de « grandir » en l'éclairant sur ce qu'il est. Il va découvrir d'où il vient, à quel sexe il appartient, quel statut et quel rôle il a, et aura éventuellement plus tard.

Une question que l'on ne peut ignorer

Cette question de la sexualité – liée à celle de l'identité – se trouve nécessairement au centre de l'éducation que les parents donnent aux enfants. Même par défaut : ceux des parents qui en évitant soigneusement de la prendre en compte croient pouvoir l'escamoter ne font en fait que « refouler » le sujet qui réapparaîtra à un moment ou un autre avec une acuité d'autant plus grande qu'il risque à ce moment-là de poser un problème, faute justement d'avoir été abordé plus sereinement en temps voulu.

Il est normal, voire nécessaire, que l'enfant se pose des questions, notamment en interrogeant ses parents à qui il accorde une confiance totale et qu'il croit réciproque. Sa curiosité étant *a priori* saine et légitime, il ne comprendrait pas pourquoi ses parents, habituellement si diserts, se dérobent chaque fois qu'il aborde les choses se rapportant au sexe. Répondre simplement aux justes interrogations de l'enfant, c'est éviter toute complication qui pourrait l'amener à se fabriquer des croyances fausses, voire des aberrations, génératrices d'une ignorance anxieuse propre à susciter la curiosité malsaine des choses sexuelles...

De surcroît, une attitude frileuse ou carrément réfractaire des parents sur la question sexuelle ne favorise ni le développement affectif de l'enfant – on lui retire sa confiance et sa considération par gêne ou refus d'informer normalement – ni son développement intellectuel – on lui fait comprendre dès son plus jeune âge que le désir de savoir est coupable. Cela finit par lui donner le sentiment, dans une certaine mesure, d'être indigne. Tout le contraire du climat qui est nécessaire à l'enfant pour « grandir ».

Il apparaît d'autant plus difficile d'échapper à cette question sexuelle que la société libérale dans laquelle nous vivons l'a largement exposée au point de la banaliser. Aussi – excepté les parents choqués par ce qu'ils considèrent comme une « overdose » de sexe et qui reviennent au puritanisme, à « l'ordre moral » –, personne ne remet sérieusement en cause la pertinence d'une « éducation sexuelle ». Toute la difficulté est de l'adapter à un environnement aussi « saturé » de sexe aujourd'hui qu'il en était exempt il y a un siècle – au moment où Freud énonçait les principes de la psychanalyse qui fondent pour l'essentiel les préceptes d'une éducation sexuelle.

Comment parler de la sexualité

Une éducation sexuelle parle du corps, par conséquent, elle ne peut se concevoir sans que les parents aient au préalable parlé du corps à l'enfant. Notamment, en lui désignant ses organes sexuels par leur nom le plus simple : pénis pour le sexe masculin et vulve pour le sexe féminin. L'enfant réalisera après coup qu'il a effectivement un pénis « comme papa » s'il est un petit garçon, et une vulve « comme maman » si c'est une petite fille.

Au petit garçon s'apercevant qu'il a un pénis comme son père, il faut aussitôt expliquer que les choses sont différentes pour sa mère et qu'elle a une vulve. Surtout éviter de dire à son propos « qu'elle n'a pas de pénis ». Cela pourrait insinuer dans son esprit, aux raisonnements fort primitifs, qu'elle en a eu un et qu'on le lui a coupé par représailles.

Il risque d'en conclure que, premièrement, sa mère et tous les êtres qui, comme elle, n'ont pas de pénis (les femmes et filles) ont commis quelque crime mystérieux leur ayant valu ce châtiment; et, deuxièmement, que lui-même pourrait subir le même sort.

Il est essentiel de clairement préserver le petit garçon de cette « angoisse de castration ». Cette menace levée, il est généralement très fier de son pénis jusqu'à le montrer aux personnes qui ont sa confiance, sans que cela soit du tout « exhibitionniste » de sa part.

De même, afin d'éviter à la petite fille de se sentir « lésée » ou « punie » (castrée) par rapport aux hommes et aux garçons, sa mère doit lui expliquer d'entrée que les femmes comme les filles ont une vulve et un vagin, et même mieux : qu'elles ont en plus un utérus dans leur ventre et que c'est l'endroit où les bébés grandissent avant de naître, et aussi des seins qui donneront du lait pour nourrir le bébé. Remarquables privilèges dont généralement la petite fille ne manquera pas de s'enorgueillir.

Quant à la question « comment fait-on les bébés ? », le plus simple pour y répondre est d'expliquer à l'enfant, que ce soit une fille ou un garçon, que :

1. pour faire un bébé, il faut deux graines : celle du papa, c'est le spermatozoïde; celle de la maman, c'est l'ovule;
2. le papa qui aime la maman met tendrement sa graine avec son pénis dans le vagin de la maman, et sa graine rencontre celle de la maman; tous les deux sont alors très contents;
3. le bébé grandit dans l'utérus de la maman dans un liquide comme de l'eau, et c'est elle qui le nourrit par un cordon qui les relie tous les deux; et, quand il est prêt, il sort par le vagin et la vulve;
4. que l'enfant à qui on donne ces éclaircissements a été fait comme ça; et que lui aussi, quand il sera grand, aimera une femme (pour le petit garçon), ou un homme (pour la petite fille), et ils pourront faire ensemble leur bébé.

Le processus d'identification

C'est l'attitude des parents qui va déterminer pour l'essentiel la façon dont l'enfant assumera l'appartenance à son sexe. Si les parents manifestent franchement leur joie d'avoir un garçon, il sera fier d'être un garçon. S'ils se montrent tout aussi ouvertement heureux d'avoir une fille, elle sera fière d'être une fille.

De surcroît, les parents serviront de modèles à imiter pour les enfants. Pour cela, il leur faut être un minimum présents afin que chez les enfants puisse s'engager ce processus initial d'identification.

De nos jours, il faut bien le reconnaître, pour le petit garçon, l'occasion d'être en contact avec un modèle masculin se fait malheureusement de plus en plus rare. Il voit peu son père, sauf pendant les week-ends ; à l'école, l'adulte de référence (et de substitution) est le plus souvent une femme ; et en cas de divorce (un mariage sur deux en France), la garde de l'enfant est presque toujours confiée à la mère. A partir de là, il devient difficile pour le petit garçon d'intégrer sereinement les caractères de la masculinité. Et d'autant plus si l'on essaie de faire de lui un être « sage » alors qu'à cet âge lui voudrait plutôt « bouger » jusqu'à l'exubérance.

Le fait que l'enfant ne puisse pas à ce moment capital s'identifier dans un premier temps au parent du même sexe que lui est un handicap certain pour un bon déroulement du scénario de l'« Œdipe ».

Le bon déroulement du scénario de l'Œdipe

La situation de départ

Le scénario de l'Œdipe attribue à l'enfant le rôle d'amoureux prétendant du parent du sexe opposé et par conséquent de rival du parent du même sexe auquel, une fois le conflit résolu, il s'identifiera définitivement pour assumer sa génitude, c'est-à-dire son désir de fonder à son tour un couple avec un partenaire aimé de l'autre sexe, sur le modèle de celui de ses parents. Le petit garçon aura ainsi simultanément intégré le modèle de son sexe sur celui de son père, et celui de sa future partenaire sur celui de sa mère. Et vice versa pour la petite fille.

L'Œdipe est pour l'enfant comme une épreuve initiatique au cours de laquelle son fantasme – l'amour incestueux pour sa mère et la volonté que meure le père, si l'on parle du garçon – devra se confronter à la réalité, l'interdit absolu de l'inceste.

Ce fantasme pose à l'enfant un dilemme douloureux, car le père-rival dont il souhaite inconsciemment la mort est un être qu'il aime d'un autre côté pour la sécurité et les gratifications qu'il lui apporte : de ce fait, il redoute de perdre l'amour du père-rival en raison de son désir possessif de fusion avec la mère.

Il projette alors sur son père ses propres sentiments de rivalité et d'hostilité jusqu'à prêter à celui-ci l'intention de se venger de lui et de le punir en vertu de la « loi du talion ».

Ainsi, le petit garçon, qui, faut-il le rappeler, est d'abord et avant tout soucieux de sa sécurité affective, se retrouve face à la crainte de perdre, soit l'objet de son désir (sa mère), soit le rival aimé (son père); mais également de se voir lui-même réduit à néant par la perte de ses supports affectifs et par la menace de représailles qu'il redoute (en vertu du talion).

Il s'est en quelque sorte mis lui-même dans un traquenard que traduisent généralement les terreurs nocturnes qui hantent son sommeil dans cette période.

A l'état de veille, ce conflit interne explique parfois une certaine perte de concentration, voire une instabilité caractérielle, comme si quelque chose le « travaillait » en permanence au plus profond de lui-même.

Le rôle des différents protagonistes

Le rôle des parents est de l'aider à sortir de cette impasse en faisant valoir la réalité. Ils doivent clarifier la situation en adoptant le comportement suivant :

1. le parent « aimé », du sexe opposé (ici la mère), évitera de jouer le jeu en encourageant le fantasme de l'enfant par une attitude mal définie, complaisante ou innocente. Cela risquerait de renforcer les rapports de dépendance que l'enfant entretient avec le parent du sexe qui n'est pas le sien, et de nuire au rapprochement avec le parent « rival » qui a pour fonction de lui apporter son identification sexuelle définitive;

2. le parent « exclu », du même sexe (ici le père), ne doit ni

s'effacer ni se montrer jaloux. Dans les deux cas, cela conforterait l'enfant dans l'illusion de pouvoir effectivement lui ravir sa place. Encore moins, être vindicatif, ce qui renforcerait la peur d'être puni ;

3. de concert, les deux parents doivent expliquer à l'enfant (ici le petit garçon) que cet amour-là est impossible, car sa mère est la femme de son père, que son père est le mari ou l'homme de sa mère, et que plus tard lui aussi aimera une femme avec laquelle il fera à son tour des enfants. Les enfants ne se « marient » pas avec les parents, ni les frères avec les sœurs.

Au bout du compte, le petit garçon fera progressivement le deuil de son amour incestueux pour s'identifier au père. Ainsi, il se conciliera intérieurement le rival qu'il redoutait et supprimera la crainte qu'il en avait ; en même temps, il acceptera ses exigences et les fera siennes : désormais, il aimera sa mère comme son père le lui permet, avec affection mais sans possessivité outrancière, et en lui reconnaissant sa qualité d'être extérieure à lui. Ainsi il conservera l'amour de sa mère sans supprimer son père. Et vice versa pour la petite fille.

L'enfant sort de l'Œdipe avec la conviction d'être apte à assumer sa génitude, c'est-à-dire son propre désir d'être parent. Il en retire de la fierté, et un intense désir de « grandir » afin de pouvoir en jouir plus rapidement. Mais le franchissement heureux de cette épreuve repose sur la condition que les trois protagonistes soient chacun à leur place dans le cadre d'une atmosphère familiale saine, où les parents sont profondément unis et sexuellement épanouis, où la question sexuelle est un sujet abordé sans complexe mais avec sobriété, et où l'enfant peut exprimer librement ses sentiments.

Cela revient d'une certaine manière à dire que les situations familiales heureuses à ce moment-là engendrent des enfants généralement sains et épanouis. Et qu'inversement, tout environnement familial défavorable à cette période risque de produire des effets malheureux, notamment en cas de problèmes du couple entraînant la séparation des parents ou leur divorce.

Cette étape de l'Œdipe est primordiale pour le développement de la maturité de l'enfant. En découvrant son identité et un but stimulant, qui l'incitera à « grandir », l'enfant accède à l'autonomie symbolique. Il n'est plus, à sept-huit ans, l'enfant dépendant de la sécurité affective de ses parents. Désormais, avec « l'âge de raison », il est le préadolescent résolument tourné vers la conquête de la relation sociale.

Depuis sa conception, l'être humain a besoin de *considération* afin d'en avoir à son tour pour autrui et notamment ses propres enfants. Cette considération commence par le respect de son processus naturel de développement, que ce soit sur le plan de sa maturation physiologique, psycho-affective, intellectuelle.

Chercher à offrir à l'enfant une totale harmonie entre ses trois plans, c'est d'abord lui donner beaucoup de plaisir à vivre et l'envie de continuer à grandir pour en jouir davantage. C'est en même temps, en le rendant progressivement autonome, le préparer à intégrer la société avec confiance et détermination : l'enfant voudra se montrer digne de la considération que ses parents lui auront manifestée en étant particulièrement actif, créatif, productif.

Pour nous, Dadou et moi, aimer nos enfants c'est avoir pour eux cette considération. Respecter leur individualité. Cela demande de l'attention (être à leur écoute), un peu d'analyse (essayer de comprendre, ne jamais abdiquer devant un problème), et un souci de cohérence car l'essentiel de l'éducation consiste à « clarifier » (rendre les choses claires) et à « éclairer » (servir de guide). Enfin, cela demande surtout de l'esprit de décision : ce que les enfants redoutent le plus venant des parents, c'est le flou, le mou.

Ils aiment les êtres francs, directs, sûrs d'eux-mêmes, capables à la fois de douceur et de fermeté, qui sont suffisamment sérieux pour ne pas trop se prendre au sérieux et cultivent l'humour indispensable pour les faire rire – le rire étant le propre de l'enfant avant d'être celui de l'Homme!

Ainsi, éduquer un enfant, c'est d'abord lui offrir un monde le plus accueillant, le plus attrayant, le plus convivial possible qui réponde à son besoin d'équilibre, vital pour sa future « relation sociale » d'adulte. Condition nécessaire mais pas suffisante.

Il faut aussi développer l'ensemble de ses remarquables capacités potentielles pour que l'enfant accède à l'âge adulte à une « compétence sociale » reconnue. Pour cela, la nature regorge de ressources extraordinaires – capables de le rendre plus tonique, plus enthousiaste, plus intelligent – que nous allons maintenant passer en revue.

II

OFFRIR A VOTRE ENFANT TOUTES LES RESSOURCES NÉCESSAIRES POUR DÉVELOPPER SES CAPACITÉS [1]

1. Naturellement, le bénéfice de toutes les ressources évoquées ici concerne chacun, depuis l'âge indiqué chez l'enfant jusqu'à l'âge adulte.

Beaucoup de parents s'alarment devant les difficultés scolaires de leurs enfants. Nous avons vu combien l'équilibre psycho-affectif de l'enfant était primordial et valait la peine d'être respecté à tout prix. Il y va de sa joie de vivre sans laquelle il ne peut y avoir chez lui de désir, le désir de connaître, d'apprendre.

Cette joie de vivre et ce désir, qui sont à la base de l'activité humaine, doivent pouvoir bénéficier des ressources de toutes natures – *énergétique, psychologique, pédagogique* – afin que cette activité atteigne son niveau d'efficience optimale.

Cette « chance », Arthur l'a eue et sa petite sœur Kalvine en fait à son tour l'heureuse expérience. Nous sommes intimement convaincus que les « recettes » que nous allons maintenant livrer pourraient apporter le plus grand bien à tous les enfants, qu'il s'agisse de questions d'hygiène, de motivation ou de méthodes pour réussir les études.

1

DONNER UNE BONNE SANTÉ A VOTRE ENFANT : LES RESSOURCES ÉNERGÉTIQUES

La première ressource humaine, c'est l'énergie. Le fléau majeur de notre époque moderne, c'est la fatigue.

Un individu fatigué ne peut être ni réceptif ni actif. Encore moins s'il s'agit d'un enfant : à la fatigue proprement dite s'ajoute chez lui le sentiment d'impuissance liée à son infériorité physique (il est petit !). « Je n'arrive pas, je suis trop fatigué », dira-t-il en bâillant. Sous entendu, « je n'y arriverai jamais, je suis toujours fatigué ». Un déficit chronique de tonus chez l'enfant lui enlève toute espérance de réussir quoi que ce soit, lui ôte tout désir. S'installe alors chez lui une sorte de léthargie devant laquelle nombre de parents se sentent démunis.

Par conséquent, et plus que jamais dans un monde de plus en plus exigeant, l'être humain a besoin d'être tonique, aussi bien sur le plan physique que sur le plan mental, pour être « compétitif ».

Celui qui ne veut pas le comprendre entretient, d'une part, beaucoup d'illusions sur ses chances de réussir sa vie (et dans la vie) ; et, d'autre part, méconnaît un processus naturel voulant que l'homme soit dans une certaine mesure une « machine ». Cette machine, il faut la nourrir, l'entretenir, la réparer, le mieux possible sous peine de mal fonctionner, voire de tomber plus ou moins gravement en panne.

A cet égard, la période de croissance qui caractérise les années de l'enfance est essentielle. Elle réclame un certain nombre de dispositions relatives à l'hygiène de vie qui vont, non seulement favoriser cette croissance, mais encore constituer à la fois le moule et le tremplin idéals à l'activité de toute une vie.

Dès lors, comment pourrait-on, dans le cadre de l'éducation d'un enfant, faire l'impasse sur la qualité de son hygiène de vie ? Il faut qu'il adopte une alimentation saine, savoureuse et effectivement nutritive ; qu'il s'oxygène un maximum – le cerveau notamment a particulièrement besoin d'oxygène – grâce à des exercices physiques appropriés ; qu'il apprenne à se relaxer, qu'il dorme suffisamment et profondément pour « récupérer » et qu'à l'état de veille il soit réceptif et garde toute sa concentration.

L'enfant qui veut mettre le plus de chances de son côté a tout intérêt à avoir une hygiène de vie aussi équilibrée que l'est sa vie psycho-affective. C'est la condition d'une vraie liberté : celle de pouvoir vivre au maximum de ses capacités. Seuls les ennuis de santé, les handicaps cumulés, la léthargie et la médiocrité dans les performances sont sources de contrainte, de tristesse et d'inquiétude.

Étant entendu qu'il n'est jamais trop tard pour bien faire, c'est dès les premières années de la vie qu'il faut être vigilant pour son « capital santé », duquel dépendra pour une bonne part le cours de son existence. D'où le rôle capital des parents dans l'apprentissage d'une bonne hygiène de vie. Jusqu'à ce que l'enfant devenu adulte se prenne lui-même entièrement en charge, ils sont en quelque sorte responsables vis-à-vis de lui de ce « capital santé », de son intégrité physique. C'est par leur intermédiaire que l'enfant deviendra plus tard un adulte plein de tonus, épanoui, « bien dans sa tête, bien dans sa peau ».

BIEN SE NOURRIR

Le premier élément d'une bonne hygiène de vie, c'est, pour l'enfant, de bien s'alimenter. En la matière, il n'existe qu'une seule règle absolue qui est celle-ci : *l'enfant doit se nourrir de façon que rien de ce qui est essentiel à son développement physiologique et mental ne lui manque.*

Les nutriments nécessaires

L'enfant doit bien se nourrir pour bien vivre : il doit fournir à son corps les nutriments (c'est-à-dire les substances alimentaires pouvant être directement assimilées) nécessaires au bon fonctionnement de ses organes, de ses glandes, de ses viscères et de ses différents systèmes (nerveux, respiratoire, circulatoire, cardio-vasculaire), il doit lui procurer l'énergie indispensable pour assumer son importante dépense physique et intellectuelle; pour développer ses muscles, ses os, etc.

Donc, il faut à tout prix prendre garde aux carences.

Celles-ci peuvent être de trois types, et porter sur :

- les éléments nutritionnels de construction que sont les protides (protéines et acides aminés);
- les éléments fournisseurs d'énergie (glucides, lipides);
- les éléments destinés aux transformations et réactions chimiques de l'organisme (vitamines et éléments minéraux).

Une alimentation équilibrée assure à l'enfant l'apport nécessaire de ces trois types de nutriments. Voici où les trouver.

Les protéines et acides aminés

Les aliments riches en protéines sont surtout les produits d'origine animale. Cependant, de nombreux végétaux contiennent des taux de matières protéiniques au moins équivalents.

De plus, les protéines végétales contiennent également tous les acides aminés indispensables, même si parfois c'est en quantité plus faible que dans les protéines animales. Dans ce cas, il convient de les associer pour composer un menu équilibré en acides aminés essentiels. La levure alimentaire (Saccharomyces Cerivasiae) constitue un excellent complément pour les céréales, par exemple.

On peut constater en observant ces deux tableaux qu'il n'est nullement impératif, pour combler ses besoins en protéines et acides aminés, de manger principalement de la viande ou de la charcuterie, lesquelles présentent divers inconvénients : digestion difficile (provoquant la somnolence), production de substances nuisibles (cholestérol, acide urique, lipides saturés ou « mauvaises » graisses).

Teneurs en protéines de quelques aliments [1]	
Viande de bœuf	17 %
Viande de porc.	16 %
Gibier	20 %
Volaille	20 %
Poisson	16 à 20 %
Œuf	13 %
Fromages	10 à 25 %
Céréales	10 à 14 %
Légumineuses	10 à 40 %
Oléagineux	15 à 20 %

Acides aminés indispensables g/100 g de protéine	Bœuf	Blé	Lentilles	Levure	Arachide
Isoleucine	5,1	2,6	4,35	4	3,85
Leucine	8,2	6,55	7,35	6,3	6,45
Lysine	8,65	2,9	7	7,25	3,6
Méthionine	2,55	1,45	0,75	1,9	1,05
Cystine	1,25	2,25	1,1	1,95	1,25
Phe-alanine	4,2	4,4	4,35	3,65	4,95
Tyrosine	3,45	2,95	3,25	3,2	3,28
Threonine	4,4	2,85	3,5	4,15	2,7
Thryptophane	1,1	1,1	0,95	1,3	1,05
Valine	5,35	4,5	4,95	5,45	4,45

La ration protéique (d'origine végétale) peut être apportée, par exemple, par :

– 10 % de levure alimentaire, également riche en vitamines du groupe B et en minéraux ;

– 45 % de céréales qui en plus fournissent des glucides, donc de l'énergie ;

– 45 % de fruits secs oléagineux qui en outre fournissent des

1. Ce tableau ainsi que les suivants sont extraits de l'ouvrage de Claude Aubert, *Une autre assiette* (Éditions Debard).

matières grasses constituant la ration lipidique de base, donc également de l'énergie.

Bien entendu, dans le cas où d'autres aliments protéiques sont utilisés, par exemple les légumineuses (soja, pois, haricots), il faut en tenir compte et diminuer d'autant les aliments ci-dessus. A noter, sur le plan de l'apport protéinique, la formidable complémentarité céréales-légumineuses, ces dernières étant en outre plus riches en protéines que la viande, le poisson ou les œufs!

Valeur alimentaire des graines de légumineuses et de quelques sources de protéines animales
(Composition par 100 g de la partie comestible)

	Haricots	Lentilles	Pois cajan	Arachides	Soja	Viande de bœuf (maigre)	Poisson de mer (maigre)	Œufs de poule	Lait écrémé en poudre
Eau (g)	11	11	11	5	8	67	82	74	4
Calories	341	346	343	546	335	198	75	163	360
Protéines (g)	22,1	24,2	20,9	25,6	38,0	19,0	16,4	12,4	36
Matières grasses (g)	1,7	1,8	1,7	43,3	18,0	13,0	0,5	11,7	1,0
Glucides (g)	61,4	60,8	62,9	23,4	31,3	0	0	0,9	51,0
Calcium (mg)	137	56	129	52	208	11	25	50	1.235
Fer (mg)	6,7	6,1	5,8	1,9	6,5	2,3	0,7	2,5	0,9
Vitamine B1 (mg)	0.54	0,50	0,50	0,84	1,03	0,07	0,05	0,10	0,35
Vitamine B2 (mg)	0,18	0,21	0,14	0,12	0,30	0,17	0,08	0,30	1,80
Vitamine B3 (mg)	2,1	1,8	2,3	16,0	2,1	4,0	2,2	0,1	1,0

Ce n'est pas en consommant plus que l'enfant se portera mieux. Mais, il faut impérativement pallier la moindre carence qui peut être préjudiciable pour son développement.

Les glucides

Les glucides sont apportés :

- sous forme de sucres simples ou « rapides » (glucose, fructose, saccharose), car rapidement digérés et mis brutalement en circulation dans le sang. Leur action est fugace, ce qui peut entraîner une consommation importante voire excessive tant leur saveur sucrée est agréable ;
- sous forme d'hydrates de carbone complexes ou sucres « lents » (amidon), car lentement digérés et n'entrant que progressivement dans la circulation sanguine, ce qui a pour effet un apport énergétique régulier, notamment au cerveau qui en consomme beaucoup.

Tous les nutritionnistes s'accordent à recommander les sucres lents (céréales, pâtes, pain, complet de préférence) au détriment des sucres « rapides » (sucre, miel, fruit, chocolat, etc.), dont les excès sont redoutables (obésité, entre autres).

Cependant, en tout état de cause, il convient d'accorder nettement la préférence aux produits *non raffinés de culture biologique*, lesquels gardent et le goût et la totalité des éléments nutritionnels, ce qui est primordial pour l'enfant.

De plus en plus, la diététique sportive recommande les hydrates de carbone complexes (céréales et pâtes complètes) pour assurer l'apport d'énergie. Ce qui est plus qu'une référence. L'image de la puissance musculaire est de moins en moins associée à la consommation de la mythique viande rouge !

Au groupe des glucides, il convient d'ajouter les celluloses qui forment la paroi des cellules végétales et dont la plus grande partie n'est pas digestible par l'organisme, mais elles forment un ballast intestinal qui facilite les fonctions d'excrétion. On le trouve dans le son du blé, dans les légumineuses.

Les lipides

Les lipides ont un rôle énergétique très important. Il faut toutefois veiller à consommer ceux qui contiennent les acides gras essentiels (poly-insaturés) qu'on trouve dans certaines huiles végétales « vierges première pression à froid » (carthame, soja, tournesol, noix, maïs). Le plus répandu et qui joue un rôle de précurseur pour les autres est l'acide linoléique.

Il est bien établi maintenant que le bon fonctionnement de l'appareil cardio-vasculaire est lié à la quantité (modérée) et à la qualité (acides gras poly-insaturés) des lipides alimentaires. Par ailleurs, l'équipe du docteur Bourre, spécialiste de la nutrition à l'INSERM, auteur d'une *Diététique du cerveau* (Éditions Odile Jacob) a démontré le rôle déterminant des acides gras essentiels pour l'efficience intellectuelle et spécialement pour les facultés d'apprentissage.

La lécithine, véritable phosphore lipidique, peut être considérée comme un aliment de la cellule cérébrale et nerveuse également ainsi que de certaines cellules, des glandes sexuelles notamment.

Le travail intellectuel et la mémoire seront donc accrus si l'alimentation comporte des phospholipides qui iront renforcer le système nerveux, et que l'on trouvera dans la cervelle animale par exemple, ou dans les graines oléagineuses comme le sésame, la plus riche en lécithine. Préparé sous la forme de gomasio (graines de sésame salées, grillées et pilées) il fait le délice des enfants pour assaisonner les plats, par exemple!

Les vitamines

Tous les besoins en vitamine seront comblés en réservant la plus large place aux légumes et aux fruits cultivés selon les techniques de l'agriculture biologique, c'est-à-dire produits sur un sol exempt d'engrais et de pesticides chimiques.

L'organisme est capable de stocker les vitamines et de les restituer quand les apports sont inférieurs aux besoins, sauf la vitamine C dont la capacité de stockage est assez faible et que l'alimentation doit fournir quotidiennement.

Attention toutefois ! les légumes déshydratés ou surgelés perdent leurs vitamines.

Valeur nutritive des pommes de terre sous différentes formes
(Pour un apport calorique constant)

	Pommes de terre cuites au four	Pommes de terre frites surgelées	Pommes de terre déshydratées (purée)	Chips
Nombre de calories	100	100	100	100
Poids (grammes)	139	145	27	17,50
Eau %	75,1	52,9	5,2	1,8
Protéines	2,7	1,6	1,95	0,96
Glucides	22,6	15,3	23,0	8,8
Matières grasses	0,14	3,8	0,18	7,0
Fer (mg)	0,76	0,8	0,49	0,35
Vitamine B1 (mg)	0,11	0,06	0,06	0,035
Vitamine B2 (mg)	0,05	0,01	0,018	0,008
Vitamine B3 (mg)	1,86	1,16	1,46	0,87
Vitamine C (mg)	21	9	8,5	2,6

Pertes en vitamines C dans les légumes surgelés

	Perte en % après surgélation	Perte en % après 6 mois de surgélation
Pois	– 44 %	– 89 %
Haricot vert	– 42 %	– 86 %
Concombre	– 38 %	– 82 %
Tomate	– 15 %	– 47 %

Valeur nutritive des grandes catégories d'aliments

(%des taux habituellement recommandé couverts par 250 g d'aliments)

	Cal.	Prot.	Ca	P	Mg	Fe	Cu	Vit. A	Vit. B1	Vit. B2	Vit. B3	Vit. C	Vit. E
Besoins	2400	50	700	1200	350	13	2,5	0,8	1,3	2	20	60	15
Céréales complètes (moyenne)	36	55	16	73	86	62	30	37	96	19	50	0	50
Céréales raffinées (moyenne)	36	40	7	31	42	27	10	0	25	6	13	0	5
Légumineuses	36	110	36	80	82	119	70	50	111	28	28	15	56
Soja	44	175	91	121	170	154	90	10	192	45	44	Traces	142
Germes de blé	40	126	32	230	286	154	130	14	192	313	63	4	450
Pommes de terre	9	10	5	12	20	17	16	2,5	21	5	15	125	0
Légumes vert	3	8	15	9	13	16	14	350	14	11	6	90	4
Fruits (moyenne)	6	4	5	5	7	8	10	2	10	4	4	79	6
Fruits secs oléagineux (moyenne)	68	80	67	81	128	71	90	28	77	50	43	11	334

Valeur nutritive des grandes catégories d'aliments *(suite)*

(%des taux habituellement recommandé couverts par 250 g d'aliments)

	Cal.	Prot.	Ca	P	Mg	Fe	Cu	Vit. A	Vit. B1	Vit. B2	Vit. B3	Vit. C	Vit. E
Besoins	2400	50	700	1200	350	13	2,5	0,8	1,3	2	20	60	15
Viande (moyenne)	26	90	3	39	18	44	23	3	58	26	65	6	10
Poisson (moyenne)	7	80	11	44	21	13	20	16	15	10	25	8	30
Oeufs	7	64	19	43	8	52	15	100	43	43	1	0	6
Lait	7	17	49	19	9	1	1	9	7	20	1	4	1
Fromage (moyenne)	36	113	250	109	26	13	10	119	10	50	10	1	5
Beurre	77	3	6	3	1	4	3	309	0	1	0	0	26
Sucre	42	0	0	0	0	0	0	0	0	0	0	0	0
Huile d'olive (première pression)	94	0	0	0	0	1	7	0	0	0	0	0	234

Cal. = calories ; Prot. = protides
Ca = calcium ; P = phosphore ; Mg = magnésium ; Fe = fer ; Cu = cuivre.

Différence de composition des légumes fertilisés organiquement par rapport aux légumes fertilisés chimiquement	
Matière sèche	+ 23 %
Teneur en protéines	+ 18 %
Teneur en acide ascorbique	+ 28 %
Teneur en sucres totaux	+ 19 %
Teneur en méthionine	+ 23 %
(sur pommes de terre et épinards)	
Teneur en calcium	+ 10 %
Teneur en potassium	+ 18 %
Teneur en phosphore	+ 13 %
Teneur en fer	+ 77 %
Teneur en magnésium	± 0 %
Teneur en nitrates	– 97 %
Teneur en acides aminés libres	– 42 %
Teneur en sodium	– 12 %

A retenir absolument!

Pour la vitamine B1

– Une alimentation riche en sucre accroît les besoins en vitamine B1;

– une carence de la vitamine B1 se traduit par la perte de l'appétit, la fatigue et un sentiment d'oppression.

Les céréales complètes et les légumineuses (lentilles, soja, haricots) en fournissent abondamment! (voir tableau page 149).

Pour la vitamine B2

– Une carence provoque une inflammation des muqueuses de la bouche et de l'intestin et peut compromettre la vision (au niveau de la cataracte).

La levure alimentaire, les céréales complètes, les légumes verts, le soja, les produits laitiers et les fruits secs constituent des sources importantes et variées de vitamine B2.

Pour la vitamine B3

– Excellent pour le système nerveux (antidépressif et puissant calmant naturel).

Les céréales, les légumineuses, le poisson, les fruits secs oléagineux en fournissent avantageusement, même si la viande en apporte un peu plus.

Pour la vitamine B5

– Stimulant naturel des glandes surrénales, c'est un excellent antistress (contre la fatigue, la dépression et les insomnies).

On en trouve dans le jaune d'œuf, les légumes, les fruits, la levure, le blé germé, le pollen.

Pour la vitamine B6

– Analgésique et calmant naturel, il favorise aussi l'énergie musculaire.

Le secret de la fameuse banane (célèbre depuis la retentissante victoire de Michael Chang au tournoi de Roland-Garros en 1989). On la trouve aussi dans l'orange, le chou, les graines germées, la levure alimentaire.

Pour la vitamine B12

– Prévient les risques d'anémie (déficit en globules rouges) et agit sur la cellule nerveuse (pouvoir de concentration, anti-inflammatoire et antidouleur)

On en trouve dans le jaune d'œuf, la levure alimentaire, les graines germées, les aliments fermentés, le persil.

Pour la vitamine A

– Capitale pour le fonctionnement de la vision car indispensable à l'élaboration de la rhodopsine, constituant du pourpre rétinien facilitant la vision à la tombée du jour;
– nécessaire à la protection de la peau (acné) et des muqueuses (affections ORL, intestins), pour la croissance harmonieuse des os et des dents, elle favorise également la cicatrisation des plaies.

On la trouve en abondance sous forme de provitamine ou carotène dans les légumes et fruits colorés (carottes, potimarrons, pêches, abricots).

Pour la vitamine C

– Antistress et antibiotique naturel, un de ses rôles importants est aussi de préparer le tissu osseux à la fixation du calcium.

On la trouve principalement dans la pomme de terre, les légumes verts, les fruits frais.

Pour la vitamine D

– Règle l'équilibre calcique et phosphorique;
– se forme dans les couches superficielles de l'épiderme sous l'action du rayonnement solaire à partir des stérols contenus dans la peau, d'où les bienfaits de l'exposition de la peau au soleil (sans excès naturellement).

Il existe dans les plantes des stérols qui sont des substances provitaminiques (rendues actives par l'organisme) : dans les fruits et graines oléagineux (olives, amandes, noix, sésame, etc.). On trouve également la vitamine D dans le poisson, le jaune d'œuf, les graines germées, le soja.

Pour la vitamine E

– Joue un rôle dans le métabolisme intermédiaire (oxygénation cellulaire) et au niveau de l'excitabilité neuromusculaire (accroît l'énergie musculaire).

Présente dans les céréales et la pomme de terre, on la trouve abondamment dans les fruits secs oléagineux, les graines germées et l'huile d'olive (« vierge première pression à froid », de préférence!)

On notera le remarquable apport en vitamines d'une alimentation équilibrée à base de céréales complètes, de légumineuses, de légumes, de fruits et d'oléagineux, avec un complément en poisson, jaune d'œuf et levure alimentaire!

Les éléments minéraux

Ils peuvent être divisés en deux groupes.

Les macro-minéraux

Les éléments majeurs ou macro-minéraux (phosphore, calcium, potassium, sodium, chlore, soufre, magnésium) doivent être apportés en quantité importante.

Le calcium et le phosphore jouent un rôle déterminant pour l'organisme de l'enfant : le dépôt de calcium dans les os sous forme de phosphate tricalcique dépend du rapport calcium/phosphore (idéal entre 1 et 1,5), de l'apport en vitamine D et vitamine C.

En outre, le calcium en synergie avec le phosphore possède un effet calmant naturel, accroît la résistance générale.

Le calcium, le phosphore se trouvent principalement dans les produits laitiers, les légumineuses, le chou, le jaune d'œuf, le poisson, les céréales et les fruits secs (figues, abricots, amandes, noisettes) également riches en magnésium, un calmant et un anti-infectieux naturel également excellent pour les os, les dents et les cheveux.

Le soufre, essentiel pour la peau, les globules rouges, les cheveux et les ongles, se trouve largement dans les légumes verts, le chou, le cresson, l'ail et l'oignon.

Les oligo-éléments

Les éléments mineurs ou oligo-éléments (fer, cuivre, zinc, iode, manganèse, cobalt) doivent être fournis à des taux allant seulement de 1 à 10 mg/jour.

Ces oligo-éléments, indispensables à de nombreux processus de transformation, d'assimilation de nos aliments et de renouvellement de nos tissus, sont garants de l'équilibre de notre organisme, donc de notre forme et de notre santé. Leur action bienfaisante peut être toutefois neutralisée par les polluants de l'atmosphère et de l'alimentation (traitements chimiques).

L'oligothérapie est une médecine « douce » dont l'approche fait intervenir la notion de « terrain », c'est-à-dire la réceptivité de l'individu par rapport à son environnement (le terrain dépendant à la fois de l'hérédité et des influences de l'environnement). Ainsi, un terrain allergique signifie une tendance à développer plus facilement des allergies. L'oligothérapie traite les carences en oligo-éléments qui peuvent être éventuellement responsables de certains dysfonctionnements de l'organisme se traduisant par une sensation diffuse de « mal-être » général, symptôme d'un état de déséquilibre, de vulnérabilité du terrain face à la maladie.

Les aliments recommandés

(voir tableau page 149)

Les céréales complètes

Elles offrent une diversité de variétés et de présentations, qui permet la préparation de nombreux plats appétissants.

Le pain complet ou semi-complet est évidemment l'aliment céréalier le plus important. Obtenu par un travail au levain, avec une farine de culture biologique, il accompagne avantageusement les autres aliments.

Le riz, les pâtes, les pétales, le couscous, le millet, l'orge, le blé, le seigle, le maïs, le sarrasin, etc., constituent une vaste palette de céréales pour de délicieuses recettes.

Il existe aussi des plats cuisinés fournissant des protéines végétales à base de céréales : c'est le cas du seitan (pané ou au fromage) qui, pour satisfaire un goût actuel des petits comme des grands, imite le hamburger sans en avoir les inconvénients.

Enfin la pâtisserie à base de farine biologique et de sucre roux non raffiné permettra tout naturellement de régaler les enfants.

Les légumineuses, ou légumes secs

Elles sont intéressantes car nutritionnellement complètes, notamment par leur teneur élevée en protéines (20 à 40 %), en sucre « lent », en vitamines du groupe B et minéraux, en *fibres* (cellulose utile pour un bon transit intestinal). Citons les différents pois, haricots, lentilles, sojas (vert et jaune), les azukis (d'origine japonaise), mais aussi les fèves et le lupin bien français qui mérite d'être mieux connu avec ses 40 % de teneur record en protéines et qui, sous la forme de salade ou de farine, est d'un goût délicieux!

Cependant, il faut les consommer en quantité modérée (et davantage en hiver qu'en été), à titre de complément des céréales. Les cuire longuement après avoir jeté l'eau de trempage et bien les mastiquer lors du repas rendront leur digestion plus facile.

Les préparations culinaires au soja sont particulièrement appréciées des enfants. Leur goût vaut bien celui tant prisé de la viande, de la volaille ou de la charcuterie, et pour les desserts ceux à base de crème laitière!

Que ce soit sous forme de pâtés et autres pâtes à tartiner, de steaks (style « hamburger » pour ceux qui adorent ça!), de saucisses, de croquettes, de raviolis, de nems; ou encore de yaourts, de crèmes – à la vanille, au chocolat, aux fruits (fraises, framboises, cassis, ananas, pommes, poires, etc.) –, les fabricants rivalisent de créativité pour offrir les mets les plus délicieux, les plus pratiques aux familles d'aujourd'hui qui veulent consommer des produits bons pour leur santé et pour celle des enfants.

Le soja est un de ces aliments « miracles », plein de richesses, qui, à l'instar du blé par exemple, se prête à toutes les transformations possibles : le soja « vert », en salade de graines germées qui, bien mastiquées, apportent un concentré de vitamines et de sels minéraux en même temps que la fameuse et précieuse lécithine naturelle; le soja « jaune », en farine, en huile, en lait, en crème, en yaourt, en fromage (tofu) et autres produits fermentés à base de soja (miso).

Relativement facile à cultiver et surtout particulièrement productif, le soja est considéré par les spécialistes mondiaux de la nutrition comme l'aliment du XXIe siècle qui permettrait de compenser la pénurie générale en protéines prévue pour la fin de notre siècle face à la croissance démographique galopante de la planète.

Sachant que 1 kg de protéines végétales nourrit un être humain autant que 1 kg de protéines animales, mais qu'il faut 7 kg de protéines végétales pour produire 1 kg de protéines animales! il est aisé de constater la rentabilité des protéines végétales et de comprendre ceux qui se tournent vers cette nouvelle source de protéines qui, en outre, a l'avantage de ne pas comporter de mauvaises graisses (acides gras saturés), lesquelles provoquent l'excès du fameux cholestérol, véritable fléau, responsable des maladies cardio-vasculaires.

Les légumes

Ils apportent des vitamines (A et C), des minéraux, des fibres, ainsi que de petites quantités de protéines. De préférence, il faut prévoir deux plats de légumes par repas principal : un cru ou lacto-fermenté (du type choucroute) et un cuit.

Les fruits

Les fruits frais permettent de couvrir une partie des besoins en eau de l'organisme tout en fournissant des vitamines (C) et des éléments minéraux; il faut les consommer entre les repas ou en début de repas à la rigueur, et les fruits cuits (type compote), beaucoup plus digestes, au dessert.

Les fruits secs, oléagineux ou non, sont tout aussi importants car ils contiennent sous un faible volume une quantité importante d'énergie ainsi que des vitamines et des sels minéraux. Excellent au petit déjeuner sous la forme du Muesli avec flocons de céréales et raisins secs par exemple.

L'ensemble céréales + légumineuses + légumes + fruits couvre l'essentiel des besoins nutritionnels que doit satisfaire une alimentation équilibrée : les apports en protéines, en glucides, en lipides, en vitamines et éléments minéraux y sont suffisants.

Toutefois, on peut la compléter par :

Les produits laitiers

Plus digestes sous forme de yaourt, de fromage, ils sont d'un excellent rapport calcium/phosphore pour le développement osseux. Notons toutefois que les fruits secs (amandes, noisettes, figues, etc.) offrent un apport de calcium, phosphore, et magnésium également avantageux.

L'œuf, le poisson

A condition qu'il soit frais, le poisson – comme l'œuf – apporte des protéines, des vitamines et surtout des éléments minéraux intéressants (phosphore, iode).

La viande

Une fois par semaine, et sous la forme de volaille (poulet fermier nourri au grain de culture biologique!), cela sera largement suffisant. Nous avons vu que la viande était loin d'être la panacée sur le plan nutritionnel, comme on a trop souvent voulu la présenter... Il faut savoir que les sportifs de haut niveau – qui font incontestablement référence en matière de nutrition – adoptent pour la quasi-totalité une alimentation *sans* viande!

C'est le cas des coureurs de marathon, et surtout de triathlon qui démontrent que, pour effectuer – en non-stop et en un temps record – une épreuve comportant 5 km de natation + 120 km de vélo + 30 km de course à pied, ils ont besoin d'une alimentation très riche en calories (6 000 à 8 000 calories par jour!) et très équilibrée en protéines, acides aminés, vitamines et minéraux, mais qui ne comporte pourtant pas de viande...

Autre exemple remarquable parmi tant d'autres : Fabrice Guy, le champion olympique du combiné nordique des JO d'hiver 1992 d'Albertville, épreuve ô combien exigeante sur le plan physique et nerveux (course de 15 km en ski de fond + saut à ski).

Les condiments

Pour relever la saveur des plats, on peut faire soi-même des sauces saines et savoureuses à base d'huile d'olive, d'ail et d'herbes aromatiques diverses. Ou encore trouver dans le commerce des sauces délicieuses à base de tofu, d'huiles de tournesol et de soja (très riches en acides gras poly-insaturés), de vinaigre de cidre, d'herbes aromatiques et d'épices équivalentes en goût à la mayonnaise ou à l'aïoli.

Plus simplement, un peu d'huile vierge – d'olive, de carthame, de tournesol, de sésame, etc. – ou encore du tamari (sauce de soja fermenté), du nuoc-mam (sauce de poisson fermenté), du gomasio (graines de sésame grillées et salées), de la levure alimentaire douce ou maltée selon le goût de chacun, assaisonnent délicieusement les céréales, légumes et légumineuses.

Les super-aliments

Dans le régime de tous les jours

Certains procédés permettent d'augmenter la valeur nutritionnelle des aliments. Les deux plus courants sont la fermentation et la germination.

La fermentation

La fermentation lactique par exemple – la plus importante dans le domaine alimentaire –, procédé de conservation naturel, permet aussi de fabriquer les produits fermentés :

– à base de lait : lait caillé, yaourt, fromages ;

– à base de légumes : choucroute, crudités diverses (carotte ou céleri râpés, betterave rouge...) ;

– à base de céréales ou de légumineuses : tamari (shoyu), sauce obtenue par la fermentation pendant de longs mois du soja mélangé à du blé et du sel ;

– à base de poisson : nuoc-mam, anchois.

La germination

Les graines germées peuvent être consommées crues (pour le blé) ou cuites (pour les légumineuses), ou même en salade pour le soja vert, les haricots, la luzerne. Les enfants se feront une joie de faire germer eux-mêmes les graines.

Teneur en vitamines de graines avant et après 5 jours de germination
(teneur en mg/kg)

Espèce	Vit. B2 (riboflavine)		Vit. B3 (niacine)		Vit. B1 (thiamine)		Vit. H (biotine)	
	Graines non germées	Graines germées	Graines non germées	Graines germées	Graines non germées	Graines germées	Graines non germées	Graines germées
Orge	1.3	8,3	72	129		7,9	0,4	1,2
Maïs	1,2	3,0	17	40	6,2	5,5	0,3	0,7
Avoine	0,6	12,4	11	48	10,0	11,5	1,2	1,8
Soja	2,0	9,1	27	49	10,7	9,6	1,1	3,5
Haricot de Lima	0,9	4,0	11	41	4,5	6,2	0,1	0,4
Haricot Mungo	1.2	10.0	26	70	8,8	10.3	0,2	1.0
Pois	0,7	7,3	31	32	7,2	9,2		0,5

Teneur en vitamine B12 de céréales et de légumineuses en cours de germination
(mg/kg)

Espèce	Avant germination	Après 2 jours de germination	Après 4 jours de germination
Haricot Mungo	0,61	0,81	1,53
Lentille	0,43	0,42	2,37
Pois	0,36	1,27	2,36

Comment obtenir de savoureuses graines germées

Les trois règles de base – quelles que soient les graines – sont les suivantes :

1. Les mettre à tremper dans trois à quatre fois leur volume d'eau pendant environ douze heures;
2. les maintenir humides, mais non immergées, pendant la durée nécessaire à la fermentation (trois à cinq jours selon les espèces et selon la longueur des germes souhaitée);
3. pendant la germination, les rincer au moins deux fois par jour.

Il existe dans les magasins spécialisés « diététique et produits naturels » des germoirs en matière plastique (du type Fink-Germ) tout à fait satisfaisants, qui pour un faible encombrement et peu de travail fournissent un fort volume de germes.

Il existe d'autres super-aliments, faciles à faire soi-même, tel le « super-miel », à base de miel, d'acérola (vitamine C) et de pollen. C'est un concentré puissant d'énergie, délicieux et excellent pour la santé, à consommer au début du petit déjeuner, surtout l'hiver.

Comment préparer et consommer le super-miel

Préparation :

1. Mettre dans un pot de miel vide de 1 kg 10 cuillerées à café de pollen de fleurs (en pelote) rigoureusement propre ;
2. ajouter le contenu de 12 gélules d'acérola (vitamine C) et 500 g de miel liquide d'acacia ou autre. Mélanger ;
3. fermer le pot et le mettre dans un placard, à l'ombre ;
4. remuer ensuite, chaque matin, chaque soir.

Le miel prendra une couleur ambre foncé au fur et à mesure qu'il aura digéré le pollen après dix à quinze jours.

Consommation :

A suçoter lentement le matin à jeun, 3 cuillerées à café (maximum) ajoutées à du miel pur, si l'on veut.

Pour accompagner la pratique du sport

A partir du moment où l'enfant, arrivé à un certain âge (ce fut huit ans pour Arthur), s'adonne à une activité sportive relativement importante, il lui faut des compléments alimentaires naturels (et non de synthèse), qui lui permettent de jouir au maximum de la pratique du sport sans que cela entraîne une fatigue préjudiciable à son équilibre, donc à sa croissance : dans ce domaine, il faut absolument veiller à ménager son organisme. Pour ce qui concerne ces fameux compléments, ce qui est bon pour l'enfant est naturellement bon pour l'adulte.

Au rang de ces compléments, qu'on peut trouver très facilement dans les magasins de produits naturels et diététiques mais aussi et de plus en plus au rayon « produits diététiques » des moyennes et grandes surfaces, on peut citer ceux auxquels Arthur fait référence dans son livre *Mon école buissonnière*, à savoir :

– avant l'effort, la spiruline, l'huile de massage à base d'huile vierge de tournesol « de première pression à froid », de romarin et de camphre naturel ;

– pendant l'effort (lors des pauses), le thé de « trois ans », les barres énergétiques à base d'amande et de germe de blé ; sans oublier l'eau (minérale ou de source naturelle) !

– après l'effort (pour récupérer), les algues laminaires ; mais aussi l'huile de massage à base d'huile vierge de tournesol de première pression à froid et de thym.

Avant l'effort

• La spiruline, *spirulina platensis*, est une algue bleue microscopique, prodigieux concentré de protéines (60 % !) et d'acides aminés essentiels. Pour une seule ration quotidienne, elle fournit à l'organisme : une dose complète de fer assimilable, une dose complète de provitamine A (bétacarotène), une dose complète de vitamine B12 (quatre fois plus que le foie cru, longtemps donné comme meilleure source !), un supplément important en vitamine E, en vitamines du groupe B et en acide gamma-linolénique. De plus, le calcium, le phosphore et le magnésium sont présents dans la spiruline en quantités comparables à celles mesurées dans le lait de vache !

Cultivée en milieu entièrement minéral et très alcalin, la spiruline est pure de toute contamination microbienne. Sa production ne recourt à aucun herbicide, fongicide ou insecticide.

Les spirulines sont généralement considérées comme les premiers végétaux à être apparus sur la terre il y a trois milliards d'années. On estime que ce sont ces algues bleues microscopiques qui, durant un autre milliard d'années – jusqu'à l'apparition de la première plante –, ont assuré la photosynthèse sur notre planète, modifiant ainsi complètement, par leur très importante production d'oxygène, la composition de l'atmosphère.

Consommée au fil des siècles par différentes peuplades, sur différents continents (au Mexique des Aztèques, au Tchad), et redécouverte dans les années 60, la spiruline est très prisée par les sportifs de haut niveau (aux États-Unis, au Mexique, au Japon et depuis peu en Europe) car elle possède la particularité de retarder considérablement la production de l'acide lactique responsable de la fatigue musculaire qui peut conduire jusqu'à la tétanisation du muscle sous la forme de crampes. Elle se consomme en gélules.

Nous conseillons les marques Spiruline Maxima de Diétacaron et Fink.

• L'huile de massage qui prépare à l'effort musculaire, à base d'huile vierge de tournesol « de première pression à froid », de romarin et de camphre, est très simple à faire :

1. mettre trois poignées de feuilles de romarin dans un récipient en Pyrex contenant un litre d'huile de tournesol ;
2. faire mijoter au bain-marie pendant une heure, en remuant souvent avec une spatule en bois ;
3. ajouter une plaquette de camphre émiettée ;
4. une fois le camphre entièrement fondu, filtrer cette huile à l'aide d'un morceau de gaze propre et la conserver dans une bouteille hermétiquement fermée en verre.

Il faut l'utiliser avant l'effort pour un massage progressivement profond, de la base du cou, des reins, des bras et des jambes (en partant du buste vers leurs extrémités), des articulations (épaules, coudes, poignets ; hanches, genoux, chevilles).

Pendant l'effort

• Le thé de « trois ans » nous vient du Japon où il est cueilli à la main après trois ans de pousse, puis légèrement grillé ensuite, comme en témoigne son parfum.

Sa particularité : il est exempt de théine, la composante excitante du thé, mais il contient toute la vitamine C dont le thé est un excellent fournisseur et qui est très bénéfique à l'effort musculaire.

Facile à préparer, puisque vendu en boîte de sachets individuels à faire infuser dans l'eau bouillante durant une à deux minutes, il est aussi économique, puisque réutilisable si on le laisse dans l'eau frémissante jusqu'à dix minutes (selon qu'on le désire plus ou moins fort).

Nous conseillons la marque Kukicha Bio importée par Tama.

• La barre à base d'amande et de germe de blé apporte un ravitaillement énergétique en glucides à assimilation rapide, mais elle est aussi riche en vitamines (notamment B1 indispensable à l'assimilation des glucides) et minéraux propres à soutenir efficacement l'effort musculaire. C'est une délicieuse friandise, tout aussi excellente pour l'effort intellectuel, et que nous recommandons quotidiennement pour le « dix heures » par exemple.

Pour cette pâte d'amande (31 %), nous conseillons la marque Gerblé. Toutefois, dans ce secteur des barres énergétiques, le choix est tellement vaste que tous les goûts pourront être largement satisfaits (au chocolat, aux fruits secs, aux céréales, etc.). Cependant, attention ! Si on veut vraiment la garantie de produits alimentaires sains et équilibrés, il faut les choisir parmi les produits diététiques qu'on trouve dans les bonnes marques comme par exemple La Vie Claire, Favrichon, Bjorg, Céréal.

Après l'effort

• Les algues laminaires sont réputées pour leur richesse en iode, en minéraux oligo-éléments, et vitamines A, B, C, D3, K, PP. En consommer après l'effort permet de « récupérer » en restituant au muscle les éléments indispensables à son équilibre et qui ont été utilisés durant l'effort. Nous conseillons les algues laminaires pures de Bretagne (provenant de l'île d'Ouessant, à 30 mètres de fond) en gélules, de la marque Diétacaron.

• L'huile de massage pour « récupérer » après l'effort se prépare comme la précédente, à la différence près qu'il faut y mettre trois poignées de feuilles de thym (sans les branches !) à la place du romarin, et ne pas mettre de camphre.

A l'inverse du premier massage, celui-ci doit toujours rester doux et lent, et se faire des extrémités des membres vers le buste.

Deux produits de la ruche

Deux autres super-aliments sont très bénéfiques pour l'organisme : il s'agit de la gelée royale et de la propolis, tous deux produits de la ruche.

• La gelée royale est un puissant concentré biologique sécrété par les glandes pharyngiennes des abeilles ouvrières qui assument la fonction de nourrices des larves de la ruche entre le 5e et le 14e jour, avant de devenir des butineuses.

Cette gelée est une substance opalescente permettant aux larves d'ouvrières, qui en sont nourries exclusivement pendant trois jours, de multiplier mille fois! leur poids en cinq jours.

La larve destinée à devenir reine quant à elle, et qui en sera nourrie toute sa vie, verra son poids multiplié par deux mille. Elle pondra journellement 2 000 œufs pendant cinq à six années, alors que ses ouvrières seront stériles et ne vivront que quarante-cinq jours au maximum. Ces différences démontrent la valeur nutritive de la gelée royale.

La gelée royale contient 16 acides aminés, dont 8 essentiels. Elle possède un grand nombre de vitamines : A, C, D, E, B1, B2, B3, ou PP, B5, B6, B7, B8, B9, un peu de B12; sans compter des sels minéraux, des oligo-éléments et un antibiotique!

Les chercheurs qui constatent ses effets probants dans l'amélioration de différentes maladies attribuent l'efficacité de la gelée royale, en plus de ses constituants déjà analysés, à des hormones qu'il leur reste à isoler et à définir. Administrée à l'enfant, elle est excellente pour lutter contre la grippe, toute forme de fatigue, l'anxiété et les problèmes de mémoire.

Il est recommandé de consommer une gelée royale parfaitement sélectionnée et contrôlée pour ce qui concerne ses composants ainsi que d'éventuels résidus indésirables.

• La propolis est un produit que l'abeille collecte sur les bourgeons et l'écorce de certains végétaux pour la mélanger aux sécrétions de ses glandes salivaires. Elle l'utilise pour colmater et protéger la ruche contre des virus et champignons pathogènes qui pourraient décimer l'essaim, et contre des intrus venant de l'extérieur.

Antibiotique naturel (le plus puissant connu!), fongicide, anesthésique, anti-inflammatoire, cicatrisant, stimulant du métabolisme et de la reproduction cellulaire, antirhumatismal, la propolis est particulièrement efficace pour prévenir les affections ORL (angines, laryngites, pharyngites, rhinites, sinusites, otites) et les affections broncho-pulmonaires.

Elle se consomme en morceaux à mastiquer pour les voies ORL; en poudre, mélangée à un liquide ou, de préférence, à du miel; en spray et en dentifrice, pour les affections de la bouche ou de l'arrière-gorge.

Varier les menus

La culture du goût nous invite à varier au maximum les menus tout en veillant à respecter les équilibres nutritionnels, et surtout à éviter toute carence.

L'éminent professeur Creff a énoncé, en trois chiffres qui rappellent un jeu célèbre, la règle d'or d'un bon équilibre alimentaire : « 4 2 1 ». A savoir, 4 glucides, 2 protides, 1 lipide.

« 4 2 1 » :
formule idéale d'un bon équilibre alimentaire

4 glucides = 3 glucides « lents » + 1 glucide « rapide »
2 protides = 1 protide animal + 1 protide végétal
1 lipide = 1/2 lipide animal + 1/2 lipide végétal

Rappel

- Glucides « lents » :
  - pain complet, pâtes, semoule de blé;
  - riz, pommes de terre, maïs, orge, etc.
- Glucides « rapides » : sucre, miel, friandises sucrées, fruits sucrés, chocolat, etc.
- Protéines animales : œuf, poisson, fromages, crustacés, volaille, viande, etc.

« 4 2 1 » : formule idéale d'un bon équilibre alimentaire *(suite)*

• Protéines végétales : légumes secs (haricots, lentilles, fèves), soja et toutes préparations au soja, seitan (pané ou au fromage).

• Lipides animaux : beurre, fromages.

• Lipides végétaux :
– huiles végétales (olive, tournesol, carthame, germe de blé, sésame, de palme, etc.) ;
– graines oléagineuses (noisettes, amandes, cacahuètes, pistaches, noix, pignons, etc.).

On peut ainsi composer chaque jour des menus variés tout en respectant un bon équilibre alimentaire.

Une répartition équilibrée des aliments

Voici un exemple de répartition judicieuse des aliments au cours de la journée pour l'enfant et pour les quatre repas (et demi avec le « dix heures ») recommandés par jour :

Le petit déjeuner

Il devra être copieux et pris suffisamment tôt pour que ce soit dans le calme : à base de céréales, il doit être varié pour éviter la monotonie. Par exemple :
• fruits frais ou jus de fruits;
• pétales de céréales (cornflakes) au lait d'amande ou flocons de céréales (Muesli) ou semoule de blé ou de maïs, accompagnés de fruits secs sucrés (raisins secs, figues, abricots, etc.);
• pain complet ou semi-complet « aux 4, 6, ou 8 céréales »,

légèrement grillé (plus digeste) et beurré (le beurre « bio » est un vrai régal !), ou pain de seigle, au sésame, aux noix, etc.

Le « dix heures »

Une barre d'amande et de blé germé ou une autre barre énergétique à base de céréales « bio ».

Le repas de midi

Il sera léger et composé de fruits, de légumes crus et cuits, d'une céréale et d'une légumineuse (facultatif), le tout en quantité modérée. Par exemple :

- fruits frais ou crudités (carottes râpées) assaisonnées légèrement à l'huile végétale vierge de première pression à froid ou avec de la sauce au soja (de type mayonnaise ou aïoli) ;
- légumes de saison cuits assaisonnés avec de la levure alimentaire ;
- pâtes ou plat de céréales (riz, blé, orge, millet, etc.) assaisonnés à la sauce de soja ;
- préparation culinaire salée au soja (tofu, steak végétal, ravioli, croquettes, tofinelles, saucisses, nems, etc.) ou seitan (pané ou au fromage) ou poisson ou œuf ou volaille ;
- compote (de pomme ou poire) ou dessert à base de soja au café, au chocolat ou aux fruits, etc.

Le goûter

A base de pain complet, semi-complet aux céréales, ou au sésame, etc. Avec de la confiture, du chocolat (en boisson).

Le repas du soir

Il sera avant tout digeste afin de faciliter le sommeil ! Par exemple :

- crudités, surtout des salades vertes (bon pour le sommeil) ;
- potage ;
- pâtes ou plat de céréales (sauf avoine car trop énergétique !) ;
- fromage ;

• pâtisserie maison ou dessert à base de soja à la vanille ou autre.

La façon de manger

Outre ce que l'enfant mange, tout aussi importante est la façon dont il le mange. Voici quelques règles essentielles :

• Prendre ses repas à des heures régulières, dans le calme, en veillant à l'harmonie des plats dans leur présentation et leur goût, car un repas appétissant lui mettra l'eau à la bouche ; « l'eau », c'est-à-dire la salive, dont la sécrétion commence à la vue d'un plat, s'il le met en appétit, avant même qu'il ait commencé à manger. Cela rendra le repas d'autant plus digeste, pour des raisons strictement physiologiques, puisque la sécrétion de la salive, et aussi du suc gastrique, sera plus abondante. Un bon repas commence par le plaisir des yeux et du nez !

• Bien mastiquer les aliments, afin d'en faciliter la digestion, car la mastication a deux fonctions principales :

– broyer les aliments durs afin de faciliter leur attaque par les sucs digestifs, et donc accélérer la digestion ;

– imprégner les aliments de salive, qui contient un suc digestif, la ptyaline, laquelle commence la digestion de l'amidon.

• Boire régulièrement de l'eau (minérale ou de l'eau de source naturelle) *entre les repas*, jamais pendant !

• Éviter tout aliment excitant, surtout le soir (piment, poivre, thé, chocolat, café, etc.).

• Bannir les boissons alcoolisées naturellement, mais aussi gazeuses et (beaucoup trop) sucrées !

Une bonne hygiène bucco-dentaire

Parallèlement, il faut veiller à entretenir une bonne hygiène bucco-dentaire en se brossant les dents régulièrement *après chaque repas*, soit au moins trois fois par jour : le matin après le petit déjeuner, après le repas de midi (surtout ne pas hésiter à emporter avec soi sa petite brosse à l'école si on reste à la cantine!), le soir avant de se coucher.

Le brossage efficace des dents reste la principale prévention contre la carie dentaire (troisième fléau mondial selon l'OMS, elle touche 90 % de la population du globe). Une cure de fluor peut renforcer avantageusement cette prévention.

En revanche, trop de sucre dans l'alimentation augmente considérablement les risques de caries, puisque ce sont les sucres transformés en acides par les bactéries de la plaque dentaire qui attaquent l'émail et créent ainsi les caries qui sont des cavités dans l'émail dentaire.

Le brossage des dents après chaque repas permet ainsi d'évacuer les résidus alimentaires qui, en s'accumulant entre les dents, favorisent la prolifération des bactéries de la plaque dentaire.

Le brossage des dents doit être non seulement fréquent mais surtout méthodique pour être vraiment efficace :

1. au préalable, s'assurer que la brosse n'est pas usée (en changer de préférence tous les trois mois), cela évite d'agresser les dents et les gencives;
2. brosser séparément les dents du haut et du bas, de la gencive vers la dent;
3. exécuter des mouvements rotatifs avec la brosse;
4. penser à brosser les trois surfaces de chaque dent;
5. après le brossage, rincer énergiquement la bouche avant de cracher l'eau (au moins trois fois).

Par ailleurs, le massage tous les matins, pendant deux petites minutes au total des gencives du haut et du bas, avec le bout des dix doigts de la main qu'on appuie légèrement en un mouvement rotatif complète cette hygiène bucco-dentaire en fortifiant ainsi les gencives dont la bonne santé est toute aussi importante que celle des dents.

Sur ce plan de l'hygiène bucco-dentaire, Arthur est pour l'instant très exemplaire puisque, à l'âge de quinze ans, il ne compte aucune carie dentaire. Ce qui est une situation relativement rare, mais tout à fait accessible : il faut et il suffit de se brosser les dents régulièrement et efficacement! Ce qu'Arthur a toujours fait depuis l'apparition de ses premières dents avec, en ce qui concerne, du dentifrice Pierre Cattier à base d'argile, de sel marin et d'huile essentielle de romarin. Cet excellent dentifrice existe également à l'huile essentielle de menthe, citron, sauge ou propolis.

Les produits naturels

Saveur et santé

Consommer des produits authentiquement naturels – exempts de produits chimiques de fertilisation (engrais principalement azotés), de protection (pesticides), et d'additifs chimiques (tout ce qui porte un E suivi d'un chiffre, par exemple : émulsifiant E 322, anti-oxydant E 300, etc.) –, c'est la garantie d'une nourriture saine, savoureuse et effectivement nutritive. Et qui propose finalement d'assez loin le meilleur rapport qualité/prix, si l'on admet qu'ici qualité signifie la saveur (plaisir) et la santé (tonus), notre parcours personnel en fait largement foi !

C'est aussi encourager le développement d'une agriculture biologique qui respecte le sol, source de la fertilité. C'est faire avec les milliers d'agriculteurs « bio » un choix éminemment écologique !

Ce choix, nous sommes très heureux de l'avoir fait pour Arthur et Kalvine (et pour nous-mêmes naturellement !). Il leur a valu un tonus remarquable, un corps svelte et une excellente santé !

C'est pourquoi nous recommandons vivement ce type d'alimentation à tout point bénéfique pour tous les enfants (et les adultes !), dont on peut trouver les produits de plus en plus facilement (voir fiche d'information en fin d'ouvrage) grâce à son succès grandissant après des consommateurs de tous âges.

Le contrôle de la qualité

Pour préserver l'authenticité des produits « bio » dans un marché de plus en plus convoité (la vague montante des produits « verts ») et de ce fait protéger le consommateur, il existe en France des labels qui soumettent leurs adhérents à des chartes et à des contrôles techniques : que cela concerne l'agriculture pour les céréales, les légumes, les fruits, les produits laitiers, ou les industries de transformation (minotiers pour la farine « bio », traiteurs, etc.).

Un produit non labelisé « bio » mais appelé « naturel », par exemple, ne désigne rien de très significatif – « naturel », n'est qu'un bon argument de vente un poulet décrit comme « poulet de ferme naturel nourri aux grains » n'est qu'un poulet nourri avec des grains de culture chimique.

Certes, ce poulet est sans doute meilleur que le poulet en batterie mais n'a rien à voir, si l'on compare les bénéfices pour la santé, avec le vrai poulet de ferme nourri aux grains de culture « biologique », c'est-à-dire sans engrais chimiques ni traitements chimiques de synthèse, et qui a suffisamment d'espace pour gambader dans ladite « ferme ». Ici, le goût est bien sûr énormément supérieur à celui du poulet « industriel », un peu moins à celui du poulet « naturel » non labelisé « bio », sans parler des bénéfices pour la santé.

Il existe une bonne demi-douzaine de labels. Une enquête parmi les professionnels et les consommateurs de produits « bio », rapportée dans une émission qu'A2 a consacrée à l'agriculture biologique, classe ces labels en « bons » voire « très bons » (Nature & Progrès, Bio Bourgogne, Biofranc, Déméter) et un peu « moins bons » (CINAB, UNITRAB, ABF, FESA). Il y a aussi les produits d'importation (Allemagne, Grande-Bretagne, États-Unis, Japon) dans l'ensemble assez fiables quant à la qualité « biologique »; néanmoins il faut bien lire les étiquettes...

Pour le consommateur, il convient donc d'être extrêmement vigilant pour payer à son bon prix le bon produit !

Un succès grandissant

Il est réconfortant de voir de plus en plus de personnes partager cette recherche du goût – de la saveur authentique – alliée à l'exigence de la qualité et de la santé que doit procurer la nourriture : ce qu'on mange doit être « bon » et « faire du bien ».

Pour l'illustrer, un seul exemple, mais ô combien édifiant : le pain « complet » à base de farine de culture biologique au levain naturel qui, d'objet de curiosité quasi exotique il y a vingt ans, est devenu aujourd'hui un *must*. Ce pain-là symbolise à merveille l'alimentation que nous préconisons. Il a, pour commencer, un parfum irrésistible; puis une saveur incomparable (même dégusté seul!); and *last but not least*, ses nombreux éléments nutritionnels sont excellents pour la santé, et pour la croissance des enfants.

Je suis amusé aujourd'hui, quand je me revois, vingt ans en arrière, essayer – avec la bonne humeur et la fantaisie qui siéent au jeune homme de dix-neuf ans que j'étais alors – d'en convaincre les gens dans la rue, en leur faisant goûter un carré de pain complet délicieux. Cela peut paraître un peu folklorique, mais c'était comme cela – sur le terrain – qu'en ce temps-là nous étions quelques-uns à promouvoir la qualité du « bien manger ». En créant également des coopératives d'achat qui permettaient à la fois aux producteurs de trouver des débouchés supplémentaires, et aux consommateurs de payer les produits moins cher que dans le commerce.

Voilà une cause – parmi de nombreux autres touchant à la qualité de la vie – qu'on aura eu raison de défendre, afin que vive cette agriculture biologique à laquelle il est raisonnable d'affirmer qu'Arthur doit beaucoup. Cela donne au pain complet que je mange aujourd'hui une saveur toute particulière...

Les médecines douces

Médecines douces et médecine allopathique

Hippocrate disait que l'aliment était le premier des médicaments. Si l'on considère l'excellente santé dont nous jouissons tous les quatre, et notamment Arthur et Kalvine, nous pouvons témoigner des bienfaits de l'alimentation saine et équilibrée que nous préconisons. Son audience sans cesse grandissante auprès des consommateurs (cf. le succès retentissant – et justifié – des livres de Jean-Pierre Coffe, de Michel Montignac ou encore celui des recettes de Linda et

Paul Mc Cartney) ne fait que conforter cette recherche générale d'un mieux-vivre, notamment du vrai plaisir de manger. Et il n'y a pas de raison que ce plaisir de la table ne commence pas dès le plus jeune âge!

Cette alimentation est parfaitement en phase avec les médecines dites « douces ». Celles-ci soignent très bien les maux communs. Que ce soient l'homéopathie, l'acupuncture et ses dérivés (massages Shiatsu, Do-In, Môxas), l'ostéopathie crânienne, la phytothérapie (les tisanes de plantes, voir recettes types), les soins à base d'argile, etc., ces méthodes apportent des remèdes adaptés au mal. On les appelle « douces » parce qu'elles privilégient la notion de « terrain » et d'équilibrage de l'énergie, et risquent beaucoup moins d'avoir d'effets secondaires fâcheux (notamment d'accoutumance) que certains médicaments de la médecine « allopathique ».

Recettes types pour une meilleure santé par les plantes

P. = Pincée; I. = Infusion (10 mn);
D. = Décoction (bouillir 10 mn + infuser 30 mn).

Comme pour les autres produits, il faut veiller à choisir des plantes garanties par le label « bio », sans traitements chimiques de synthèse dans la culture et la conservation, et convenablement conditionnées : le label Nature & Progrès, par exemple, pour les marques Super Diet, La Vie Claire.

- Troubles digestifs (en infusion) :
  - colite intestinale : 2 p. anis + 2 p. fenouil + 1 p. sauge;
  - flatulence : 2 p. fenouil + 1 p. mélisse + 1 p. sarriette;
  - constipation : 2 p. basilic + 2 p. fenouil;
  - diarrhée : 2 p. millefeuille + 1 p. menthe + 1 p. sauge;
  - estomac : 2 p. basilic + 1 p. camomille + 1 p. tilleul;
  - foie : 2 p. romarin + 2 p. verveine + 2 p. camomille;
  - vermifuge : 3 p. sarriette concentrée.
- Troubles psycho-nerveux (en infusion) :

Recettes types pour une meilleure santé par les plantes *(suite)*

– fatigue intellectuelle : 2 p. sarriette + 2 p. menthe ;
– migraine : 2 p. mélisse + 1 p. marjolaine + 1 p. menthe ;
– insomnie : 2 p. tilleul + 1 p. marjolaine + 1 p. camomille ;
– cauchemars : 2 p. tilleul + 1 p. marjolaine + 1 p. verveine.

• Troubles divers (en infusion sauf d.) :

– toux : 2 p. menthe + 2 p. lavande + 2 p. thym ou 2 p. sarriette + 2 p. thym + 2 p. serpolet ;
– angine : (d.) de sauge en gargarismes ;
– aphonie : 2 p. lavande + mélange (miel + citron) ;
– grippe : 2 p. eucalyptus + 2 p. thym + 2 p. verveine ;
– hoquet : 2 p. fenouil + 1 p. anis + 1 p. camomille.

En outre, il existe des lotions pour bain calmant et tonique à base de plantes (La Vie Claire, Véléda), qui sont excellentes pour petits et grands !

La médecine allopathique semble plutôt avoir un rôle prépondérant à jouer dans les maladies « lourdes » qui nécessitent une intervention d'urgence et massive (par exemple, les antibiotiques pour combattre les foyers infectieux ou la chimiothérapie pour les cancers), ou n'ont d'autre solution que la chirurgie.

En revanche, pour les troubles neurovégétatifs – de la digestion, du sommeil, de l'humeur (apathie passagère ou surexcitation) – et ceux de la tonicité en général, les médecines « douces » offrent un éventail de réponses fiables. Aussi fiables que les médecins – car ils sont médecins eux aussi ! – ou thérapeutes qualifiés qui pratiquent ce mode de soins. Il n'y a donc pas lieu d'opposer les deux types de médecine mais plutôt d'avoir recours, tantôt à l'un tantôt à l'autre, tantôt à une combinaison des deux, selon le type de problèmes de santé auxquels on a à faire face.

Cependant, comme pour tout prestataire de soins (ou de service), le titre – aussi ronflant soit-il – ne suffit pas à lui seul ; l'idéal serait de trouver un bon médecin de famille suffisamment ouvert à l'éventail des thérapies possibles et qui – surtout – consacre le temps qu'il faut pour consulter, diagnostiquer et prescrire judicieusement. Il en existe, plus qu'on ne le pense généralement, et plutôt du côté des médecins généralistes « à orientation homéopathie et acupuncture ». Ils disposent d'un éventail thérapeutique plus vaste de par leur formation plus élargie, plus complète, et ont toujours la ressource de prescrire, si nécessaire, des médicaments « allopathiques » (tels les antibiotiques ou autres).

Le nombre sans cesse croissant depuis une vingtaine d'années d'installations en cabinet libéral de ce type de médecins généralistes – tendance « médecines douces » – (dans un secteur pourtant en crise de sureffectifs) ne doit pas être étranger à l'efficacité des soins qu'ils prodiguent et que des patients de plus en plus nombreux observent et apprécient. Pour ma part, j'y suis fidèle depuis plus de trente ans (depuis que j'ai huit ans !), Dadou depuis seize, et Arthur et Kalvine naturellement depuis leur naissance.

Quelques médecines douces

Le fait d'être « douces » n'implique pas que ces médecines soient totalement sans danger. Utilisées à la légère, elles peuvent être nocives, voire aggraver un état. Attention donc à ne pas jouer à l'apprenti sorcier.

Homéopathie

L'homéopathie repose sur une loi fondamentale – la loi de similitude – assortie d'une technique complémentaire – la dilution sur le mode infinitésimal – et de tout un ensemble de principes naturels constituant une conception originale du malade et de la maladie.

La loi de similitude pourrait s'énoncer ainsi : pour guérir, le malade doit prendre la substance capable de provoquer chez un homme sain le même ensemble de symptômes que celui qu'il présente. Par exemple, l'ipéca est un vomitif ; en cas de nausées ou de vomissements, le médicament homéopathique IPECA, pris à doses infinitésimales, combat, selon la loi de similitude, ces mêmes symptômes. Comme le médicament actif est trouvé en étudiant les conséquences de la maladie, on peut guérir même si on ne connaît pas la cause.

La médecine allopathique, ce qui signifie « médecine des contraires », cherche en revanche à bloquer le mécanisme de la maladie et pour cela doit en mettre au jour la cause.

A l'instar de tous les médecins pratiquant une médecine douce, les homéopathes privilégient la notion de terrain, car selon eux c'est l'organisme déséquilibré qui offre un terrain favorable à la maladie. Restaurer l'équilibre, c'est donner les moyens à l'organisme de réagir contre la maladie. Le diagnostic est par conséquent fondé sur une étude approfondie du malade (type, tempérament, comportement, caractère) et de ses symptômes.

Acupuncture

Le principe de l'acupuncture repose sur la loi de l'équilibre (Yin et Yang) de l'énergie vitale appelée « Ki » et captée par les 360 points d'acupuncture situés le long des 12 méridiens du corps.

Le traitement consiste en l'introduction indolore de fines aiguilles (d'or, d'argent ou d'acier jetable) en des points précis du corps, soit pour tonification soit pour dispersion de l'énergie.

Le diagnostic se fait à partir d'un entretien, d'un examen et de l'étude des 14 pouls « chinois ».

N.B. : le Shiatsu (ou digitopuncture ou acupression), le Do-In, les Môxas, sont des pratiques dérivées de l'acupuncture chinoise. Toujours selon le même principe diagnostique et thérapeutique, on utilise cette fois le massage digital (Shiatsu, Do-In), ou la chaleur en un point précis d'acupuncture (Môxas).

Ostéopathie crânienne

L'ostéopathie crânienne s'inspire des principes généraux de l'ostéopathie fondée par le docteur Still aux États-Unis en 1874, selon lesquels le corps est un tout et la structure (os, muscles, tendons, ligaments) est en étroite relation avec les fonctions (digestion, respiration, circulation, excrétion). Les structures agissent sur les organes et les fonctions agissent sur les structures, à proximité ou à distance dans le corps. Ainsi un problème localisé peut se généraliser par ricochet, *via* les voies de communication que sont le sang et les nerfs. Tout dépend ici de l'individu et des circonstances.

A la suite du docteur Still, le docteur Sutherland créa l'ostéopathie crânienne en postulant que les os du crâne ne sont pas soudés (contrairement à ce qui était enseigné à l'époque et l'est toujours!) après avoir remarqué la forme en biseau des sutures des os crâniens et constaté que cette forme ne pouvait être due qu'au mouvement. Ce mouvement favoriserait la circulation, donc la nutrition par le sang et le drainage des déchets par le système lymphatique. Les ostéopathes crâniens l'appellent le Mécanisme Respiratoire Primaire. Il est au cerveau ce que le battement cardiaque est au cœur. Imperceptible aux doigts non initiés, ce mouvement est tout à fait sensible pour un bon praticien. On a même pu le mesurer avec un appareil à électrodes. Toute anomalie dans ce mécanisme « respiratoire » du crâne cache un désordre de santé, où qu'il soit situé dans le corps, et qu'il soit viscéral, musculaire, nerveux ou articulaire. L'ostéopathe va alors essayer de libérer le mécanisme, de façon à faire de nouveau circuler les énergies dans le crâne bloqué. En le palpant simplement – mais très finement – dans le creux de ses mains il peut résoudre un problème intestinal, vertébral, ou nerveux (comme l'insomnie, par exemple).

L'ostéopathie crânienne obtient des résultats remarquables, voire spectaculaires auprès des enfants. Ainsi, ce bébé de vingt-six heures, qui n'avait pas fermé l'œil depuis sa naissance et qu'une seule séance d'ostéopathie a plongé dans le sommeil pour deux jours entiers!

Une étude statistique américaine établie à partir d'une population de 1 200 bébés âgés de cinq jours nous apprend que :

– 95 % des enfants agités ont une lésion de l'occiput (situé à l'arrière du crâne) que peut corriger l'ostéopathie crânienne;

– 82 % des bébés ont une lésion ostéopathique susceptible de provoquer des symptômes jusque-là généralement inexpliqués, et que l'ostéopathie crânienne peut rapidement résoudre. Cela vaut pour l'enfant qui pleure sans mobile, dort trop ou trop peu, est agité, craintif, coléreux ou trop calme; se cambre quand on le touche, ne supporte pas telle position, a des difficultés de déglutition, présente un retard par rapport aux acquisitions courantes de son âge, etc.

D'où l'intérêt de l'examen ostéopathique systématique des nouveau-nés et d'un suivi annuel régulier chez les bien-portants. Un crâne qui « respire » librement est donc le gage d'une bonne santé.

D'autre part, et particulièrement chez les enfants, il existe toutes sortes de petits et grands maux sur lesquels l'ostéopathie crânienne peut agir efficacement. On peut citer pêle-mêle (la liste n'est pas exhaustive) :

• les problèmes ORL car le mouvement respiratoire du crâne draine toute la zone ORL, entre autres les sinus. On peut éviter ainsi des semaines et des semaines de traitements aux antibiotiques éprouvants pour l'organisme;

• les allergies, les maux de tête, l'insomnie comme l'hypersomnie, l'eczéma d'origine nerveuse, les diarrhées ou les constipations;

• les scolioses et autres affections (strabisme, asthme, rhinite, nervosité) en rapport avec le traumatisme dû au port d'un appareil dentaire et ses effets secondaires sur la croissance. A ce sujet, il faut souligner que l'on a tout intérêt à réaligner les dents plus tard, à seize ou dix-huit ans, sans perturber cette croissance. Lorsque le crâne, une fois débloqué par l'ostéopathe, est plus mobile, les dents se replacent mieux et permettent de porter l'appareil moins longtemps;

• la trisomie 21. L'ostéopathie crânienne peut ici apporter une aide importante, en débloquant le mécanisme crânien des os des petits trisomiques. Bien que cela ne change rien au problème chromosomique, cela permettra néanmoins à l'enfant d'acquérir des habiletés qui lui étaient jusque-là difficilement accessibles, à condition de bénéficier d'un contexte affectif favorable. Ainsi ces bébés traités dès la naissance et qui, globalement, ont récupéré à un an environ une grande partie de leur handicap de développement; et pourront espérer un avenir meilleur. Ou cette petite fille entrée au cours préparatoire avec seulement un an de retard. D'une façon générale, l'aspect physique de ces enfants sera moins typé. On trouve les mêmes indications pour les enfants infirmes moteurs cérébraux et les autistes;

• en cas de problèmes psychologiques graves, il est en général recommandé de voir un ostéopathe avant de faire une démarche psychothérapique, car si le crâne est bloqué, l'enfant ne pourra pas être psychologiquement détendu.

Une alimentation saine et équilibrée, ainsi que les médecines « douces » auxquelles nous avons recours quand c'est nécessaire (en fait peu souvent), sont à la base de notre excellente santé – nos faibles dépenses en matière de soins médicaux en font foi. Cela nous donne, en prime, la satisfaction de contribuer à l'effort de réduction du coût de la santé, donc du déficit de la Sécurité sociale, pour le bénéfice de toute la société.

La santé globale des années de l'enfance pèse d'un grand poids pour la suite du développement de l'individu. Celle, excellente, d'Arthur et de Kalvine et de nombreux autres enfants dont les familles ont adopté le même type d'hygiène de vie peut largement témoigner en faveur de ce dernier.

BIEN RESPIRER : L'OXYGÉNATION

Pour que l'enfant profite effectivement de ce qu'il mange, ce qu'on appelle la fonction assimilation-élimination doit pouvoir agir le plus efficacement possible. Les nutriments doivent pouvoir être assimilés et les toxines éliminées. Le principal moteur de cette fonction assimilation-élimination est la bonne oxygénation du corps.

Pour cela, il ne suffit pas que l'enfant ait du bon air, mais aussi qu'il le respire correctement de façon à réellement en bénéficier. C'est important non seulement pour son corps, pour l'ensemble de ses organes, ses muscles, mais aussi et surtout pour son esprit, le cerveau étant la partie de l'organisme qui consomme le plus d'oxygène.

Respirer correctement est essentiel pour l'enfant (comme pour l'adulte), mais comme c'est un acte involontaire gouverné par le système nerveux autonome, il est trop souvent négligé. Or, le souffle peut être soumis à l'intervention de la volonté, dépendante du système nerveux central, c'est-à-dire du cerveau. C'est le principe du yoga.

Cela ne veut pas dire pour l'enfant qu'il faille systématiquement pratiquer le yoga. Mais, à l'instar de ce que font déjà depuis près de vingt ans les élèves d'un établissement scolaire parisien où une expérience pilote conduite par Micheline Flak a permis d'introduire en classe la relaxation et le yoga, il s'agit d'effectuer quelques exercices de base inspirés du yoga, très simples à exécuter et dont les effets sur la santé physique et surtout mentale sont tellement formidables qu'il serait dommage de ne pas essayer. Cela peut se faire dès l'âge de trois ans pour l'exercice le plus fondamental – la respiration consciente – que nous aborderons un peu plus loin.

Dadou ayant un peu pratiqué le yoga, nous connaissons depuis longtemps quelques exercices très simples pour respirer correctement, que nous avons appris à Arthur quand il a eu trois ans environ.

Ce que nous proposons dans ce livre est beaucoup plus élaboré. Notre savoir en la matière s'est en effet sensiblement enrichi depuis notre rencontre avec Micheline Flak, coauteur d'un remarquable ouvrage sur la pratique du yoga – justement adaptée à l'école : *Des enfants qui réussissent* (Éditions DBB, Collection Épi).

Micheline Flak est très bien placée pour faire autorité sur ce sujet et à plus d'un titre : elle est à la fois enseignante – professeur d'anglais, docteur ès lettres américaines –, traductrice (de grands textes de yogis), professeur de yoga et fondatrice d'une association dont l'objet est de faire connaître aux enfants, parents et enseignants les bienfaits du yoga, même dans une version simplifiée, adaptée aux conditions de notre époque.

Pour ce qui nous concerne, nous avons trouvé dans sa méthode – outre la clarté, la simplicité, l'efficacité – la dimension profondément humaine d'un être jouissant d'une grande expérience de la vie et de la communication, notamment avec les enfants. Nous ne saurions par conséquent trop recommander la lecture de son ouvrage dont nous reprenons ici en substance quelques passages concernant l'art de respirer correctement : la respiration consciente, la respiration complète, la respiration alternée.

La respiration consciente

Pour commencer, voici la respiration consciente : il s'agit tout simplement d'observer son souffle pour être conscient de sa respiration. Accessible dès le plus jeune âge (vers trois ans), l'exercice – qu'on peut faire en même temps que l'enfant – est le suivant :

1. l'enfant s'installe confortablement, le dos droit ;
2. lui demander de bien sentir ses narines, bouche fermée. C'est dans ce petit périmètre qu'il doit placer toute son attention en sentant d'abord le passage de l'air : « je sais (parce que je sens) que l'air entre ; je sais que l'air sort ». Surtout qu'il ne cherche pas à modifier l'amplitude respiratoire, il ne s'agit pas d'imiter une soufflerie ;
3. lui suggérer d'essayer de respirer comme s'il humait un parfum délicat ; comme s'il voulait éviter d'éveiller quelqu'un qui dort tout près de lui. En observant tranquillement son souffle, il verra que les phases respiratoires ne sont pas régulières et qu'une narine est plus libre que l'autre ;
4. au bout de cinq petites minutes de cette pratique de la respiration consciente, l'enfant et vous-même pourrez constater que le rythme de la respiration s'est régularisé et spontanément ralenti.

Répéter trois fois par jour – cinq minutes le matin, cinq minutes à midi, cinq minutes le soir – cet exercice qui rend consciente la respiration, fonction vitale ordinairement inconsciente, c'est pour l'enfant la garantie d'une excellente disposition physique et surtout mentale pour toute la journée.

La respiration complète

Les trois respirations du yoga

Le deuxième exercice est plus élaboré, et de ce fait a un effet beaucoup plus important encore, mais n'est accessible qu'à partir de sept-huit ans : il s'agit de la respiration complète qui, selon le yoga, fait intervenir les trois étages de la respiration correspondant à trois niveaux de notre être allant de l'instinct à l'intellect.

La respiration « basse » agit au niveau de la zone abdominale qui correspond à la fois à nos pulsions instinctives et à notre ancrage dans la réalité concrète. C'est le socle de notre individualité.

La respiration « médiane » agit au niveau de la région thoracique qui est liée à nos réactions affectives et émotives (on le constate lorsque par exemple on a le « cœur battant » après avoir couru en redoutant d'être en retard).

La respiration « haute » agit à partir des clavicules : cette zone est en relation avec nos fonctions pensantes. Elle peut tout aussi bien signaler la méditation et la réflexion que la surexcitation mentale. Dans ce dernier cas, et pour calmer cet état de surexcitation, il faut prendre le temps de faire descendre son attention vers la zone abdominale et de ressentir le doux mouvement du nombril (en plaçant éventuellement les doigts juste au-dessus, pour bien éprouver cette pulsation de la vie).

L'arbre qui pousse

La perfection du souffle ne réside pas dans la prédominance d'un étage respiratoire sur les deux autres, mais dans la plénitude de leur action combinée. La respiration complète comporte deux parties :

– une phase préparatoire qui consiste à ressentir le souffle à chacun des trois étages;

– l'exercice lui-même représenté, comme toujours dans la tradition du yoga, par une image métaphorique, ici « l'arbre qui pousse ».

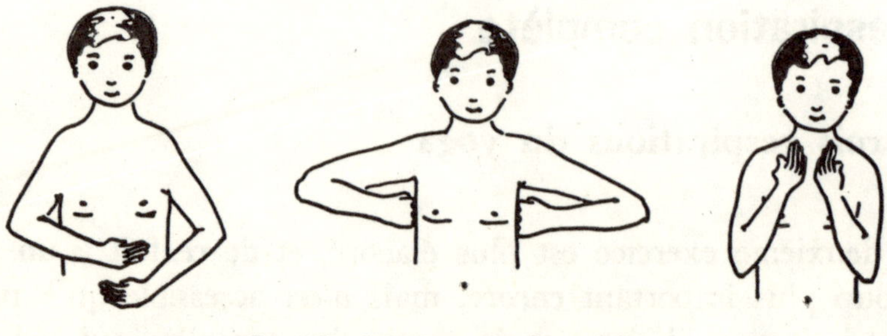

Les 3 étages respiratoires

Phase préparatoire

En position assise ou debout l'enfant va donc d'abord explorer sa respiration en se servant de ses mains.

1. Respiration abdominale et diaphragmatique : placer une main sur le nombril et l'autre un peu au-dessus. En faisant sortir (en expirant) l'air par le nez, il va remarquer qu'un creux se fera sous ses paumes. En inspirant l'air, il sentira à l'inverse ses mains repoussées en avant. Ceci constitue une respiration. Refaire cela plusieurs fois pour bien sentir le mouvement respiratoire.

2. Respiration thoracique : les mains, doigts repliés, sont placées en dessous du creux des aisselles. En respirant, il va ressentir le jeu d'accordéon des côtes qui se soulèvent et s'abaissent.

3. Respiration claviculaire : les mains sont placées au creux des clavicules, doigts tendus vers le haut de la poitrine. Il doit pouvoir sentir cette zone haute bouger au rythme de son souffle.

Déroulement de l'exercice

Se mettre en position debout, les pieds très légèrement écartés.

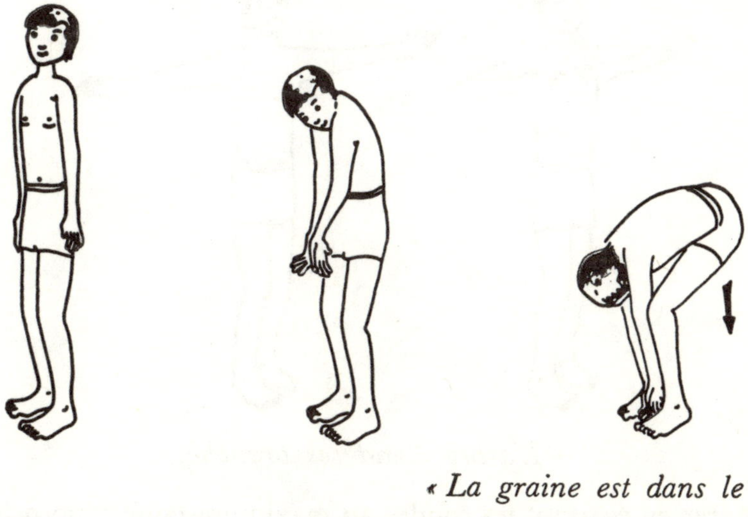

« La graine est dans le sol »

1. En expirant, inclinez la tête vers l'avant et fléchir le buste. Les mains se placent dos à dos et viennent au niveau des chevilles ou plus haut – sans forcer. Abaisser les fessiers.

« La jeune pousse se dresse »

2. A partir d'une position accroupie, inspirer en redressant le buste et en repliant les bras. A la fin du mouvement, les avant-bras sont devant la poitrine, ramenés l'un près de l'autre. Les paumes des mains sont ouvertes vers l'avant.

Expirer dans cette position.

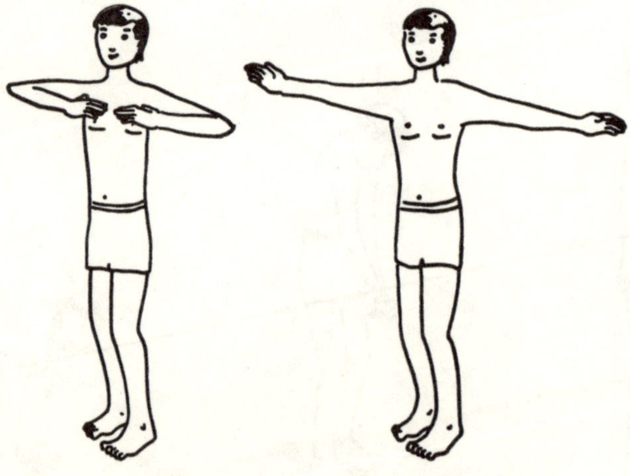

« L'arbre étend ses branches »

3. Inspirer en écartant les coudes au maximum pour rapprocher les omoplates puis en dépliant les avant-bras. L'enfant doit se retrouver les bras en croix.

Expirer dans cette position.

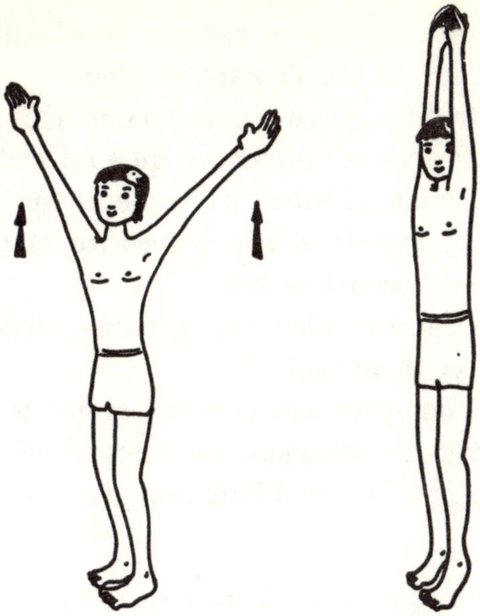

« L'arbre grandit, grandit »

4. En inspirant, lever les deux bras verticalement au-dessus de la tête, sans raideur. Veiller à ne pas cambrer. A la fin du mouvement, se hisser sur la pointe des pieds.

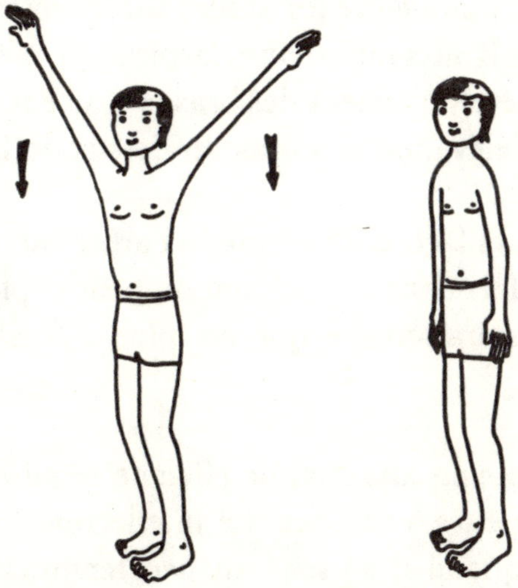

5. Expirer en dessinant la forme du feuillage de l'arbre; abaisser les bras par les côtés par un mouvement lent et continu. A la fin de l'expiration, les bras sont à nouveau le long du corps.

Refaire deux ou trois fois cet exercice de « l'arbre qui pousse » et observer l'état dans lequel l'enfant se trouve.

Les bienfaits de cet exercice sont trop nombreux pour en donner la liste exhaustive. Retenons simplement qu'à lui seul il constitue l'une des bases d'une bonne hygiène physique et mentale.

• en ayant une grande valeur préventive, il réduit les risques d'infection des voies respiratoires ;

• en permettant une meilleure oxygénation du cerveau, il favorise ainsi l'attention et la mémoire ;

• en étant un des premiers remèdes contre le trac et l'anxiété. La respiration ample désamorce les effets dévastateurs des troubles émotifs, notamment à l'école, à l'occasion des « contrôles » et surtout des examens !

On pourra remarquer que « l'arbre qui pousse » permet effectivement d'exécuter une respiration complète :

– lorsqu'en 2 les avant-bras sont repliés devant la poitrine, l'enfant effectue une inspiration basse : l'air entre naturellement dans l'abdomen puisque les bras et les coudes empêchent le déploiement des côtes ;

– lorsqu'en 3 l'enfant élève les coudes sur les côtés et que les avant-bras sont dépliés, il accomplit une inspiration médiane : les côtes, entraînés par le développement des bras, s'écartent au maximum ;

– enfin, en 4 l'élévation des bras au-dessus de la tête induit une inspiration haute.

Il existe plusieurs façons d'exécuter « l'arbre qui pousse » : au lieu d'expirer chaque fois dans la position, on peut déployer les branches sur une seule inspiration, ce qui est plus difficile [1].

Depuis l'âge de cinq ans Arthur effectue régulièrement cet exercice, avant de se mettre à une activité intellectuelle ou corporelle, ou tout simplement quand il se sent un peu tendu. Pour être efficace dans ce qu'il entreprend, il a besoin d'être à la fois relaxé et vigilant.

1. Pour cette variante, il faut suivre J. de Coulon : *Paix et yoga* exercice 20 (p. 103-105), Éd. Chiron, 1985.

Il complète cet exercice de respiration complète par quelques exercices d'étirement musculaire (stretching).

Le stretching

Le stretching consiste à étirer les muscles pour rendre aux mouvements du corps leur aisance naturelle. Il faut absolument éviter en le pratiquant de forcer, jusqu'à ressentir la douleur.

Il existe un réflexe nerveux, appelé réflexe d'étirement, qui protège les muscles. Si on étire trop vite ou trop loin les fibres musculaires, le réflexe d'étirement se produit et le muscle se contracte pour éviter d'être meurtri. En forçant, on aboutit à tendre les muscles qu'on cherche justement à détendre.

La douleur ressentie résulte du traumatisme qu'occasionne le déchirement microscopique des fibres musculaires. Cet accident entraîne la formation de tissu cicatriciel dans les muscles qui, progressivement, perdent de leur élasticité et deviennent douloureux.

Il faut par conséquent concentrer son attention sur chacune des parties du corps concernées par l'exercice d'étirement, en veillant à ne jamais produire ni réflexe d'étirement, ni douleur. Le muscle ne doit pas trembler !

Le principe du stretching est d'étirer progressivement les muscles jusqu'à éprouver une légère tension. Arrivé à ce point, il faut se relaxer tout en gardant la position, ce qui doit faire disparaître la tension. Si ce n'est pas le cas, il faut relâcher peu à peu la position jusqu'à obtenir un degré de tension plus confortable.

ÉTIREMENT		
Étirement simple	Étirement complet	Étirement violent
à faire pendant 20 à 30 secondes	*30 secondes et plus*	*à éviter absolument*

Si on veut aller plus loin, c'est-à-dire prolonger l'étirement simple par un étirement complet, il faut procéder selon le même principe de progression « douce » et de recherche de bien-être, et non dans une optique de performance douloureuse qui nuira à la souplesse du corps.

Pendant toute la durée des exercices la respiration doit être lente, bien rythmée et contrôlée. Ne jamais retenir son souffle. Si la respiration n'est pas confortable, c'est que la position n'est pas détendue : il faut donc relâcher celle-ci pour respirer sans contrainte.

Le meilleur moyen, au début, de s'assurer qu'on tient la position suffisamment longtemps, c'est de compter mentalement. Après, ce n'est plus utile, ce qui est bénéfique pour la concentration.

Quelques exercices de stretching

Nous avons privilégié ici, en les présentant sous la forme d'un enchaînement logique, les exercices particulièrement recommandés pour les écoliers qui passent beaucoup de temps assis. Cette position crée un certain nombre de tensions à dénouer, surtout dans la partie supérieure du corps, des cuisses jusqu'au cou.

L'enchaînement 1-2-3-4-5-6-7, plus 8-9 pour les jambes prend environ cinq minutes! De plus, excepté les étirements 1-2-4-8 qui demandent que l'on soit couché ou à genoux, ces exercices peuvent être pratiqués chaque fois qu'on le désire, n'importe où et à n'importe quel moment (pour une pratique plus complète voir fiche d'information en fin d'ouvrage).

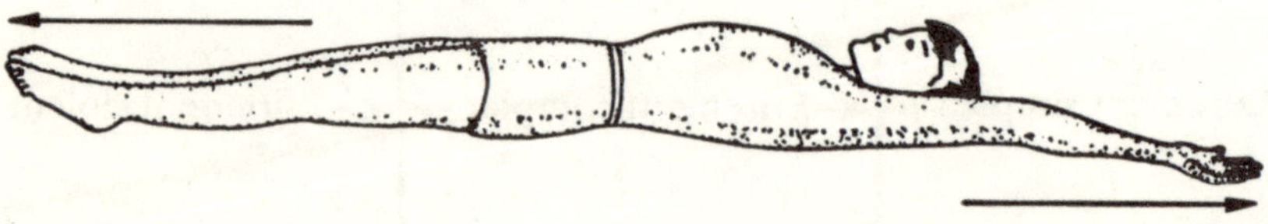

Étirement n° 1 (le corps tout entier) : s'allonger, les jambes jointes, les bras vers l'arrière. Tendre les jambes et les bras en même temps, sans forcer, comme si on voulait toucher quelque chose avec ses doigts et avec ses orteils. Se détendre d'un coup après cinq secondes. A faire trois fois.

Étirement n° 2 (le cou et le haut de la colonne vertébrale) : couché, genoux pliés, entrecroiser vos doigts sur la nuque, à la hauteur des oreilles. Avec la force des bras ramener la tête vers l'avant jusqu'à ressentir une légère tension, garder la position pendant cinq à dix secondes, puis revenir au point de départ; à faire trois fois.

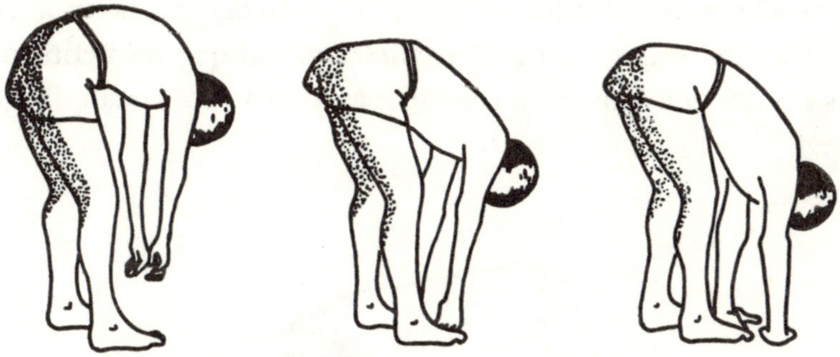

Étirement n° 3 (les hanches, l'aine et l'arrière des cuisses ou muscles tendineux) : debout, les pieds parallèles, à la verticale des épaules, se pencher lentement vers l'avant en faisant commencer le mouvement à partir des hanches. Garder en permanence les genoux fléchis (2-3 cm) afin de ne pas faire supporter tout l'effort par le bas du dos; laisser pendre la tête et les bras jusqu'à ressentir un léger étirement à l'arrière des jambes, gardez la position quinze à vingt secondes, de façon à éprouver une sensation de bien-être. Aider le corps à se détendre en se concentrant sur les zones qui sont étirées. Ne pas forcer, ne pas raidir les genoux; tenir compte de ce qu'on ressent, et non pas de ce qu'on pourrait faire.

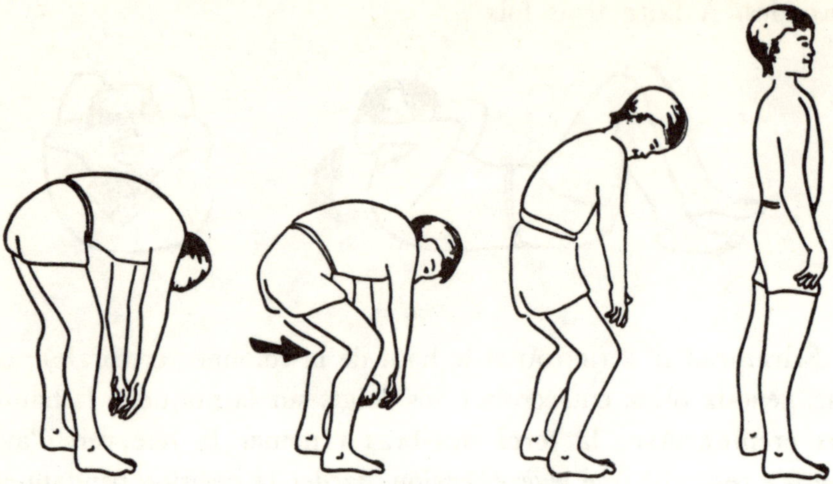

Très important : dans tous les mouvements où on plie la taille, toujours légèrement fléchir les genoux (2-3 cm) ; et, pour se redresser, utiliser les muscles longs des cuisses plutôt que les petits muscles du bas du dos ; ne jamais se remettre en position verticale les jambes tendues.

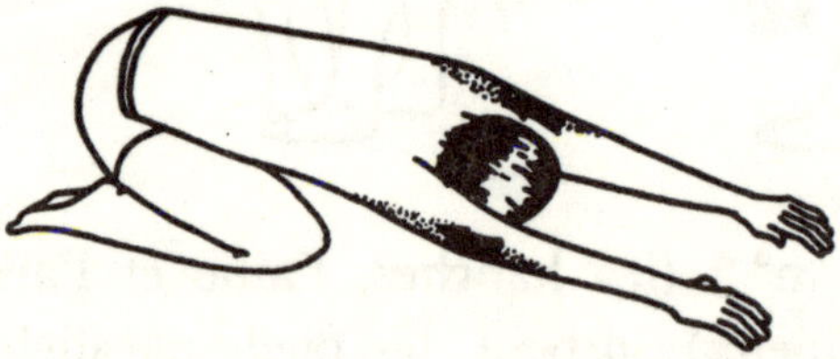

Étirement n° 4 (le dos, les épaules, les bras) : se mettre à genoux, le visage près du sol, tendre les bras en avant et tirer vers soi la natte ou le tapis. Si on n'a rien à tirer, reculer les bras de la même manière en pressant légèrement ses paumes sur le sol. Garder la position d'étirement pendant quinze secondes jusqu'à éprouver la sensation de bien-être. Un simple mouvement des hanches permet de relâcher ou de prolonger le mouvement.

Étirement nº 5 (le dos, les épaules, les bras, plus simplement): croiser les doigts au-dessus de la tête, bras tendus, paumes tournées vers le haut. Tirer légèrement les bras en se courbant un peu en arrière, sans retenir la respiration. Garder la position quinze secondes jusqu'à la sensation de bien-être. Exercice particulièrement recommandé pour les personnes qui ont les épaules tombantes.

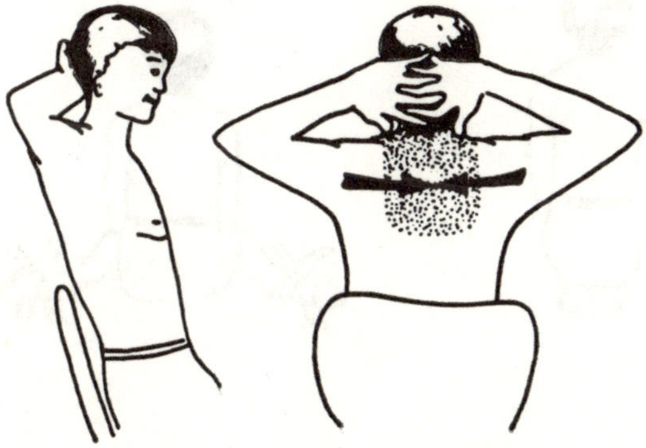

Étirement nº 6 (le haut du dos, les épaules, le trapèze) : s'asseoir le plus confortablement possible. Les doigts croisés derrière la nuque, les bras pliés dans l'alignement du dos, rapprocher les omoplates pour créer une légère tension dans le haut du dos. Garder la position jusqu'à ce que la tension disparaisse (huit à dix secondes), puis se relaxer. A faire trois fois.

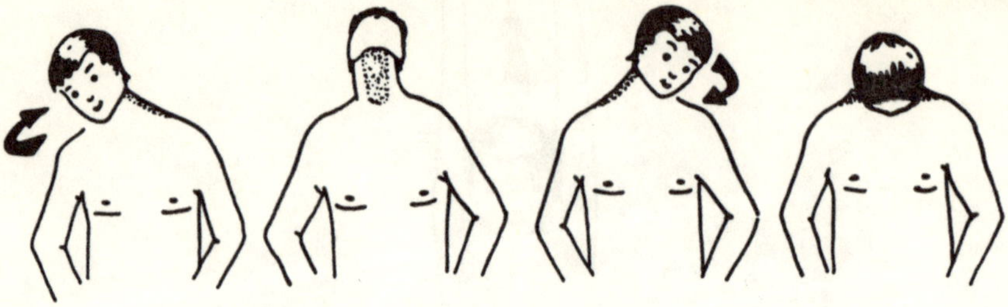

Étirement n° 7 (le cou) : s'asseoir le plus confortablement possible. Très lentement, en gardant le dos droit, faire tourner la tête en ployant le cou comme indiqué sur le schéma. On peut s'arrêter en cours de mouvement pour étirer des muscles particulièrement tendus : sans forcer, en se relaxant, la tension s'atténuera et disparaîtra en quelques secondes.

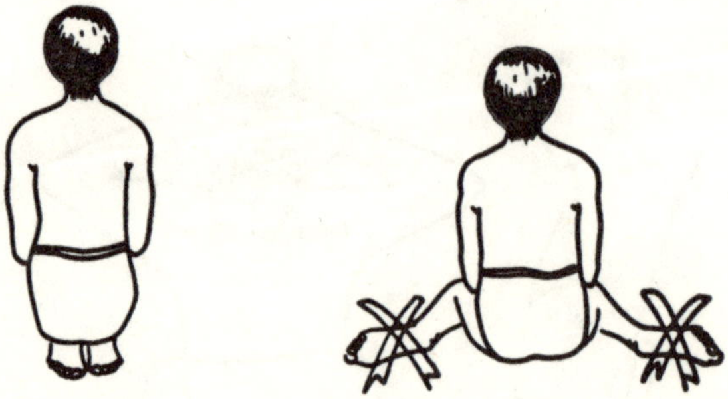

Étirement n° 8 (les cuisses de devant ou quadriceps, les genoux, les chevilles, tout en facilitant la décontraction des mollets qui peuvent ensuite être étirés plus aisément). Peu recommandé aux personnes ayant eu des problèmes aux genoux.

S'asseoir tout simplement sur les talons en veillant à être réellement assis sur les talons et ne pas avoir les pieds écartés!

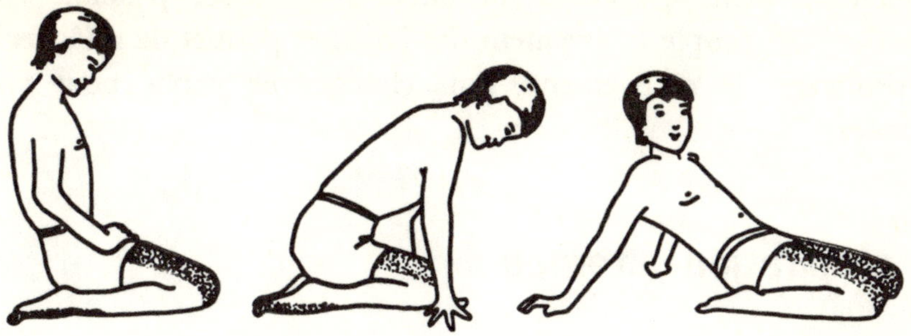

Une fois assis, laisser reposer les mains sur les cuisses. Si les chevilles sont trop tendues, se pencher vers l'avant, en appui sur les bras, les mains posées de part et d'autre des jambes, jusqu'à trouver une position plus confortable pendant vingt à trente secondes. Si au contraire on ne ressent pas d'étirement, se pencher vers l'arrière, les bras écartés.

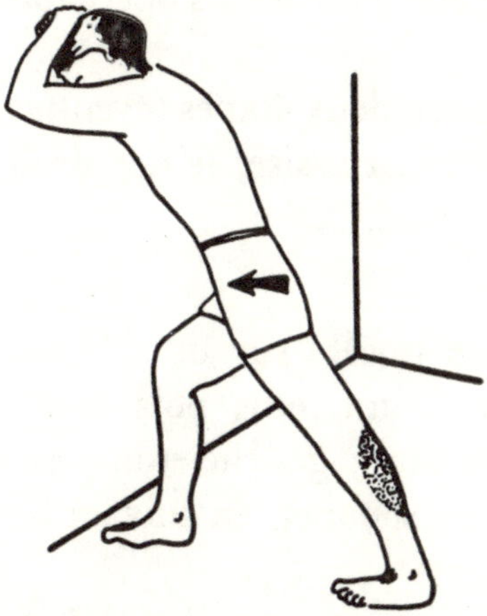

Étirement n° 9 (les mollets) : debout, se placer face à un mur sur lequel on appuie ses avant-bras, la tête posée sur ses mains jointes. Plier une jambe, de façon que le pied se trouve à quelques centimètres du mur. Tendre l'autre jambe vers l'arrière, la plante du pied bien à plat sur le sol, perpendiculaire au mur ou légèrement tourné vers l'autre pied (mais pas écarté!). Sans bouger les pieds, rapprocher lentement les hanches du mur. Garder la jambe tendue en maintenant bien le contact du talon avec le sol pendant vingt secondes. Un simple mouvement des hanches permet de relâcher ou de prolonger le mouvement. Puis changer de jambe pour vingt secondes.

La respiration alternée

Le troisième type de respiration, dite « alternée », a pour principal effet de régulariser les fonctions neuro-végétatives en équilibrant les systèmes parasympathique et sympathique [1] : les exercices de respiration « alternée » ou « polarisée » calment les enfants excités (sympathique trop dominant) et stimulent les enfants apathiques (parasympathique trop dominant).

D'après les yogis, cette polarisation de l'énergie se retrouve dans tout le corps et en particulier dans les narines : la gauche est négative, la droite positive; entre les deux s'opère tout le jeu de l'équilibre vital.

L'exercice se déroule en deux étapes (éventuellement trois), à partir d'une position de départ assise, le dos droit, le corps immobile.

Première étape

Dessiner un triangle isocèle sur un tableau ou sur une grande feuille de papier fixée à un mur, puis dire :

1. regarde l'angle de base à gauche et inspire en remontant le long du côté gauche jusqu'au sommet, en suivant bien le trait du regard (pause);
2. expire en descendant le long du côté droit (pause);
3. inspire en remontant le côté droit (pause);
4. enfin expire en descendant le côté gauche (pause).

Les phrases 1-2-3-4 constituent un parcours du triangle avec retour au point de départ.

1. Sympathique : partie du système neurovégétatif ou système nerveux autonome, dont le médiateur chimique est l'adrénaline et déclenche des activités brèves et intenses.
Parasympathique : partie opposée de ce système autonome, dont le médiateur chimique est l'acétylcholine et sert à la phase de récupération.

Après avoir fait effectuer quelques voyages en respirant le long des côtés du triangle (et après une longue pause), lui demander :

5. respire trois fois en suivant du regard les deux côtés du triangle en même temps.

Un cycle de respiration alternée

❶ : inspiration

❷ : expiration

❸ : inpiration

❹ : expiration

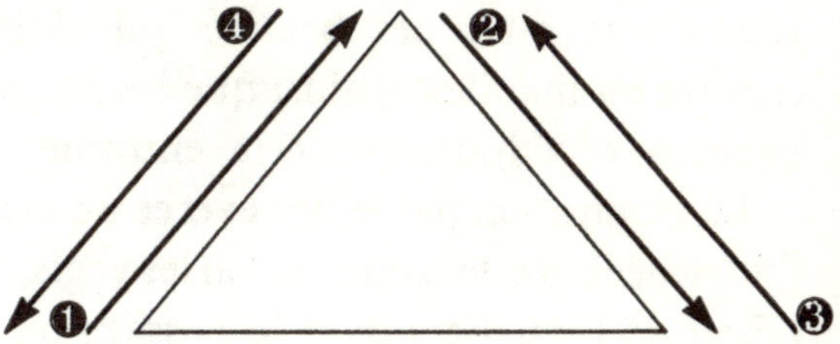

Deuxième étape

Demander de « mentaliser » le triangle : ferme les yeux et revois le triangle à l'intérieur de toi comme si les côtés du triangle coïncidaient avec tes narines et comme si le sommet était situé entre les sourcils (pause).

Demander à l'enfant de respirer comme précédemment en suivant bien le trajet des côtés : inspirer à gauche en 1, expirer à droite en 2 ; inspirer à droite en 3, expirer à gauche en 4 ; puis respirer trois fois en même temps par les deux narines, le long des deux côtés du triangle en 5.

Troisième étape (facultative)

Au bout de quelques mois, lorsque l'enfant aura bien assimilé le circuit respiratoire alterné dans les deux narines, on peut lui suggérer un temps de pause en apnée poumons pleins de deux secondes au sommet du triangle entre les deux sourcils.

Cet exercice de base de respiration alternée peut être pratiqué à tout moment (et à tout âge à partir de cinq ans !), notamment lorsque l'attention et la concentration ont particulièrement besoin d'être développées.

Respirez par le nez!

En règle générale pour ce qui concerne la manière de respirer de l'enfant, la respiration par le nez est la plus indiquée, et cela pour deux bonnes raisons :

Il est bien connu que la cavité nasale tempère et purifie l'air ambiant avant son entrée dans la trachée et les bronches. L'inconfort d'un nez bouché qui oblige à garder la bouche ouverte est manifeste, ainsi que les risques d'angines et de bronchites à répétition que cela entraîne.

La respiration par le nez exerce un massage sur le cerveau par l'intermédiaire des sinus. Selon les yogis, il existe un rapport entre l'éveil de l'intelligence et le passage du souffle par le nez. Par exemple, lorsque nous réfléchissons intensément, il est vrai qu'il nous arrive de renifler plus ou moins fortement. En témoignent aussi les enfants retardés mentalement dont l'une des caractéristiques les plus frappantes est leur respiration par la bouche.

Respirer un bon air

Les ions positifs d'oxygène ou oxions

Arthur fait allusion dans *Mon école buissonnière* à un appareil, le ioniseur ou ionisateur, que nous avions utilisé pour respirer le meilleur air possible grâce à la diffusion de ions négatifs d'oxygène ou oxions.

Sommairement, l'air, pour être respirable, doit contenir autant d'ions positifs que d'ions négatifs, de même qu'il ne doit pas contenir que de l'oxygène, mais aussi de l'azote (ou tout autre gaz biologiquement neutre). En fait, la teneur de l'air en oxygène est partout identique (21 %), même dans l'air pollué; ce qui varie c'est le nombre d'oxions dont dépendra la capacité de l'organisme à absorber l'oxygène par le sang : un oxion fait absorber 80 molécules d'oxygène!

L'action des ions positifs se ressent, par exemple, pendant la préparation d'un orage où l'atmosphère lourde et « électrique » provoque un certain malaise.

Inversement après l'orage, la pluie et les éclairs ont créé une quantité énorme d'ions négatifs, qui ont d'abord stabilisé l'état d'ionisation puis créé un surplus d'ions négatifs. L'atmosphère devient plus « respirable ».

De même, dans les endroits où l'air est pollué, confiné ou « conditionné », l'équilibre ionique est gravement altéré.

Dans le cas d'un air pollué ou confiné, les ions négatifs disparaissent et les ions positifs deviennent trop nombreux. En air « conditionné », les deux sortes d'ions disparaissent, absorbés par les filtres, les ventilateurs et les conduits : il ne reste plus dans l'air du local que les ions positifs exhalés par la respiration des occupants. Cela explique qu'on soit en général mal à l'aise, physiquement et mentalement, dans ces atmosphères-là.

Dans la nature, les ions négatifs ou oxions se trouvent en abondance dans l'atmosphère de certains sites : bord de mer, en forêt, en montagne (en moyenne altitude), près des cascades et des jets d'eau ou de toute forme de pulvérisation de l'eau (pluie, douche).

En bord de mer, où déferlent les vagues, la pulvérisation de l'eau crée, dans l'air, des oxions. Plus il y a des vagues, plus il y a d'oxions. Et à mesure qu'on s'éloigne du rivage et des vagues, l'air s'appauvrit en oxions, car ils sont vite détruits – surtout si, à l'arrière de la plage, circulent de nombreuses automobiles...

En forêt, la chlorophylle des feuilles vertes des arbres produit de l'oxygène ionisé, d'où la sensation de bien-être et de bonne respiration que l'on éprouve en forêt, surtout dans les forêts de pins et de conifères en général. La forme de leurs feuilles, en aiguilles, fait qu'à la moindre brise elles s'électrilisent et laissent échapper des électrons qui vont se fixer sur des molécules d'oxygène. Cette production d'ions négatifs d'oxygène (oxions) s'ajoute à celle de la chlorophylle. Lorsque nous habitions à Pau, pendant six ans, nous avons profité au maximum des bienfaits de la forêt des Landes voisine.

En montagne, les rayons ultraviolets du soleil, plus nombreux, créent des oxions et d'autant plus que l'on s'élève en altitude. Mais, à haute altitude, l'oxygène vient à manquer et, avec lui, les oxions (qui sont des ions d'oxygène!).

Les bienfaits d'une atmosphère chargée en oxions

Que ce soit au pied d'une cascade ou auprès d'un jet d'eau, on éprouve cette même sensation agréable et l'on respire à « pleins poumons », sensation qui n'est pas due seulement à la fraîcheur appréciée en été, car elle est ressentie également dans le froid de l'hiver. La cause en est l'abondance d'oxions créés par la pulvérisation de l'eau (effet Lénard).

D'où la même sensation avec la pluie, ou avec une bonne douche dont chacun peut apprécier l'effet à la fois vigorifiant et calmant. Cet effet caractérisant l'action des oxions est d'ailleurs utilisé en hydrothérapie.

Outre la sensation de bien-être dont on jouit dans les sites privilégiés que nous avons cités et qui sont, comme par hasard, les lieux de vacances les plus fréquentés – là où on va recharger ses accus –, les bienfaits pour la santé d'un air chargé en grande quantité d'ions négatifs sont nombreux pour les systèmes :

• respiratoire : toutes formes d'insuffisance respiratoire;

• neuro-végétatif : fatigue nerveuse, migraine, insomnie, et aussi manifestations allergiques;

• circulatoire : les oxions accroissent le nombre de globules rouges qui transportent l'oxygène dans tout le corps. D'où l'exploitation par les sportifs de haut niveau de ces fameux oxions par la course de résistance « fractionnée » en forêt, par exemple, qui consiste à effectuer des petits sprints à intervalles réguliers pendant une course à allure modérée (12 km/h). Les oxions augmentent en conséquence la capacité du travail musculaire et expliquent en outre l'effet euphorisant de la course de fond, le cerveau se trouvant abondamment oxygéné.

L'appareil diffuseur d'oxions : le ionisateur

Toute activité physique harmonieuse dans les sites bien pourvus en oxions apportera à l'enfant l'oxygénation indispensable à son bon développement global. Comme il n'est pas toujours possible de se trouver dans ces endroits privilégiés, on a créé un appareil qui est susceptible de produire ces fameux oxions et de les diffuser dans l'atmosphère d'un lieu clos et restreint comme une simple habitation.

Ce qui, à juste titre, a fait dire à Arthur dans son livre qu'il respirait chez lui un air pur et vivifiant, bénéfique pour l'activité intellectuelle puisque le cerveau – grand consommateur d'oxygène – s'y trouve particulièrement pourvu, tout en étant excellent pour le repos, la détente, et par conséquent pour la « forme » et la joie de vivre en général. Le ionisateur s'utilise soit par ionisation d'ambiance dans la maison (il existe également pour la voiture et se branche alors simplement sur l'allume-cigare), soit par inhalation pour les applications thérapeutiques. Il peut pour les modèles les plus puissants comporter jusqu'à 4 vitesses de ventilation. Il consomme très peu de courant électrique.

Suivant les modèles proposés dans le commerce, il diffuse plus ou moins d'ions/seconde (en milliards d'ions/seconde !). Son rapport qualité/prix se juge par conséquent par ce critère duquel va dépendre la concentration d'oxions par cm^3 d'air, ainsi que par la qualité de son service après-vente.

Pour donner un ordre d'idées, on peut considérer que l'ionisateur est efficace en ionisation d'ambiance avec, pour une hauteur de plafond normale :

– 7 000 milliards d'oxions à la seconde pour une pièce de moins de 9 m^2 ;

– 8 000 milliards pour une pièce de 9 à 20 m^2 ;

– 9 000 milliards et plus pour une pièce de 20 m^2.

Un autre critère d'appréciation est la portée de diffusion. A quelle distance les oxions diffusés sont-ils efficaces ? Cela peut aller de 3 m pour un ioniseur sans ventilateur d'une diffusion de 2 000 milliards d'oxions/seconde, à 6 m pour un ioniseur avec ventilateur d'une diffusion de 25 000 milliards d'oxions/seconde ; jusqu'à 10 m pour un ioniseur avec 4 vitesses de ventilation d'une diffusion de 100 000 milliards d'oxions/seconde!

Le bon air est précieux et devient en ville une denrée rare. Dans le choix d'un logement, ce devrait être un critère qui compte car les enfants ont vraiment besoin de respirer l'air le moins vicié possible. Il y va de leur santé physique et mentale, donc de leur avenir dans une certaine mesure.

La qualité de l'air forme avec le calme le duo de tête des critères qui ont toujours commandé notre choix d'habitation. Quitte à en payer parfois le prix et à effectuer des coupes dans d'autres postes de notre budget familial. C'est une question de priorité. Selon nous, et notamment pour le bien-être de nos enfants, respirer un bon air dans un cadre de verdure au milieu d'un quartier calme et silencieux, à deux pas du bois de Vincennes, est beaucoup plus important que d'avoir une voiture. C'est même vital.

BIEN SE REPOSER, BIEN SE CONCENTRER : LA RELAXATION ET L'ÉVEIL

Un enfant jouissant d'un bon équilibre psycho-affectif, et de surcroît bien nourri et bien oxygéné, c'est un enfant qui va déborder d'énergie! Cependant, cela ne suffit pas : cette énergie, pour qu'il en profite réellement, il faudra qu'il la canalise dans des actions positives et cela passe par une authentique éducation des sens.

Les personnes qui ont rencontré Arthur ou Kalvine disent que ce qui les frappe immédiatement chez eux, c'est leur regard qui exprime à la fois le calme, l'attention, la joie de vivre : en un mot la sérénité.

Cela paraît naturel, et ça l'est effectivement. Ce n'est que la traduction d'un mode de vie équilibré où les phases de stimulation sensorielle et de repos sont judicieusement alternées. Arthur et Kalvine agissent efficacement parce qu'ils se reposent efficacement.

Au total, ils passent finalement très peu de temps à « travailler », mais ils le font avec une « rentabilité » optimale. Ils ont pris l'habitude de fournir des efforts plutôt courts et intenses – beaucoup plus mobilisateurs et donc plus motivants – entrecoupés de pauses de « relaxation » importantes. Cela donne l'impression qu'ils ne font pas grand-chose, et pourtant...

En fait, ce qui menace le plus l'esprit, c'est l'ennui et le surmenage. Quand l'effort est trop long, même si ce que l'enfant fait est facile, il s'ennuie fatalement. Cette lassitude est l'ennemi de tout appétit, de tout dynamisme chez l'enfant.

D'autre part, exiger de lui un cumul d'efforts d'attention, de concentration, au moment où il est déjà saturé par des stimuli diffus – comme c'est malheureusement souvent le cas dans nos sociétés modernes, avec les multiples gadgets audiovisuels dont les enfants sont la cible privilégiée – c'est le condamner au surmenage. Donc au rejet de tout.

Par conséquent, pour bien faire chaque chose, il faut que l'enfant sache gérer son énergie dans le temps. Il existe des méthodes, presque toujours d'origine orientale et généralement issues du yoga, qui lui permettront, dans un premier temps, de « se débrancher » des stimuli extérieurs pour se ressourcer intérieurement, et dans un second temps de « se brancher » efficacement sur l'extérieur afin d'en retirer l'information essentielle, ce qui est capital pour l'action de son intelligence.

Le premier mouvement repose sur des méthodes de relaxation et de préparation à un bon sommeil réparateur. Et le second, sur des méthodes d'éveil et de concentration mentale.

Le repos

Savoir faire le vide : la fermeture des portes

Injecter de l'information en continu à un enfant sans lui laisser le temps de la « traiter » est un non-sens pédagogique. C'est le trop fameux « bourrage de crâne » qui, comme son nom l'indique, finit par abrutir. Un temps de repos est donc nécessaire afin que l'apprentissage se fasse efficacement.

Les scientifiques ont confirmé cette règle de bon sens à l'aide de la technologie d'imagerie médicale. Les radio-isotopes ont en effet permis d'observer les variations de la circulation sanguine dans le cerveau : une activité mentale donnée se caractérise par un afflux de sang dans une zone particulière du cerveau, et ces modifications sont traduites par des images projetées sur écran au moyen d'un ordinateur.

On constate qu'un sujet au repos, qui ne voit rien, n'entend rien et ne bouge pas, a toute une partie du cerveau, les lobes frontaux, en activité. Cela veut dire que le cerveau au repos continue de fonctionner dans cette partie des lobes frontaux, siège du traitement de l'information, une fois que celle-ci n'est plus perçue.

Il faut par conséquent savoir « faire le vide afin de faire le plein ». L'enfant peut y arriver grâce à un exercice parmi de nombreux autres, très simple à exécuter : celui de la « fermeture des portes », particulièrement recommandé pour se reposer du bruit à tout moment.

La fermeture des portes

Position de départ : assis, dos droit.

Demander à l'enfant de bien vous regarder et de bien vous écouter sans vous imiter pendant que vous lui montrez l'exercice en le commentant :

« Suppose que notre tête est une maison et que nos yeux et nos oreilles en sont les portes :

1. pour reposer les yeux, on peut fermer les paupières et poser très doucement les index sur la ligne des cils;

2. pour ne plus rien entendre, on peut fermer les oreilles avec les pouces;

3. pour reposer la langue, on la replie légèrement en arrière contre le palais, bouche fermée;

4. quand tu auras fermé tes portes, tu entendras très bien ton souffle, comme des vagues sur le sable de la plage. Tu compteras jusqu'à sept vagues. Puis, doucement, tu retireras les mains et tu ouvriras les yeux. »

Reposer ses yeux : le palming

Arthur fait allusion dans son livre à l'exercice du palming issu de la méthode anglo-saxonne de gymnastique des yeux du docteur Bates, exercice également très simple, et qui est spécifiquement recommandé pour le repos des yeux à tout moment. Notamment pour une pause nécessaire pendant une longue lecture, ou encore durant l'écran publicitaire (la pub!) quand l'enfant regarde la télévision...

De nos jours, près de 75 % du recueil des informations de l'individu se fait par la vue, notamment lors du traitement de l'information écrite. Ainsi, les yeux sont mis à rude épreuve. D'où la nécessité de les ménager de façon à éviter cette tension visuelle due à la fatigue oculaire, qui est le plus souvent responsable de la fatigue nerveuse, qui à son tour affaiblit l'acuité visuelle, ce qui occasionne un effort supplémentaire qui va renforcer la tension, et ainsi de suite.

L'exercice du palming peut être complété par d'autres dispositions comme celle de veiller à ciller régulièrement (au moins toutes les quatre secondes) en permanence afin d'éviter d'avoir un regard fixe « perdu dans le vague ». Ou de presser les yeux en fermant fortement les paupières durant cinq secondes, avant de les ouvrir tout grands cinq secondes (à répéter trois fois), ce qui permet d'irriguer les globes oculaires et tonifie la vision (excellent avant de lire, par exemple).

Le palming

Position de départ : confortablement assis, dos droit.

Demander tout simplement à l'enfant de pratiquer la respiration « consciente » durant trois à cinq minutes, le visage reposant sur la partie charnue des paumes, les mains couvrant les yeux fermés (et relaxés) pour ne plus voir que du noir – la pensée vide de tout stimulus.

N.B. : le terme palming vient du mot français « paume ».

S'endormir

Dans *Mon école buissonnière*, Arthur parle encore de relaxation pour dénouer toute tension dans le corps, ce qui est indispensable pour se préparer au sommeil. L'exercice le plus recommandé à cet effet est un exercice d'étirement musculaire total du corps, aussi simple que rapide à effectuer.

Relaxer tout son corps pour bien dormir

Position de départ : confortablement couché sur un sol doux ou sur le lit, les bras allongés au-dessus de la tête.

1. Demander à l'enfant d'étirer au maximum durant cinq secondes, ses bras et ses jambes. Ce qui crée une crispation de tout le corps (l'encourager s'il le faut en lui disant « on tire, on tire au maximum ! ») ;

2. puis lui demander de tout lâcher comme s'il était une marionnette disloquée.

Faire une pause. Répéter la séquence trois fois.

Pour les enfants d'un âge plus avancé, les adolescents et même les adultes, voici une méthode supplémentaire, formidablement efficace pour s'endormir : « la chasse aux images ».

« La chasse aux images »

Une fois installé dans votre lit, après avoir effectué l'exercice précédent et bu une tisane pour dormir (voir page 176), chassez systématiquement et au fur et à mesure qu'elles apparaissent les images qui défilent sur votre écran noir intérieur. Vous ne vous apercevrez même pas de votre endormissement.

La chasse aux images est une technique mentale naturelle qui devrait permettre à beaucoup de personnes de s'endormir en paix sans avoir recours aux somnifères qui, notamment pour les enfants, ont des effets secondaires redoutables dont on n'a pas fini de mesurer les conséquences sur le psychisme.

Dispositions pour bien dormir

1. Prendre un repas facilement digeste, exempt de tout excitant (épices, chocolat, alcool, café, etc.);

2. après le repas, prendre un bon bain calmant aux plantes durant lequel l'enfant aura l'occasion de jouer tranquillement avec l'eau;

3. boire une tisane pour dormir (voir page 176);

4. se livrer ensuite à une activité reposante comme la lecture, avec un parent pour les petits; éviter tout jeu qui pourrait relancer le processus d'éveil du type « guili-guili » ou « bagarre de pelochons » (ce qui à l'inverse est excellent le matin au réveil);

5. se mettre au lit (pas avant une heure trente après le repas), éteindre les lumières, faire des étirements pour relaxer tout le corps, et si besoin « chasser les images ».

N.B. : les tout-petits ont parfois besoin d'être rassurés. Il faut devancer leur appel par des mots tendres, des câlins, mais ne pas rester à leur chevet car cela risque de créer chez eux de mauvaises habitudes. Il suffit de leur dire que vous êtes là, juste à côté (éventuellement en laissant une veilleuse allumée).

Ces moyens doivent permettre à chacun de trouver le sommeil, quelle que soit sa situation. Comme il est rapporté dans *Mon école buissonnière*, nous avons tous les quatre traversé une terrible « galère » durant près d'une année. Malgré tout, malgré l'état dépressif de Dadou lorsqu'elle allait accoucher de Kalvine, nous n'avons jamais eu recours au moindre médicament, notamment pour bien dormir. La nature – outre bien sûr l'amour qui nous unissait tous les quatre – nous a fourni les ressources nécessaires pour traverser l'épreuve « sains et saufs ».

La concentration

La dispersion mentale

Un problème psycho-affectif

La plupart des enseignants sont unanimes pour désigner la « dispersion mentale » comme le mal qui sape l'énergie des générations montantes. Elle serait le responsable majeur de l'échec ou de la difficulté scolaire. Combien d'enfants souffrent en effet de ne pouvoir soutenir une attention suffisante à l'école, de ne pouvoir développer une concentration à la hauteur de l'effort qu'on leur demande de fournir pour leur formation en général.

Cet état de déstabilisation psychologique commun à beaucoup d'enfants prend généralement sa source dans un équilibre psycho-affectif faisant dramatiquement défaut. Nous avons vu combien le rôle de la famille était capital dans l'établissement de cet équilibre. Et l'on constate en effet que la grande majorité des enfants qui rencontrent des difficultés scolaires rencontrent également des difficultés familiales. Cela nous conduit à avancer que l'éducation d'un enfant doit d'abord se faire par sa famille en ce qui concerne la maturation de sa personnalité, puis par l'instruction scolaire en ce qui concerne le développement de sa culture.

Les familles ont donc la responsabilité sociale et morale de présenter aux enseignants des élèves préalablement équilibrés sur le plan psycho-affectif, et les enseignants celle de leur donner une formation efficace qui les prépare à une vie adulte épanouie. Les drames humains extrêmes qui touchent les zones d'éducation difficiles où la violence préfigure parfois le chaos ne font que témoigner de la carence éducative des familles que ne peut pas toujours pallier le corps enseignant.

L'exemple des émeutes de Los Angeles en mai 1992 illustre jusqu'au paroxysme ce que peut représenter, ici par défaut, la famille. Sur dix enfants noirs qui naissent dans les quartiers du centre de Los Angeles où ont eu lieu les émeutes, six ont pour mères de très jeunes filles dont les compagnons disparaissent dans la nature.

Ces enfants – nous parlons des garçons qui se livrent aux actes de violence – ne connaissent pas de père, ont une mère qui est trop jeune pour être symboliquement leur mère puisque, livrés très tôt à la rue et à son régime de caïdat, eux les petits garçons sont déjà, à dix ans à peine, des hommes. D'autant plus « hommes » qu'ils auront tué de sang-froid un ennemi. D'autant plus hommes qu'ils auront peu de chance de dépasser la trentaine. Tout le monde aura vu sur les écrans de télévision cette vision d'apocalypse d'une violence juvénile terrifiante.

Le « constat » est un engrenage affolant : pas de famille = pas d'éducation = pas de travail = pas de ressources = pas d'insertion sociale = trafic de drogue = violence = chaos.

Le chaos, ce sont ces images d'après les émeutes qui ressemblent à un « mauvais rêve », quand personne ne sait vraiment comment cela a pu se passer. Ce qui est flagrant dans ce cauchemar, c'est finalement toute l'innocence de ces *kids*. Car ce scénario n'est que l'expression d'une quête éperdue et tragique du « père » – du père lui-même, ou d'un adulte qui remplisse cette fonction initiatique, un oncle, un grand-père, un éducateur, etc. – qui a si douloureusement manqué : de son « autorité » chaleureuse, de sa « légitimité » symbolique. Pour un enfant, le père fait loi : sans père, pas de loi. Sans loi, pas de société possible.

Aussi, si les familles ont la responsabilité première et majeure d'éduquer les enfants, il serait juste d'ajouter que la société, elle, a le devoir de donner aux familles les moyens d'éduquer leurs enfants. La société a donc le devoir d'aider en priorité les familles en butte aux difficultés d'insertion sociale avant que les enfants de celles-ci ne soient récupérés par une autre logique, celle du chaos. C'est ce qui a sans doute manqué à Los Angeles. Et cela ne touche pas que Los Angeles et ses quartiers chauds.

Une surexcitation stérile

Une fois l'équilibre psycho-affectif atteint chez l'enfant, reste que l'environnement moderne sollicite à l'excès celui-ci, jusqu'à créer chez lui un état de surexcitation mentale proche parfois de l'agitation.

Il faut autant que possible préserver l'enfant de ce qui est un danger pour son équilibre global et son développement. Quitte à le frustrer sur le moment, dans le cas où, voulant avoir ce qu'ont les copains, il se voit, par exemple, privé d'un gadget à la mode. Certains gadgets se retrouvant parfois élevés jusqu'au rang de « véritable phénomène de société »! Un enfant éduqué avec attention et dans le dialogue ouvert et permanent saura la plupart du temps se faire, à terme, une raison quant à cette privation. Car la confiance – mutuelle – que parents et enfants cultivent dans cette relation intime doit pouvoir se révéler plus forte que la mode ou toute autre pression extérieure.

Le recentrage

Ce danger de dispersion mentale appelle impérativement un recentrage. Il faut autant que possible placer l'enfant dans un environnement calme, détendu, où la joie de vivre respire la sérénité.

Malheureusement, beaucoup confondent encore euphorie et hystérie. Là où l'on crie, là où l'on vocifère à s'en perforer les tympans, n'est pas forcément là où l'on s'amuse le plus. Par exemple, il ne faudrait pas que l'enfant fasse un complexe, jusqu'à devoir trouver drôle et « géniale » telle ou telle vedette bruyante du petit écran et imiter systématiquement ses pitreries ou autres obscénités courues pour se faire une place au milieu des copains. Rester ainsi l'otage d'un conformisme ambiant paralyserait sa créativité personnelle.

Il faut au contraire qu'il apprenne à être lui-même, à s'imposer par ses propres qualités et non en empruntant les défauts des autres. Un enfant qui prend peu à peu confiance en lui pourra plus facilement se protéger des « parasites » qui le détournent de l'essentiel, à savoir lui-même et ce qu'il fait. Il comprendra l'intérêt qu'il y a pour lui à « se recentrer », afin de rassembler son énergie pour la concentrer – tel un rayon laser – sur un objectif précis et tirer un maximum de réussite et de jouissance de son action.

Pour l'y encourager davantage, voici trois petits exercices classiques destinés à « se recentrer » : l'image positive pour l'humeur générale, le jeu d'écoute et de silence pour recentrer l'écoute, le cercle magique pour recentrer l'activité visuelle.

L'image positive

Position de départ : la même que pour le palming.

Après avoir fait trois minutes de palming, projeter sur l'écran noir intérieur des images de bonheur qui vous ont marqué. Cela peut être des images de vacances au bord de la mer, avec un ciel splendide, du soleil, des vagues, etc., ou des images de montagne, de ski, avec des copains, des copines, etc.

Chaque fois qu'on a besoin de se remonter le moral effectuer cette autoprojection d'images positives après avoir dans un premier temps obtenu un écran noir, vierge de tous stimuli parasitaires.

Le jeu d'écoute et de silence pour développer l'écoute

Position de départ : la même que pour le palming.

1. Écouter les bruits lointains qui viennent par exemple de la rue, globalement puis dans le détail (pause de trente à quarante secondes) ;

2. écouter les bruits plus proches, qui viennent de l'intérieur de la maison, toujours globalement puis dans le détail (pause de trente à quarante secondes) ;

3. écouter ce qui se passe dans la chambre silencieuse où vous êtes installé. En principe, vous n'entendrez que votre propre souffle (pause) ;

4. rendre sa respiration plus profonde, et écouter en soi son propre souffle comme le bruit de la mer et des vagues. Compter sept vagues (pause) ;

5. sentir le souffle très doux dans les narines, puis ôter doucement les mains des yeux, se masser légèrement les tempes vers le haut une bonne dizaine de fois, se frapper les poignets avec la paume des mains une petite minute.

Le cercle magique pour développer l'attention visuelle

Position de départ : la même que pour le palming.

1. Fixer son regard pendant cinquante secondes sur le centre de la roue sans se crisper en se disant simplement : « Mes yeux restent fixés sur le point central sans bouger d'un iota »;

2. inspirer puis, en expirant, déplacer soudainement le regard vers la droite sur le petit point noir : normalement vous verrez apparaître l'image rémanente. Stabilisez-la autour du point.

Si rien ne vient, clignez un peu les yeux;

3. fermer les yeux, détendre les paupières et stabiliser à nouveau l'image rémanente sur l'écran intérieur. Elle va disparaître peu à peu.

Si vous ne voyez rien, contentez-vous de regarder l'écran intérieur, derrière la paroi du front.

Une variante amusante de cet exercice est celui qui fournit non seulement l'image rémanente de l'objet fixé mais également sa couleur « complémentaire ».

Exemple : après avoir fixé attentivement durant cinquante secondes et en son centre un triangle rouge vif (toute la surface étant colorée) sur une grande feuille blanche, déplacer soudainement le regard sur un petit point noir situé au centre

Le cercle magique pour développer l'attention visuelle
(suite)

d'une grande feuille blanche : normalement, vous verrez apparaître l'image rémanente du même triangle en vert pâle (complémentaire du rouge vif).

Un jeu consiste à demander à différentes personnes de fixer, chacun sur sa grande feuille blanche, un triangle rouge pour l'un, un carré bleu pour l'autre, un disque jaune pour un troisième. Choisir des couleurs vives de préférence.

Lorsque, après cinquante secondes, ils auront tous les trois soudainement fixé le même petit point noir sur la même grande feuille blanche : normalement, le premier verra l'image rémanente du même triangle mais en vert, le deuxième celui du même carré mais en rose, le troisième celui du même disque mais en mauve. Un truc assez magique !

C'est ainsi que fut définie scientifiquement la complémentarité des couleurs par le chimiste français Eugène Chevreul (1786-1889).

Le trac

Le fameux trac paralyse toutes les facultés au moment où il ne faudrait pas, notamment lorsqu'on passe un contrôle ou un examen. Voici comment vaincre le trac en ayant recours à des moyens aussi simples qu'efficaces.

Comment vaincre le trac

1. faire une bonne séance de respiration « complète » (voir p. 184) ;
2. faire quelques étirements musculaires (voir p. 190) ;
3. et surtout, masser à l'aide de la pointe d'un stylo bille (ou avec la pulpe du pouce) les points d'acupuncture indiqués sur

Comment vaincre le trac *(suite)*

les schémas, dans le sens de l'aiguille d'une montre en allant de la périphérie vers le centre (pour les tonifier).

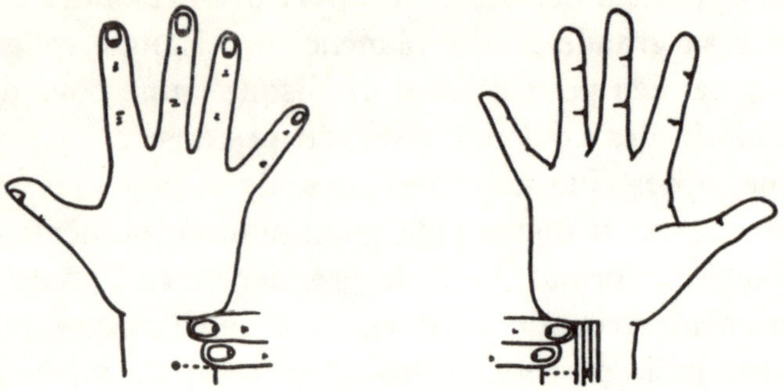

L'éveil

Le Do-In

Comment mettre efficacement en éveil l'énergie qui circule en nous : c'est le domaine du Do-In, une méthode d'automassage fondée sur les principes d'équilibre du yin et du yang de la médecine traditionnelle chinoise.

Le Do-In sert à la fois à remettre de l'ordre dans l'organisme – fonction diagnostique et thérapeutique que nous n'aborderons pas ici – et à capter, par les 360 points d'acupuncture, l'énergie universelle – appelée ki – que l'on fait ainsi circuler dans le corps par l'intermédiaire des 12 méridiens d'acupuncture.

La pratique quotidienne du Do-In, bénéfique dès l'âge de deux-trois ans pour les enfants, mais aussi pour les adultes, contribue à optimiser la libre circulation de cette énergie ki, ce qui rend l'enfant réceptif à ce qui se passe en lui et en dehors de lui. Le Do-In est une simple technique d'éveil, qui augmente l'acuité sensorielle de l'enfant, stimule ses facultés d'intuition, d'anticipation et de création, élève son niveau de vigilance.

Les exercices d'éveil du Do-In (version simplifiée)

Les exercices se font en deux parties : on tapote d'abord le corps, puis on masse le visage.

Les mains sont les seuls outils du Do-In. C'est donc par elles que la séance commence.

1. Il faut les frotter l'une contre l'autre et les tapoter de façon à capter l'énergie, comme si on voulait les réchauffer ;

2. les secouer comme si on voulait s'envoler ;

3. puis tapoter comme si on applaudissait tout le corps, en insistant aux articulations (poignets, coudes, épaules, hanches, genoux, chevilles, pour les doigts et les orteils plier en flexion puis en extension) afin que l'énergie circule partout librement, et dans l'ordre suivant :

– le bras gauche, puis le bras droit, en remontant vers l'épaule ; puis la poitrine avec les deux mains ;

– ensuite descendre en tapotant sur les côtes vers l'abdomen, le pubis, l'intérieur des cuisses, des jambes ; le coup de pied, la plante des pieds (insister plus longuement à cet endroit) ;

– de là, remonter en tapotant l'arrière et l'extérieur des jambes, puis des cuisses, les hanches, les reins, et le bas du dos (demander à quelqu'un de vous tapoter le haut du dos) ;

4. refrotter, retapoter, resecouer les mains avant de :

– fermer les poings et de tambouriner le crâne avec (compter mentalement jusqu'à 20) ;

– masser le visage dans le sens indiqué : avec la paume des mains en remontant le long des maxillaires vers les pommettes, avec l'index en descendant le long du nez (compter jusqu'à 10) ;

Les exercices d'éveil du Do-In
(version simplifiée) *(suite)*

– frotter les oreilles vers le haut (dix fois) puis les tirer vers le haut et vers le bas (trois fois de suite) comme indiqué ;

– prendre les cheveux à pleines mains et les tirer sans se faire mal (compter jusqu'à 5) ;

– masser en appuyant légèrement circulairement avec les pouces la partie située sous le lobe de chaque oreille (compter jusqu'à 10) ;

– masser en appuyant légèrement les gencives de la mâchoire supérieure et inférieure avec le bout des dix doigts, au centre dans l'axe du visage sous le nez et au-dessus du menton (compter jusqu'à 30 pour chaque mâchoire) ;

– et masser en appuyant légèrement le menton vers l'arrière (compter jusqu'à 10).

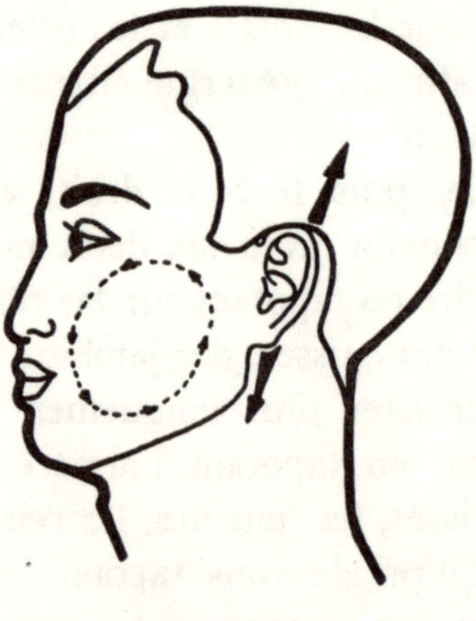

Le rire

En complément du Do-In, il est bon de rire. Oui, vous avez bien lu « rire ». Le rire a été étudié le plus sérieusement du monde par les scientifiques. Voici en substance ce qu'ils en disent, et ce n'est pas triste :

« Phénomène réflexe, le rire provoque un effet très particulier de contraction et de relaxation intenses et simultanées. Après une accélération du système nerveux sympathique, il provoque la prédominance du parasympathique, le frein organique qui réduit les tensions, entraînant ainsi une cascade d'effets bénéfiques :

• rire met en jeu la plupart des muscles du visage et de tout le corps : les épaules sont secouées, la tête n'est plus fixée et se balance, mains et jambes se relâchent. Une détente totale jusqu'aux sphincters (on en fait pipi !) ;

• rire mobilise profondément la cage thoracique, forçant à expirer de tout son soûl. La durée des temps respiratoires rejoint les préceptes du yoga : l'expiration devient deux fois plus longue que l'inspiration et la pause entre les deux temps est largement augmentée. Non content de nettoyer les bronches, un rire franc et massif peut faire céder une crise d'asthme, maladie due à un excès de sympathique. La respiration du rire est une bonne respiration qui lutte contre l'alcalose et diminue l'anxiété ;

• choc neurovégétatif, le rire bénéficie au système cardio-vasculaire : grâce à la prédominance parasympathique qui suit une séance de rire, le cœur demeure ralenti et la tension artérielle baisse. Le brassage hépatique, l'augmentation des échanges pulmonaires tendent à abaisser les graisses du sang et normalisent le métabolisme du cholestérol, prévenant ainsi le risque d'infarctus ! ;

• gymnastique abdominale réalisant un massage en profondeur du tube digestif, le rire est un des meilleurs moyens naturels de déconstiper. Littéralement ! Foie, pancréas, toutes les glandes augmentent leurs sécrétions. La rate se décontracte (d'où l'expression « se dilater la rate »), et lorsqu'on sait que cette glande préside à la libération des anticorps et au tonus de notre système immunitaire, on comprend que le rire soit guérisseur ;

• la neurophysiologie démontre que le rire stimule les centres du plaisir. Dans le cerveau, le centre du rire est localisé sur le cortex préfrontal de l'hémisphère droit, hémisphère " émotionnel " que notre mode de vie rationnel ne cultive pas assez. Sa stimulation libère la production cérébrale de catécholamines qui sont les hormones de l'éveil et augmentent la production d'endorphine, les morphines naturelles qui agissent contre la douleur. »

Ainsi une seule minute de rire équivaut à quarante-cinq minutes de relaxation avec tous les bénéfices que cela suppose!

Autant provoquer ce réflexe du rire en écoutant ses comiques favoris, en lisant des histoires drôles, en regardant des gags, des dessins animés, ou, pourquoi pas, par des stimuli mécaniques : chatouiller l'intérieur du nez avec une plume, par exemple, provoque le rire. Autres zones « gélogènes » (qui provoquent le rire) bien connues : le menton (je te tiens, tu me tiens par la barbichette...), les aisselles, les flancs, la plante des pieds.

Pour aider les récalcitrants, voici le truc infaillible – et physiologiquement vérifié – qui déclenche le réflexe du rire à coup sûr : inspirer pendant deux à trois secondes, retenir son souffle cinq à dix secondes, puis expirer de façon saccadée pendant cinq à dix secondes! Imparable! et Dieu sait si ça fait du bien...

Chaque famille devrait cultiver son humour propre, avec ses codes, ses connivences, son langage. Cela crée un lien très particulier. Une sorte d'identité culturelle de la famille s'esquisse, ce qui est bon pour l'enfant, pour sa confiance en lui-même. Et pour l'atmosphère d'un foyer, c'est vital. Chez nous, le rire a toujours été présent, même dans les moment les plus tragiques! Arthur a toujours cultivé un grand sens de l'humour, notamment avec le langage et dans l'imitation satirique. Kalvine semble avoir pris le même pli. Elle a toujours été une « petite coquine ».

Un bon réveil

Le Do-In et le rire s'inscrivent parfaitement dans le programme d'un bon réveil matinal que voici, et dont la première règle est de prendre son temps :

1. rester au lit en position allongée, bâiller et s'étirer comme un petit chat. S'étirer aussi le cou en rotation lente, cinq fois dans chaque sens. C'est un moment de plaisir délicieux qu'il faut absolument prendre le temps de goûter! (durée : cinq minutes).

En restant dans cette position allongée, l'enfant pourra même se souvenir de ses rêves, notamment de celui qui a précédé son réveil. Le fait de pouvoir le raconter soulagera son esprit et le rendra plus disponible pour la journée, tout en cultivant l'intimité avec le ou les parents qui l'écoute(nt) (durée : dix minutes) ;

2. se mettre en position assise sur le lit, et boire un verre d'eau minérale ou de source naturelle (durée : une minute), puis pratiquer la respiration « consciente » (durée : deux minutes) ;

3. faire son Do-In, quelques étirements et, en complément (ou à la place si l'on préfère quand le temps manque), une petite séance de rigolade (durée : cinq à dix minutes, selon le temps dont on dispose) ;

4. presser les yeux en fermant fortement les paupières durant cinq secondes puis les ouvrir tout grands durant cinq secondes. Le faire trois fois de suite (durée : trente secondes) ;

5. avec la bouche grande ouverte, dire en cadence « o » puis « x » cinq à dix fois (O-X-O-X, etc.) en étirant au maximum la bouche ; puis « a » et « u » (A-U-A-U, etc.) cinq à dix fois également (durée : trente secondes) ;

6. se rincer la bouche puis s'habiller (durée : cinq minutes) ;

7. prendre son petit déjeuner, tranquillement, dans le calme et la bonne humeur (durée : quinze à vingt minutes) ;

8. pour ceux qui vont à l'école, revoir rapidement ce qu'il y avait à apprendre ou ce qui sera abordé (les affaires à emporter devant être préparées la veille avant de se coucher !) (durée : cinq à dix minutes) ;

9. se brosser les dents, puis s'étirer une dernière fois le cou en respirant bien, avant de partir fin prêt pour attaquer la journée, avec tout ce qu'il faut dans son cartable (durée : cinq minutes).

Soit au total une bonne heure afin de donner à l'organisme le temps nécessaire pour être effectivement réveillé et ainsi parfaitement opérationnel – en pleine forme – pour toute la journée !

Le démarrage d'une journée pour l'enfant – surtout aussi longue que peut l'être une journée à l'école – en est la phase clé, celle qui va lui donner le bon tempo. Un bon réveil est tout aussi important qu'un bon sommeil ! Il est par conséquent essentiel de s'appliquer au maximum sur ce point capital. C'est un peu, toutes proportions gardées, comme l'enfance pour l'ensemble d'une vie, l'instant du réveil, le moment où les yeux s'ouvrent, équivalant à celui de la naissance.

Les biorythmes

Trois cycles fluctuants

En supposant qu'on ait fait ce qu'il fallait pour avoir le plein d'énergie, celle-ci peut-elle rester constamment au plus haut niveau ?

La théorie des biorythmes répond que « non » en avançant l'idée suivante : la vie de tout individu est réglée par les fluctuations de trois cycles – physique (vingt-trois jours), émotif (vingt-huit jours), intellectuel (trente-trois jours).

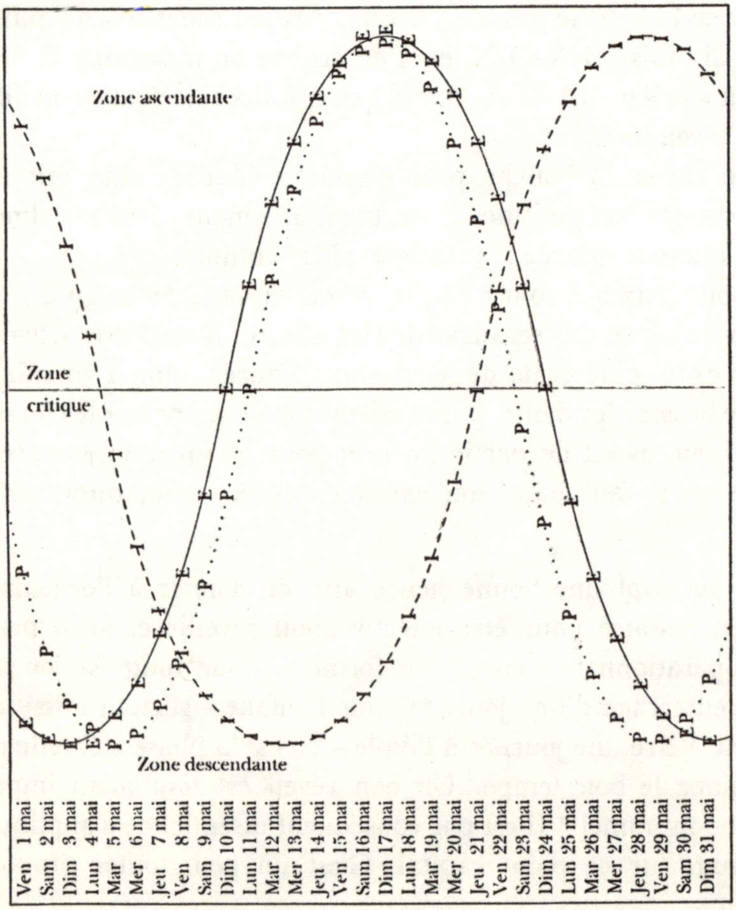

Le jour de la naissance, les trois cycles seraient au point médian. Chaque cycle aurait une phase ascendante ou de « décharge », correspondant au rendement optimal de soi-même, et une phase descendante ou de « recharge », correspondant à une période de récupération. Le passage de la courbe au point médian, en début et milieu de cycle, étant la zone dite « critique » où l'individu serait instable avec le plus souvent des réactions négatives. Cette période serait par conséquent peu propice aux initiatives importantes.

Il existe un second volet de la théorie des biorythmes qui est le tableau de « compatibilité » entre individus selon leurs cycles – physique, émotif, intellectuel –, toujours calculés à partir de leur date de naissance respective.

Le graphique des biorythmes est depuis quelques années facilement accessible, soit sous forme de « règle de biorythmes », soit sous forme de logiciel informatique du « domaine public » vendu à un prix modique (voir fiche d'information en fin d'ouvrage). Ces deux formules très pratiques permettent à chacun de disposer instantanément de son graphique de biorythmes à tout moment, depuis le jour de sa naissance jusqu'à n'importe quelle période du futur, puisque les courbes sont « perpétuelles ».

La théorie des biorythmes est surtout utilisée dans le milieu du sport de haute compétition, pour établir les programmes d'entraînement, mais aussi pour former les équipes dans les sports collectifs où la compatibilité des partenaires est un facteur prépondérant. C'est pour la même raison qu'elle est prisée dans la gestion des ressources humaines de certaines entreprises.

Usage quotidien des biorythmes

L'intérêt pour l'enfant réside naturellement dans la gestion de son programme global, qu'il s'agisse d'études, de sports ou de jeux. Son effort sera dosé en fonction des phases d'ascendance ou de récupération de chacun des cycles. L'adulte pouvant faire de même suivant ses propres activités professionnelles, ses loisirs.

Il est bénéfique aussi pour l'enfant de connaître à l'avance sa situation biorythmique à une période, voire à une date donnée, à l'occasion d'examens par exemple. Ainsi, si au jour de l'examen, la situation indique un sommet « ascendant » sur le plan émotif et un point « critique » descendant sur le plan intellectuel, cela signifie qu'il faut être extrêmement vigilant car on risque d'avoir une tendance à l'euphorie. C'est ce qui arrive au candidat qui pense avoir bien travaillé et se retrouve avec une note aux antipodes de ses espérances à cause, par exemple, d'un énorme « hors-sujet » dans une dissertation, ou d'une erreur monumentale de calcul en maths ou en physique, etc. Cela vaut aussi pour un adulte : il n'est pas conseillé de conclure une affaire importante dans une situation biorythmique de ce genre, ni de faire un marathon ou un effort physique éprouvant si le cycle physique appelle, soit à la récupération en phase « descendante », soit à la prudence en phase critique !

2

DONNER DE L'ENTHOUSIASME A VOTRE ENFANT : LES RESSOURCES PSYCHOLOGIQUES

Nous avons vu l'importance fondamentale pour un enfant d'un bon équilibre *psycho-affectif* : c'est le socle de toute une existence qui se bâtit en quelques années, les toutes premières.

Nous avons aussi pu apprécier l'impact formidable de l'énergie et son aspect *psycho-physiologique*. Non seulement l'énergie peut être augmentée, mais aussi – et surtout – elle peut être mieux canalisée afin que l'enfant se développe avec harmonie. Cela s'accorde avec efficacité et joie de vivre. C'est la ressource de base nécessaire pour la pensée et l'action.

Il existe une troisième dimension de la personnalité : la dimension *psycho-sociale*, où s'élabore le projet de vie et se développe la motivation personnelle pour que l'enfant progresse avec succès. C'est ce qu'on appelle plus simplement une « raison de vivre ».

Force est de constater qu'il est difficile pour n'importe qui d'avoir une raison de vivre et de se motiver pour elle si l'énergie manque et l'équilibre fait défaut. En revanche, lorsque ces deux facteurs sont bien en place, il est tout aussi difficile de ne pas en avoir. Encore faut-il que l'enfant trouve dans son cadre familial le soutien nécessaire à son projet.

AIDER VOTRE ENFANT À S'ORIENTER

De nombreuses familles se trouvent confrontées à ce redoutable dilemme : l'enfant va-t-il s'orienter selon son propre désir ou selon celui des parents. D'un côté le goût, soit l'idée du moment, soit le sentiment d'une réelle vocation. De l'autre, le réalisme social renforcé par le spectre du chômage. C'est ainsi qu'aujourd'hui, avec l'évolution économique, on peut constater de curieux paradoxes. Dans une famille où un enfant de dix ans voudrait par exemple être médecin, vocation traditionnellement plutôt bien accueillie par tous les foyers, les parents, parfois médecins eux-mêmes, peuvent craindre que ce choix ne soit plus économiquement aussi confortable pour une durée d'études aussi longue, et tenter de l'en dissuader.

Ont-ils raison, ont-ils tort ? La « bonne » réponse, et par voie de conséquence la solution du problème, réside dans la capacité de la famille à dialoguer en profondeur avec l'enfant. Le rôle des parents étant d'informer le plus complètement possible, que ce soit pour susciter ou pour dissuader (quand les options mènent à des issues illusoires). Celui de l'enfant de rêver, mais aussi d'argumenter et d'assumer son choix, puisque c'est à lui que revient tout de même de décider de ce qu'il veut faire de sa vie.

Arthur a décidé, à l'âge de huit ans, de faire une carrière de chercheur en mathématiques. Nous lui avons simplement dit que :

– matériellement, il ne ferait pas fortune. Il serait pratiquement « arnaqué » puisque, compte tenu de son niveau de compétence et des plus-values que pourraient « rapporter » ses travaux, le chercheur scientifique gagne vraiment très peu ;

– s'il était motivé par la gloire, comparée à celle d'un sportif ou d'une vedette du Top 50, la sienne serait dérisoire tant les exploits scientifiques sont réduits dans les médias à la plus stricte confidentialité ;

– restait le plaisir. Le sien. A ce sujet nous avons été clairs : nous n'allions pas le « pensionner » dans le but qu'il se fasse plaisir avec les mathématiques, dont par ailleurs nous n'avions jamais particulièrement raffolé. Il lui faudrait par conséquent s'offrir les moyens de son plaisir.

A vrai dire, mis à part la carrière de « danseur étoile » que nous avions, Dadou et moi, un peu fantasmée pour lui avant qu'il naisse, nous n'avons eu aucune suggestion à lui faire. Nous avons voulu qu'il s'oriente vers une activité de créativité plutôt que de rechercher la position, la notoriété sociale. Nous n'avons rien tenté pour qu'il devienne un notable, ou encore un futur président de République. Par inclination personnelle, nous souhaitions ardemment qu'il soit un « artiste », sans qu'il ait à souffrir pour autant les désagréments d'une vie de paria.

Chercheur en mathématiques, c'est effectivement une vocation d'artiste, artiste de l'abstraction. Qu'il y ait correspondance, aussi mince soit-elle, entre le choix de l'enfant et le souhait des parents est un bonheur pour tous.

Et nous sommes finalement en accord avec nous-mêmes puisque Arthur va pouvoir jouir de sa vocation sans que nous ayons à l'entretenir pour cela. C'est pour nous essentiel. Arthur sera en mesure, et bien avant sa majorité, d'assumer son indépendance, matérielle et morale. Nous pensons avoir rempli notre rôle. C'est à lui de conduire désormais son destin. Celui qu'il a choisi. Avec toujours notre soutien affectif naturellement.

Curieusement, si Arthur n'a jamais voulu entendre parler de danse – même pas pour assister à un spectacle et voir à quoi ça ressemblait ! – Kalvine, elle, a tout de suite été séduite par les images d'un ballet qu'elle regardait à la télévision. Alors que nous ne tenions pas spécialement, Dadou et moi, à ce qu'elle envisage de faire carrière dans la danse...

Mais notre philosophie en la matière n'a pas changé : susciter l'intérêt pour un domaine, proposer une activité, passer par une période d'essai, et assumer pleinement le choix de l'enfant. Nous croyons fermement au rôle d'animation des parents – qui doivent suggérer –, autant qu'à la liberté de choix de l'enfant, que l'on doit toujours respecter. Car c'est à lui qu'il appartient de décider de son existence. Et aux parents de le soutenir coûte que coûte. Pour le bonheur de tous.

MOTIVER VOTRE ENFANT

Les enfants et le marasme social

L'enthousiasme d'un enfant croquant la vie à pleines dents, c'est un peu pour les parents la récompense de l'éducation qu'ils ont su lui donner. Cette éducation peut préserver l'enfant des contradictions de notre société actuelle, comme par exemple celle-ci : comment inciter un enfant à l'effort dans une société qui sacralise à ce point le loisir ?

Lorsque la motivation n'apparaît pas « naturellement » chez un enfant, il devient alors encore plus ardu pour lui de s'enthousiasmer pour l'effort scolaire. Celui-ci n'a pas la réputation d'être passionnant, à en juger par les mines réjouies dès qu'il est question de « vacances » ! Sans doute l'école évoque-t-elle plus généralement la contrainte et l'ennui que la liberté et la joie.

Cette école de la liberté et de la joie, qui donne aux enfants le plaisir d'apprendre, est un vrai défi à relever pour la société. Car on ne peut indéfiniment exiger des enfants qu'ils se soumettent à un système éducatif qui ne respecte pas leur spontanéité, leur créativité, leur appétit de connaître ; en un mot leur enfance. Et ce, sans pour autant toujours leur apporter une formation qui leur garantisse un avenir serein.

Les enfants, les adolescents, veulent bien faire des efforts, mais apprendre qu'on n'est pas sûr de trouver un emploi même avec des diplômes, ce n'est pas très « mobilisateur ». Il est facile de comprendre le désarroi qui s'intalle dès le début de leur parcours (du combattant) scolaire.

Lorsque les enfants entendent dire tous les jours que le problème numéro un des Français, c'est le chômage – ce qui les attend – et que le second, c'est l'éducation – ce qu'ils vivent actuellement –, ils ressentent un certain malaise, une angoisse qu'ils ont pour certains besoin d'exorciser dans la « frime ». Les démagogues et autres mercantis sont prompts à exploiter ce besoin à leur seul profit, et ce à une échelle jamais atteinte jusqu'à présent (voir le chiffre d'affaires faramineux des jeux électroniques qui ne sont en fait que des « prothèses » de l'imaginaire, sans aucun intérêt pour le développement de l'enfant, contrairement à la lecture). Sinon comment expliquer la vague déferlante de ces « phénomènes de société » qu'analysent doctement les magazines et qui ont tous pour cible la jeunesse. Que ce soit les gadgets à la mode, les jeux vidéo, etc. Sans parler des *must* vestimentaires, alimentaires, comportementaux, sans lesquels un jeune, aujourd'hui, est un « blaireau » (traduisez « plouc ») pour ses pairs, installant ainsi un conformisme de fait.

C'est ainsi que la course à la consommation immédiate et au conformisme ambiant sert d'exutoire à une jeunesse désemparée devant les contradictions d'une société qui ne leur paraît pas fiable, et qui finalement, à défaut d'idéaux exaltants, ne leur propose que des objectifs de confort matériel et de loisirs « pasteurisés ». Au désenchantement propre à l'adolescence s'ajoute alors celui que suscite un constat aussi dramatique. Face à cela, la famille – grâce notamment au dialogue qu'elle saura instaurer en son sein – pourra représenter pour l'enfant un soutien capital.

Expliquer les enjeux

La famille est le lieu où l'enfant se prépare à une vie adulte épanouie, à l'abri des contradictions sociales. La famille a le devoir de protéger l'enfant des imperfections du « système », mais également de ses pièges. Si l'école ne passionne pas les enfants, les études restent néanmoins nécessaires. Le rôle des parents n'est-il pas de faire comprendre assez tôt aux enfants que :

- c'est le travail qui paie le loisir;
- le travail est un marché où il y a beaucoup d'appelés et peu d'élus : il faut donc être compétitif;
- pour être compétitif, il faut être compétent;
- pour être compétent, il faut avoir bénéficié d'une formation et avoir fait des études sérieuses;
- faire des études est un énorme privilège dans un monde où des millions d'enfants n'ont pas cette chance et vivent dans la misère noire jusqu'à l'esclavage, faute d'instruction;

• la démocratie, c'est la liberté qui nous est si chère et qui, génératrice de prospérité économique, nous permet dans nos sociétés occidentales, entre autres choses, d'atteindre ce niveau de vie que les quatre cinquièmes de la planète nous envient tant... Qu'il suffit de regarder la carte géopolitique du monde pour constater que la démocratie n'existe que dans les pays à fort taux d'instruction, que là où il n'y a pas d'instruction il n'y a pas de démocratie (les enfants sont beaucoup plus sensibles qu'on ne le pense généralement à ces questions planétaires!)

Ces quelques arguments devraient éveiller chez les enfants de nos pays riches le sens de la réalité du monde et leur révéler par conséquent la chance extraordinaire qu'ils ont de pouvoir faire des études dans des conditions malgré tout privilégiées, même si elles sont toujours améliorables. Il est important d'éclairer chaque enfant sur son véritable intérêt personnel d'une part et, d'autre part, sur la dignité qu'il faut avoir vis-à-vis de soi et des enfants qui n'ont pas la même chance. A l'heure où il est de plus en plus question de solidarité planétaire, la première action de solidarité envers ceux qui vivent dans la misère noire n'est-elle pas de se montrer digne de la chance qu'on a ? Qui d'autre que la famille pourrait ainsi faire prendre conscience à chaque enfant de l'enjeu de sa propre existence.

L'importance d'être soi-même

Certains pensent à tort que pousser aveuglément un enfant dans la compétition scolaire est un moyen de le préparer à la dure compétition qu'il aura à livrer plus tard dans la vie. En vérité, ce n'est pas par rapport aux autres que l'enfant doit s'évaluer, mais par rapport à lui-même. Il doit être à l'écoute de ses propres sensations, de ses propres inspirations, pour trouver sa voie, à son rythme. C'est là où la confiance de ceux qui l'entourent doit jouer un rôle crucial. Pour favoriser sa propre confiance en lui-même.

Il est impropre de parler d'avance ou de retard scolaire à moins de deux années d'écart par rapport à la norme. Il n'y a donc pas à s'inquiéter, encore moins à paniquer, lorsqu'un enfant rencontre quelques problèmes à l'école qui lui vaudront une année de redoublement, voire deux années dans toute sa scolarité. Il n'y a pas de complexe ni de honte à passer un baccalauréat à vingt ans ; pas plus qu'il n'y a de gloire à le passer à seize ans.

Ce qui est important, c'est d'être soi-même, et d'avoir une ambition saine pour réussir son projet personnel, sa vie. Et pas forcément cravacher comme un damné et vouloir écraser les autres pour absolument réussir dans la vie. Il est dommage que le système scolaire actuel soit aussi pernicieux à force d'être sélectif. D'un côté, il glorifie à l'excès les premiers de la classe, et de l'autre, il néglige les recalés. Alors qu'à 18-20 ans, les jeux sont loin d'être faits pour peu que chacun croie en ses chances dans la vie et veuille bien faire l'effort de les mettre en valeur.

Le résultat est qu'un tel système suscite du triomphalisme chez les élèves qui n'ont en fait démontré que leur bonne adaptation, leur conformité au moule scolaire ; et de l'amertume chez ceux qui, pour une raison ou une autre, n'ont pas obtenu les résultats exigés. Les nombreux exemples qui relativisent la réussite ou l'échec scolaire par rapport à un terrain autrement plus décisif qui est celui de la vie devraient pourtant inspirer un peu plus de modération à ceux qui sont chargés de juger ces jeunes gens au moment où ils sont en orientation scolaire ou professionnelle.

Tout ce qui vient d'être dit ne doit pas alimenter en vaines illusions ceux qui pensent qu'apprendre, cela ne sert à rien. Apprendre est nécessaire pour vivre, mais n'est pas obligatoirement synonyme d'aller à l'école, même si l'école est le lieu traditionnel pour cela [1].

Apprendre n'est réellement efficace que s'il existe un désir. La question de la motivation se place donc au cœur même de l'éducation familiale qui aura su ou non transmettre à l'enfant ce désir de s'ouvrir à la découverte du monde qui, dès ses premières années, lui procure comme on le sait tant d'émerveillement, tant de plaisir.

1. C'est l'instruction qui est obligatoire et non l'école (loi du 28 mars 1882).

3

FAVORISER L'INTELLIGENCE DE VOTRE ENFANT : LES RESSOURCES MÉTHODOLOGIQUES

Tous les parents souhaitent avoir des enfants intelligents. Beaucoup pensent que c'est une sorte de loterie génétique qui va déterminer les chanceux et ceux qui ne le sont pas. En un mot, que c'est un don inné. Qu'on naît intelligent ou pas, comme on naît musicien ou pas, écrivain ou pas, commerçant ou pas, etc.

L'expérience montre qu'il n'en est rien. Que l'intelligence, comme la musique, la littérature, le commerce, etc., cela s'apprend surtout. Et cela de deux façons : par influence du milieu et par pur apprentissage.

L'IMPORTANCE DE L'ENVIRONNEMENT

Nul ne pourra contester le fait qu'un enfant, qui baigne en quasi-permanence dans la musique, la littérature, le commerce, le sport, aura toutes les chances d'être plus habile dans chacun de ces domaines. Il en est de même pour l'intelligence : un enfant dont les facultés cérébrales sont stimulées harmonieusement dans un milieu familial qui lui apporte, comme on l'a vu, l'équilibre psycho-affectif nécessaire, les moyens de développer son énergie, notamment mentale, par une bonne hygiène de vie et sait susciter son enthousiasme, aura toutes les chances de développer une intelligence supérieure à celle d'un enfant pauvrement stimulé vivant dans un univers malsain, où il ne rencontre que stress et désenchantement.

La différence en qualité et en quantité des informations extérieures qu'il aura l'occasion d'assimiler entraîne des inégalités dans les modes de représentations intérieurs, actifs ou imagés, que l'enfant peut se faire du monde ou de lui-même dans ce monde. Et ce sont ces inégalités qui vont conduire aux différences observées dans le développement de l'intelligence.

L'environnement psychologique

On entend couramment dire que les enfants ne sont pas assez intelligents pour comprendre telle ou telle chose. *A priori* pour *a priori*, pourquoi ne pas supposer le contraire ? Qu'ils sont toujours plus intelligents qu'on ne pourrait l'imaginer !

Les enfants sont en général intelligents parce qu'ils rencontrent des problèmes qu'ils entendent bien résoudre. Ce qu'ils font parfois avec une certaine naïveté mais presque toujours avec un solide bon sens. Il nous faut reconnaître, nous les parents, que bien souvent ils nous piègent avec leurs argumentations pleines d'habileté.

Un après-midi, Kalvine, qui n'avait pas encore quatre ans, nous demanda si elle pouvait regarder la vidéocassette de *Robin des Bois* en version dessin animé. Nous lui avons répondu « non », parce qu'elle l'avait déjà regardée la veille. Elle paraissait très contrariée et se mit à répéter qu'elle voulait voir *Robin des Bois* et que, parce qu'elle le voulait, elle le verrait. En un mot, qu'elle voulait elle aussi « commander » !

En chœur, Dadou et moi, nous lui rappelâmes que ça ne se passait pas comme ça, que ce sont les parents qui commandent et non les enfants, et qu'elle pouvait commander ses « animaux », c'est-à-dire ses personnages en peluche qu'elle considère comme ses propres enfants.

Un petit quart d'heure plus tard, elle revint à la charge avec un argument imparable, au point que nous avons eu du mal à retenir notre fou rire :

– J'ai commandé à mes enfants de regarder *Robin des Bois*, dit-elle avec aplomb. Et comme je dois les surveiller, on va tous le regarder ensemble!

C'était bien vu, d'une logique implacable. Toutefois, nous lui avons tranquillement assuré qu'elle et ses « enfants » pourraient voir leur dessin animé favori le lendemain, et que pour l'heure nous lui proposions un jeu très marrant, etc., histoire de faire diversion. Elle est alors allée voir ses « enfants » qui étaient déjà bien installés devant la télévision pour leur dire que ce serait « pour demain »...

Cette anecdote montre que nous, parents, ne sommes pas toujours conscients de la façon dont les enfants peuvent percevoir les choses. Ici, pour Kalvine, commander est une bonne chose puisque les parents le font. C'est donc bon à imiter, ce qu'elle fait illico en commandant à son tour. Dans un premier temps, elle a cru « naïvement » qu'elle pouvait le faire à l'égard de ses propres parents; mais, dans un second temps, elle trouve l'ingénieuse ressource de tirer avantage du fait qu'elle pouvait commander ses « enfants » en peluche. Voulant absolument arriver à ses fins, Kalvine a mobilisé toute son intelligence pour contourner l'obstacle à son désir. Ce que font tous les enfants, avec plus ou moins de bonheur dans la réalisation de leurs objectifs certes, mais toujours avec une égale détermination.

L'environnement matériel

Une fois acquis les éléments qui composent l'aspect psychologique de son environnement, à savoir la confiance en soi, les qualités d'attention, de concentration et de mémoire, la motivation pour réussir, l'enfant doit pouvoir bénéficier d'un environnement physique propice aux études, que ce soit du point de vue de son cadre de vie que de son matériel scolaire en général.

Nul ne pourra nier qu'il vaut mieux pour un enfant disposer chez lui du calme et de l'espace plutôt que du dérangement continuel et de l'exiguïté. Pour ce qui nous concerne, nous avons toujours aménagé l'intérieur de notre habitation en fonction du besoin primordial de confort, nécessaire aux activités intellectuelles de nos enfants.

Le confort

Le confort ne signifie pas forcément le luxe. Bien au contraire, il vaut mieux accorder la priorité à la fonctionnalité, notamment pour la table de travail.

J'ai eu ainsi l'occasion d'être précepteur dans une famille très aisée dont l'un des enfants travaillait sur un secrétaire d'époque, peut-être très décoratif mais pas du tout pratique pour travailler efficacement. J'ai suggéré en vain qu'on le change pour un mobilier plus fonctionnel.

Arthur a depuis l'âge de huit ans la même grande table à tréteaux de 1,30 m de long sur 0,80 m de large! très bon marché (250 francs à l'époque), en contreplaqué laqué blanc qu'on a légèrement incliné de façon à créer un angle favorable à son confort, notamment pour écrire.

De même pour le choix du siège, nous en avons choisi un qui maintient le dos droit, évitant ainsi les mauvaises habitudes posturales qui entraînent fatigues et autres traumatismes préjudiciables au travail de l'enfant. Sur ces deux points de la table et du siège de travail, il est clair que les qualités ergonomiques doivent absolument primer sur toute autre considération.

La table et le siège sont bien les outils de travail de base de l'enfant à l'école puisqu'il passe en moyenne au moins cinq heures par jour en leur compagnie. Il serait par conséquent logique que les responsables scolaires veillent à son confort pour pouvoir en espérer un certain « rendement ». Un peu comme les industriels se penchent sur les conditions de travail de leurs employés en comptant améliorer leur productivité. Les enfants qui exercent pendant une journée entière une activité scolaire aussi stressante qu'une journée d'activité professionnelle pour les adultes n'ont pas vocation à le faire dans de moins bonnes conditions que leurs aînés. En tout cas, ils le comprendraient mal et avec raison.

Le calme

A la maison aussi l'enfant doit pouvoir travailler dans les meilleures conditions possibles.

C'est-à-dire d'abord dans le calme : sans doute pas devant la télévision, ou en mettant fort la musique, car il faut être concentré au maximum sur son travail pour être efficace. Il vaut mieux travailler dans le calme et en étant bien concentré sur ce qu'on fait durant une bonne demi-heure, puis écouter de la musique ou regarder la télé durant la demi-heure suivante, que de travailler dans la confusion et le parasitage pendant une heure. Ce n'est pas le temps qu'on aura travaillé qui compte mais l'intensité de l'effort qu'on aura fourni. Il faut essayer de faire chaque chose en son temps, et pas trop de choses en même temps!

Un espace de travail fonctionnel

Il faut apprendre à l'enfant à bien organiser son espace de travail. Le fait de mettre de l'ordre dans son environnement l'aidera largement à mettre de l'ordre dans sa pensée.

Le rangement

Il est très important de ne pas perdre son temps ni sa concentration à chercher à un moment son livre, puis à un autre moment son classeur, puis sa gomme, etc.

Le rangement quotidien, que l'enfant devrait faire lui-même chaque soir, avant de se coucher, est une excellente disposition qui lui permet de faire le point sur ses affaires en cours. Ce n'est donc pas une simple corvée mais bien une manière saine de se gérer comme une grande personne.

Le matériel scolaire en général doit être disponible en permanence, que ce soient les manuels d'études et notamment les « usuels » (dictionnaires et autres encyclopédies), ou les instruments d'écriture, de calcul, de géométrie, de dessin ou de peinture, etc.

Pour les manuels et les usuels, la meilleure méthode est de faire en sorte qu'ils soient immédiatement à portée des yeux et des mains, de façon à bien intégrer leur utilisation dans le tempo de son travail. La recherche un peu longue et désordonnée d'un dictionnaire peut, par exemple, rompre le rythme d'élaboration d'un argument intéressant au moment d'un travail de « rédaction » et faire perdre ainsi le fil de sa pensée. Les manuels doivent en quelque sorte être à la portée d'un claquement de doigt.

La table de travail

Un autre point important souvent négligé est la façon d'organiser sa table de travail.

Avez-vous remarqué que, pour un droitier, la partie située à la droite de la zone où il écrit ne sert à rien ? Donc, qu'il y a avantage pour lui à se placer plutôt à droite de la table qu'au milieu ou encore moins à gauche. La large zone située à sa gauche sera utilisée pour placer tout ce qui ne fait pas intervenir son écriture. Pour un gaucher, ce sera l'inverse.

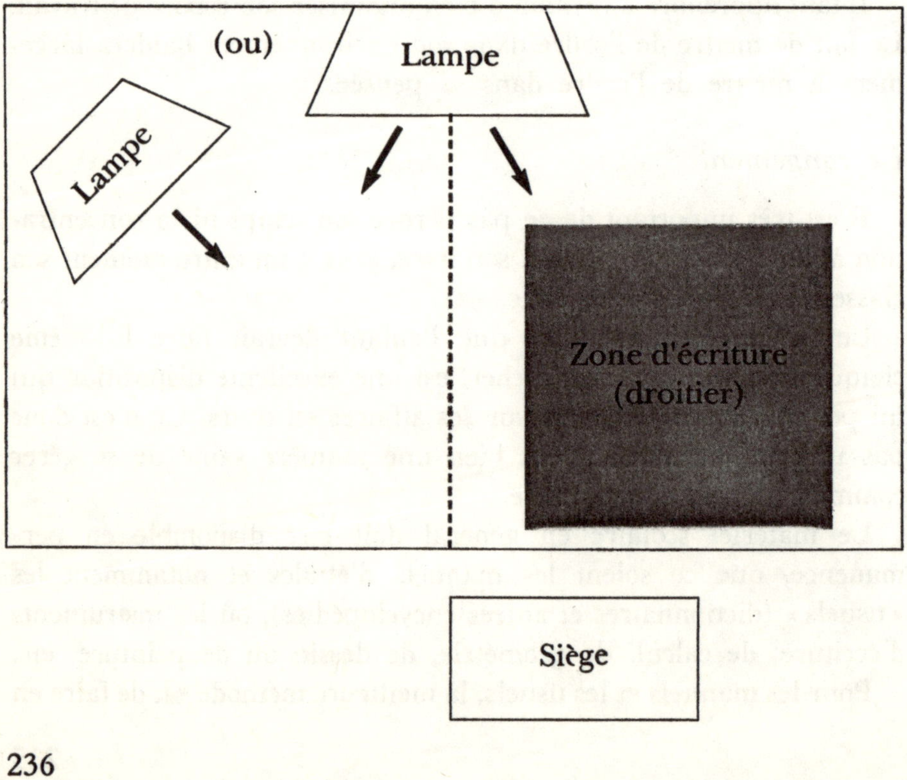

La lumière

C'est un autre élément essentiel dans le dispositif de travail. Elle doit être placée en fonction de cette disposition « économique », de préférence légèrement à gauche pour un droitier et à droite pour un gaucher, ou encore au centre. Il faut veiller à ce qu'elle soit suffisamment puissante (60 watts) car la fatigue des yeux est le plus souvent provoquée par une lumière trop faible, diffusée par des lampes plus décoratives qu'efficaces. Les lampes « d'architecte » à bras amovibles, donc d'une grande souplesse de placement, font très bien l'affaire.

Offrir un espace de travail fonctionnel à chaque enfant devrait être une priorité familiale. Non seulement cela est largement accessible à tous et évidemment très bénéfique pour les études, mais c'est aussi un facteur de motivation supplémentaire pour l'enfant. Une manière de le responsabiliser en considérant ce qu'il fait comme quelque chose d'important, justifiant que ses parents y prêtent attention et y apportent un grand soin.

Usuels et manuels

La qualité pédagogique des usuels joue aussi un rôle non négligeable dans la qualité des études et mérite qu'on s'y attarde un peu.

Pour ce qui concerne les dictionnaires, l'idéal serait évidemment de posséder les magnifiques collections des Larousse ou des Robert en grands volumes. Et pour les encyclopédies, l'Encyclopedia Universalis, voire l'Encyclopaedia Britannica.

Heureux sont les enfants qui possèdent ces joyaux de la culture, et qui pensent à les utiliser régulièrement. Cependant, comme ce fut le cas pour Arthur, on peut se contenter des usuels de base, plus modestes mais qui n'en sont pas moins indispensables aux études (se reporter en fin d'ouvrage).

Pour ce qui concerne les manuels scolaires proprement dits, chaque élève est tributaire du choix des enseignants. Il n'est cependant pas interdit de consulter d'autres ouvrages, notamment ceux de grande qualité qui ont si bien aidé Arthur (ce dont nous remercions leurs auteurs!). Nous en donnons en fin d'ouvrage la liste complète par matières.

Les instruments de travail : le problème du merchandising

Les fabricants rivalisent de technologie pour fournir aux écoliers les meilleurs instruments de travail. Ils usent également et, de plus en plus, d'arguments purement « commerciaux ». L'image « branchée » d'un produit chez les jeunes prévaut alors sur sa qualité réelle et l'effet de mode se facture d'un excédent financier rarement compensé par de meilleurs résultats scolaires. Pourtant, l'essentiel n'est-il pas pour l'enfant d'avoir de bons instruments de travail qui conviennent à son écriture ou qui l'améliorent et non de pratiquer à chaque rentrée scolaire l'éternel suivisme habilement exploité par des esprits mercantiles qui se soucient moins de pédagogie que de profit en monnaie sonnante et trébuchante...

Pourquoi ne pas en discuter franchement avec l'enfant ? En lui expliquant le mécanisme d'une opération de *merchandising* lorsque, par exemple, une star de la chanson « prête » son nom à une ligne de produits scolaires pour empocher des « royalties ». C'est aussi une façon saine de montrer la réalité des choses, au moment où l'enfant a tendance à idéaliser le monde dans un sens naïf et généreux que nombre de personnes « encouragent » pour l'exploiter à leur profit.

La tactique qui consiste à séduire les enfants avec force publicité pour que ceux-ci imposent d'une manière ou d'une autre aux parents leur choix en matière de consommation en général, de matériel scolaire en particulier, est sans doute payante pour le commerce, mais peut-être pas autant pour l'éducation. Bien au contraire, la pression massive exercée sur les familles par le « marché » des enfants vise à déstabiliser celles-ci de façon que le client-enfant soit roi, que le client-parent s'incline et paie. Cela équivaut à faire des parents en quelque sorte les otages de leurs propres enfants, et finalement à les affaiblir dans leur fonction d'autorité. Il suffit de consulter par curiosité quelques revues spécialisées de marketing pour se faire une idée de ce que représente l'enfant pour le monde du commerce...

La logique de la société de consommation a sa part de responsabilité dans les difficultés que rencontrent de nombreuses familles à éduquer leurs enfants. Il peut alors être salutaire d'en comprendre les mécanismes pour essayer de se prémunir contre l'action pernicieuse qu'elle exerce sur la mentalité des enfants. Comment peut-on accepter de voir, comme c'est le cas dans certaines familles, un enfant « souffrir » au point de piquer une crise, parfois violente, pour une simple histoire de cahier, de stylo, de trousse, de blouson ou de paire de baskets « branchées » que ses parents ont refusé de lui acheter ?

Mais les adultes – du moins certains d'entre eux – montrent-ils vraiment l'exemple aux enfants lorsqu'on apprend que des individus se sont réellement entre-tués pour un Pin's ? Que les jeux vidéo qui envahissent les cours de récréation gagnent aussi les bureaux ? Les adultes doivent-ils participer aussi activement à un processus de régression qui ne leur rendra que plus difficile l'éducation des enfants ?

Il est compréhensible que la logique du profit justifie chez certains le recours à la manipulation pour susciter la consommation des enfants. Il l'est moins que les adultes eux-mêmes cèdent à la tentation et donnent malgré eux le mauvais exemple. C'est oublier qu'éduquer, c'est d'abord et tout simplement donner l'exemple.

Il s'agit là d'une question de responsabilité personnelle mais aussi civique et sociale, car les difficultés que posent à la société tout entière des enfants pauvrement ou mal éduqués coûtent cher à celle-ci, et à ce rythme risquent de compromettre le réflexe de solidarité qui caractérise la démocratie. On verra surgir à la place l'ostracisme, une idéologie de l'exclusion propre aux partisans d'un régime politique réactionnaire et qui se nourrit, comme toujours, des situations de crise économique et sociale comme celle que nous connaissons actuellement.

La démocratie, la liberté et la responsabilité, la prospérité économique, la justice sociale, la solidarité planétaire : toutes ces valeurs qui nous sont si chères, non seulement ne sont pas acquises une fois pour toutes mais doivent être cultivées en permanence, notamment en donnant à nos enfants une éducation qui s'inspire de ces valeurs et qui les forme à une vie adulte digne et épanouie.

L'environnement stratégique

Un bon moyen de créer cette atmosphère de responsabilisation est de mettre en place un conseil de famille décontracté, qui régulièrement suive l'évolution du travail en fonction des objectifs définis ensemble.

Il ne s'agit pas d'imposer des réunions lugubres où l'enfant serait « au rapport » sous le contrôle « policier » des parents. Au contraire, c'est l'occasion de dialoguer le plus largement possible à propos des études afin d'apporter encore plus de ressources à l'enfant pour l'aider à s'améliorer sans cesse.

Notre expérience nous a montré que l'enfant apprécie le fait d'être un personnage important qui peut être au centre des préoccupations parentales, à condition bien sûr que cela ne ressemble pas à un procès. Il s'agit pour les parents d'apporter leur concours à la réussite de l'enfant et non pas de lui retirer, ne serait-ce que d'une once, leur confiance.

Aussi, même si certaines nouvelles ne sont pas bonnes, il vaut mieux d'abord mettre en avant ce qui est positif afin d'établir le contact, d'éviter de braquer l'enfant. Quitte à aborder le négatif ensuite, mais avec une approche décontractée, voire humoristique, pour dédramatiser la situation. Toujours avoir en tête qu'il ne s'agit pas de pénaliser l'enfant, mais au contraire de l'encourager! Le meilleur moyen pour cela, c'est de lui manifester qu'on a confiance en lui. Mieux, qu'on croit en lui, en sa réussite.

Faire une « sale gueule » ou pousser une « grosse gueulante » devant une mauvaise note ne va pas améliorer cette note, ni remonter le moral de l'enfant. C'est une attitude maladroite qui peut être prise par l'enfant comme l'aveu d'un état de dépendance affective de ses parents vis-à-vis de lui. Il peut en effet croire qu'il a le pouvoir de faire plaisir à ceux-ci selon qu'il tient compte ou non de leur sommation. Il est essentiel que l'enfant ait d'abord le sentiment qu'il travaille pour son propre compte.

L'APPRENTISSAGE

L'initiation à l'intelligence

L'intelligence s'apprend : voilà une formule qui peut surprendre certes, mais qui se vérifie aisément dans la pratique quotidienne. Si, étymologiquement l'intelligence peut se définir comme la capacité de comprendre, soit d'établir des relations logiques entre plusieurs éléments apparemment disparates – de créer en quelque sorte de l'ordre à partir du désordre –, il existe en effet des exercices sous forme de jeux éducatifs qui peuvent initier l'enfant à ce processus mental et qui pour la plupart sont basés sur ce fondement des mathématiques modernes qu'est la théorie des ensembles.

Qu'il s'agisse d'observer, de comparer, pour établir des différences ou des analogies ; de trier, de classer, d'associer ; de repérer, d'assembler ; d'identifier, de rapprocher, de reconstituer ; de structurer l'espace, etc., l'enfant apprend à organiser les informations qu'il reçoit, puis à les transmettre avec cohérence.

Qu'il joue à assembler, par exemple, des images narratives, des cubes, des dominos ou des puzzles de tous genres, des constructions type Lego ou bien à identifier et à rapprocher des éléments sous forme de jeux de loto, etc., l'enfant va progressivement développer ses capacités intellectuelles.

C'est ce qui se pratique généralement à l'école maternelle dans le cadre de l'apprentissage préscolaire où une multitude de jeux éducatifs stimulent l'habileté intellectuelle et manuelle de l'enfant, sollicitant son sens de l'observation, sa réflexion, sa capacité logique, son imagination.

Des jeux que proposent également les merveilleux albums de jeux éducatifs du type Toupie, Toboggan, etc., qui rendent un fier service aux enfants n'allant pas à l'école tout en pouvant servir de complément à ceux qui y vont.

Apprendre à la maison

Au total, nous disposons en France des outils pédagogiques les plus élaborés pour apprendre à l'enfant à développer ses capacités d'intelligence de base dès le plus jeune âge. Cependant, nous voudrions encourager les parents à privilégier au début le cadre familial par rapport à l'école comme lieu idéal pour apprendre. La maternelle ou le jardin d'enfants, c'est sans doute mieux pour l'enfant que de naviguer de voisine en nourrice; toutefois, qu'on se le dise : à la maison c'est tellement idéal! et nous aimerions expliquer pourquoi.

Dans la mesure où l'on reste largement ouvert aux activités extérieures, afin que l'enfant rencontre ses pairs – librement et dans un cadre convivial (ce qui n'est pas malheureusement toujours le cas de l'école!) – la maison nous paraît en effet constituer le meilleur environnement possible. Arthur hier, tout comme Kalvine aujourd'hui, a toujours eu des camarades de jeux avec lesquels l'esprit de coopération, de solidarité, de tendresse, primait largement sur la rivalité systématique, l'agressivité, voire la violence dont parfois les enfants font la triste expérience à l'école.

Qu'on songe un instant au fait qu'une petite fille comme Kalvine n'a jamais pris, voire arraché, le moindre objet ou jouet des mains d'un autre enfant, pas plus qu'elle ne s'est vue dépouillée elle-même. Elle n'a jamais rencontré la moindre brutalité, ne serait-ce que verbale de la part d'un autre enfant. Quoi de plus normal alors qu'à son tour elle n'a jamais, tout comme Arthur, manifesté la moindre méchanceté, qu'elle soit physique ou verbale. Pour eux la vie est synonyme de paix, de plaisir et d'amour partagés.

Tout comme Arthur à son âge, Kalvine fait presque toujours le premier pas pour communiquer en présence d'un autre enfant. Comme la plupart des enfants ayant grandi dans les mêmes conditions qu'eux, ils sont sans complexe, ouverts, cherchant simplement à bien s'amuser avec leurs compagnons de jeux.

Pour l'enfant, le plus grand avantage du cadre familial par rapport à l'école, c'est la liberté. Lors des manifestations de 1984 pour l'école libre, Arthur s'exclamait : « Mais l'école libre, c'est nous, on est libre puisqu'on travaille quand on veut! »

Hors d'un cadre scolaire, la journée est en effet suffisamment longue pour que parents et enfants puissent décider du programme de leurs activités selon les dispositions de chacun. Rien n'est obligatoire, ni pour l'un ni pour l'autre : si l'envie n'est pas là, il ne faut surtout pas se forcer !

D'autant plus qu'il est très important pour l'enfant d'avoir des moments à lui où il s'évade en imagination dans un jeu en solitaire. Et s'il aime les livres, ou s'il ne fait même que commencer à lire, il ne risque vraiment pas de s'ennuyer.

Rappelons également qu'à l'âge de la maternelle l'enfant est en pleine situation œdipienne. C'est un grand atout pour le développement de sa personnalité qu'il puisse vivre cet épisode capital dans un climat de totale liberté. Si les contraintes inhérentes à l'école n'interfèrent pas dans le cours des événements, le conflit œdipien et sa résolution trouveront un cadre privilégié à leur déroulement.

Toute la question est de savoir si, avant de socialiser l'enfant, il ne faut pas au préalable qu'il se constitue en tant qu'être *autonome*. L'âge de « raison » – le bien-nommé ! –, vers sept ans, qui marque la résolution du conflit œdipien, n'annonce-t-il pas logiquement l'étape idéale de la socialisation pour l'enfant ? Avant de se confronter aux autres, ne vaut-il pas mieux qu'il s'assure lui-même de sa propre identité ? Et qu'il l'assume pleinement avant de devoir assumer sa relation avec les autres ?

Beaucoup de souffrances chez de nombreuses personnes dues à une grande difficulté à communiquer nous amène à poser ces questions liées à la maturation de l'enfant par rapport à sa socialisation. C'est une façon de replacer le rôle de la famille par rapport à celui de la société.

Nous pensons que l'enfant doit d'abord « grandir » dans le cadre familial avant de pouvoir s'épanouir dans la société, *via* l'école. Ainsi, normalement, l'enfant devenu adolescent quittera le giron familial pour voler de ses propres ailes à l'âge où lui-même se sentira en mesure d'assumer son autonomie matérielle et morale. Ce devrait être généralement le cas à dix-huit ans, l'âge de la majorité civile. Pour Arthur, ce sera sans doute bien avant ! Et nous souhaitons la même chose à Kalvine.

Actuellement, et ce depuis les années 80, la tendance serait malheureusement plutôt inverse : les jeunes qui forment la génération des enfants nés au cours des années 60, et qui ont pour la plupart connu la maternelle dès l'âge de quatre ans, restent plutôt en masse chez leurs parents, certains jusqu'à déloger ceux-ci de leur propre habitation pour jouir à eux seuls du domicile familial, comme le soulignent les enquêtes des magazines d'actualité sur le sujet. Cela constitue pour le moins un retournement dramatique des rapports d'autorité et, contrairement aux apparences, cela n'aidera pas ces enfants-là à accéder plus vite et dans de meilleures conditions à l'autonomie.

La cohabitation de parents et d'enfants d'âge adulte pose par ailleurs un réel problème de fond dans la mesure où elle risque de réactiver une situation œdipienne dans un contexte malsain.

A notre sens, il est clair que la fonction parentale consiste à « élever » les enfants de manière qu'ils puissent voler de leurs propres ailes le plus tôt possible. Nous éduquons donc nos enfants, non pour les garder, mais bien au contraire pour qu'ils nous quittent. Nous ne les éduquons pas pour nous, mais pour eux!

Capter l'attention

En matière de pédagogie, l'expérience que nous avons vécue avec Arthur nous a permis de mettre en œuvre quelques méthodes originales concernant des thèmes aussi récurrents que peut l'être, par exemple, l'art pour un enseignant de communiquer avec l'élève pour rendre son message attrayant, de savoir solliciter simultanément les deux hémisphères du cerveau afin que son message soit totalement intégré (nous reviendrons plus loin sur cette notion de dualité cérébrale).

La première qualité pédagogique d'un enseignant pourrait être – beaucoup le pensent – la clarté, pour d'autres c'est la compétence, pour d'autres encore le sérieux, le dynamisme, en un mot le professionnalisme. Personnellement, je ne doute pas un seul instant qu'un bon enseignant doive posséder à un niveau honorable chacune de ces qualités. Toutefois, un enseignant qui a un sens de l'humour bien accroché n'est-il pas le mieux placé pour recueillir l'attention de ses élèves.

Enseigner n'est-il pas d'abord un métier de *communication*, qui met en scène un « émetteur » principal (le maître ou l'enseignant) et un « récepteur » (l'élève). Celui qui émet le « savoir » aura beau être compétent, sérieux, clair, son message sera lettre morte tant que celui qui doit le recevoir oriente son « antenne » ailleurs...

Pour que le récepteur-élève se branche sur le message de l'émetteur-enseignant, il faut nécessairement que l'émetteur lui inspire de la sympathie et de la confiance, notamment dans les petites classes où l'aspect affectif de la relation enseignant-élève est plus important. A l'heure du « zapping », personne au monde n'a le pouvoir de contraindre de gré son interlocuteur à écouter si ce dernier ne le veut pas. Encore moins un enseignant face à des enfants pour qui le temps passé à l'école est bien long, et ce en toutes saisons. Établir un bon contact est donc une priorité pédagogique et, mieux que de longs discours, rien ne vaut la bonne humeur. Lorsqu'on écoute tous ceux qui de par le monde ont eu la chance d'avoir de formidables pédagogues, tous retiennent le sens de l'humour comme caractéristique essentielle.

Faire rire n'est pas forcément un don inné, c'est surtout l'expression d'un état d'esprit profondément humain, celui de la connivence que suppose l'amitié entre les êtres. Privilégier la relation de confiance par rapport à la relation de défiance qui hante le plus souvent les établissements scolaires et met d'entrée mal à l'aise les élèves, voilà ce qu'il faudrait commencer par faire.

J'ai eu la chance d'avoir au collège un professeur d'anglais, monsieur Vernay, dont l'humour implacable faisait se secouer de rire toute la classe au point de faire rire par contagion les élèves des salles de classe voisines. Ses élèves étaient sensiblement meilleurs que ceux de son collègue, certes plus compétent « sur le papier » (il avait des diplômes plus élevés) mais tellement ennuyeux qu'avec lui l'anglais devenait semblablement rébarbatif. Je suis passé de l'un à l'autre et mes notes on pu témoigner de ma baisse de motivation.

Arthur rapporte dans *Mon école buissonnière* que chaque séance de travail commençait par une bonne partie de rigolade entre nous. Cette entrée en matière nous apportait le vent de fraîcheur, d'enthousiasme – voire parfois d'euphorie – indispensable à cette chose sérieuse que sont les études. Arthur s'impatientait chaque fois de me voir « entrer en scène » et se réjouissait à l'avance de mes facéties et autres pitreries.

Il me paraît difficile pour un enfant d'être dans de bonnes dispositions de travail s'il doit à chaque fois « serrer les fesses ». Arthur me recevait « 5 sur 5 » parce qu'il avait du plaisir à passer ces deux heures quotidiennes en ma compagnie. A partir de là, tout devenait plus facile : son attention redoublait, son enthousiasme s'amplifiait à la mesure de sa réussite, ce qui en retour lui inspirait encore plus d'application, et ainsi de suite. Le cycle d'efficacité *attention-enthousiasme-attention* répondait en écho au cycle *plaisir-effort-plaisir* : la boucle était bouclée, le reste n'étant plus qu'une question d'étapes à franchir progressivement, ce qui pour l'enfant représentait autant de projets motivants.

Motivant, ce parcours l'était également pour moi, au point que cela m'a inspiré quelques méthodes pédagogiques pratiques pour apprendre plus efficacement. Je les livre ici dans l'espoir qu'elles aideront les écoliers à résoudre quelques casse-tête.

Improviser : la méthode des passerelles

Le sens de l'humour doit s'accompagner du sens de l'improvisation de façon que le cours enseigné ne soit pas synonyme de routine, aussi bien pour l'élève que pour l'enseignant. La méthode des passerelles invite l'enseignant à produire un message dynamique, à être attentif à la moindre résonance qui pourrait donner lieu à une digression aussi instructive qu'attrayante.

Il s'agit en fait de montrer que tel sujet ou matière n'est pas un ensemble isolé, mais bien au contraire trouve des ramifications dans de nombreuses directions. Certaines représentent parfois d'excellents moyens d'éclairer le sujet abordé sous un angle original.

On peut ainsi utiliser des notions de mathématiques au cours d'une leçon de français : par exemple, pour expliquer les temps de la conjugaison on pourra avoir recours aux notions d'axe du temps (xy) et de son irréversibilité. Sur une ligne on situera le point P représentant l'instant présent de la narration (le moment où le narrateur parle), le point FS l'instant décrit au futur « simple », et entre les deux le point FA marquant l'instant décrit au futur « antérieur ». Soit la phrase : (je dis maintenant que) « quand il aura fini de parler, tu pourras parler à ton tour ».

De même, pour expliquer le passé antérieur, on notera le point PS pour l'instant décrit au passé « simple » et l'on situera le point PA pour l'instant décrit au passé « antérieur » à gauche des points PS et P, instant présent de la narration. Soit la phrase : (je dis maintenant que) « quand il eut fini de parler, tu pus parler à ton tour ».

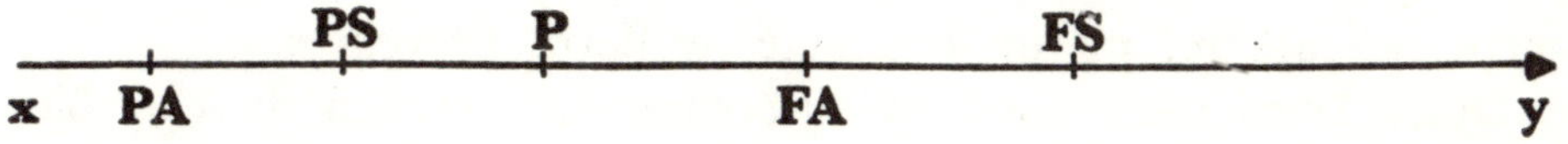

Inversement on pourra essayer d'expliquer des notions centrales en mathématiques en passant par l'usage de la langue. Ainsi pour introduire la notion – fondamentale – de fonction, on pourra utiliser l'expression courante « en fonction de » dans des phrases types du genre : « en fonction du temps qui me reste », « ... du monde qu'il y aura », mais aussi « en fonction du temps qu'il fera », « ... de mon humeur », etc. Cela pour expliquer que la valeur de y variera en fonction de la valeur de x.

De là, on pourra faire si besoin est un détour par l'étude expérimentale en recourant à des relevés graphiques : par exemple, en biologie, en étudiant et en comparant la température d'un hérisson, d'un écureuil, d'un ours en état d'hibernation, en fonction de la consommation de graisses et de sucres.

Plus simplement, on pourra faire étudier la durée d'un voyage en train entre deux villes effectué en train express et train TGV et faire constater qu'elle variera en fonction de la vitesse moyenne des deux types de trains.

Cerveau gauche et cerveau droit

Des compétences localisées

Depuis les travaux de Roger W. Sperry, prix Nobel de médecine en 1981, il est de plus en plus question de cerveau « gauche » et de cerveau « droit » pour désigner respectivement les hémisphères gauche et droit du cerveau dont les entités mentales sont différentes et spécialisées.

L'hémisphère gauche est principalement responsable de la partie droite du corps, tandis que l'hémisphère droit est responsable de la partie gauche. Ils communiquent entre eux par l'intermédiaire du corps calleux qui est un ensemble de fibres nerveuses.

Outre leurs responsabilités différentes sur le plan du contrôle musculaire, les deux hémisphères ont des fonctions séparées en ce qui concerne la conscience et les processus mentaux.

L'hémisphère gauche est impliqué de façon prédominante dans la pensée analytique, le langage et la logique en particulier. Il entre en action lorsque nous avons besoin de traiter des informations à la façon d'un ordinateur, de façon séquentielle et structurée.

L'hémisphère droit, au contraire, est responsable de la mémoire visuelle, de l'orientation dans l'espace, des aptitudes artistiques, des sentiments, des émotions, de la conscience du corps et de la reconnaissance des visages. Il entre en action lorsque nous avons besoin de traiter l'information comme un tout, d'une façon simultanée plutôt que linéaire.

Pour percevoir le monde sensible, nous disposons donc de deux cerveaux diamétralement différents (voir encadrés pages 249, 250). Ou bien ils coopèrent et nous traitons efficacement l'information, ou bien ils sont en conflit et cela peut conduire à un traitement inefficace de l'information et à la déconnexion, c'est-à-dire à ce qu'une partie de cette information nous échappe.

C'est par exemple ce qui se passe pour l'individu de type visuel (cerveau « droit ») qui en regardant la télévision aura davantage retenu les images que le commentaire qui les accompagnait, tandis que pour l'individu de type auditif (cerveau « gauche ») ce sera le contraire.

Il semble que le système éducatif du XXe siècle fondé principalement autour des valeurs scientifiques et rationnelles a eu tendance à privilégier la dominance du cerveau gauche au détriment du cerveau droit, ce qui pour les individus de type « cerveau droit » a exigé un grand effort de « conformation » coûteux en stress.

Caractéristiques du cerveau droit et du cerveau gauche

Cerveau gauche	Cerveau droit
auditif	visuel
analytique	synthétique
abstrait	concret
rationnel	émotionnel
temporel	spatial
digital [1]	analogique [2]
objectif	subjectif
actif	passif
tendu	décontracté
euphorique	déprimé
sympathique	parasympathique
séquentiel/linéaire	global/simultané
logique	intuitif
scientifique	artistique
introverti	extraverti

1. Digital : qualifie le mode de transmission d'une information au moyen d'un code arbitraire, quand il n'existe pas de lien direct entre ce code et la chose communiquée; exemple : le langage. Il n'y a pas de lien direct entre le mot « chaise » et ce qu'il désigne.
2. Analogique : ici, il existe un rapport entre la chose communiquée et la façon dont on la communique; exemple : le dessin ou la photo d'une chaise et une chaise.

Caractéristiques du cerveau droit et du cerveau gauche *(suite)*

N.B. : Personne ne fonctionne entièrement d'une manière ou d'une autre dans la vie quotidienne (sauf après certaines opérations chirurgicales ou après une attaque cérébrale). En revanche, il est possible, en cas de stress, de fonctionner comme cerveau gauche ou comme cerveau droit, et donc de déconnecter l'autre cerveau. Ce qui en situation d'apprentissage, de la lecture, de l'écriture, de l'orthographe ou des mathématiques peut créer de sérieuses difficultés, la dyslexie étant la plus répandue.

Cultiver les compétences des deux cerveaux

Il est par conséquent essentiel de cultiver d'une façon équilibrée et dès la prime enfance – mais mieux vaut tard que jamais – les compétences des deux cerveaux afin d'offrir à l'enfant les moyens d'intégrer l'ensemble des informations qu'il aura à traiter et l'ensemble des habiletés intellectuelles et corporelles qui fera de lui un être épanoui. Cela l'aidera pour la lecture, l'écriture, l'orthographe, les mathématiques autant que pour la coordination gestuelle et la pratique du sport.

Pour prévenir et guérir la dyslexie, on peut recourir au « cross-crawl » ou mouvement croisé. C'est un des exercices les plus efficaces pour « intégrer » l'information, qu'elle soit d'ordre intellectuel ou corporel. Il se pratique selon le schéma de l'intégration bilatérale que l'enfant réalise quand il marche à « quatre pattes », à savoir : un mouvement corporel rythmique et équilibré, qui demande à l'individu une mise en relation dynamique de la partie droite et de la partie gauche du corps, tout en étant conscient des parties supérieure et inférieure.

On peut ainsi faire le « cross-crawl » debout : en levant en rythme et simultanément le bras droit et la jambe (ou le genou) gauche, puis le bras gauche et la jambe droite, et ainsi de suite. Une façon de danser « synchrone » en quelque sorte.

Tout le monde d'ailleurs – enfants comme adultes – peut s'adonner au « cross-crawl » chaque fois qu'un état de stress se fait pesant. C'est à la fois amusant et relaxant.

Outre la dyslexie, la dominance excessive d'un cerveau, qu'il soit droit ou gauche, peut créer des difficultés d'apprentissage importantes qui se révèlent finalement être des difficultés de communication au sens littéral du terme (à travers le corps calleux).

En effet, que se passe-t-il pour un enfant de type auditif à qui on donne une explication à l'aide d'un schéma en pensant selon la formule qu'« un bon dessin vaut mieux que tout discours » ? Eh bien, il ne comprendra pas si bien que cela : le schéma ne lui « dit » rien.

Pour un enfant de type visuel à qui l'on donne une explication purement verbale, le résultat sera le même, il ne comprendra pas plus : il ne « voit » pas.

Il apparaît donc que, pour donner accès à l'information « externe » à un enfant dont le monde de fonctionnement sensoriel est à forte dominance auditive ou visuelle, il faille impérativement transmettre cette information dans le mode dominant chez l'enfant. Il faut d'une certaine manière « parler son langage » pour se faire comprendre.

Cela signifie aussi que, sur le plan de la mémorisation, son mode d'accès à l'information « interne » – qui passe soit par l'évocation d'images pour le type visuel, soit par un dialogue intérieur pour le type auditif – se faisant dans l'un ou l'autre système, c'est dans son système dominant qu'il doit puiser les ressources de sa capacité de mémoriser.

Ce qui corollairement implique qu'il faut développer chez lui le mode « déficient » pour équilibrer son système de traitement de l'information de façon à le rendre plus efficace dans ses études et dans son apprentissage de la vie en général. Par exemple, en l'incitant à percevoir par son mode déficient, mais aussi à évoquer ce qu'il ressent par images visuelles ou dialogue intérieur.

De même, si deux individus n'ont pas le même système de représentation dominant, leur expérience d'un même événement sera très différente. C'est ce qui explique en partie les surprenantes divergences entre les récits des témoins d'une même scène ou encore certaines difficultés de communication, qu'elles soient conjugales ou familiales, lorsque les personnes en présence ne « parlent pas le même langage », « ne sont pas sur la même longueur d'onde »...

Déterminer si l'on est plutôt visuel, auditif ou kinesthésique

Il est par conséquent intéressant de pouvoir connaître quel est le système de représentation dominant chez une personne, à savoir le sens par lequel elle fait preuve de la plus grande finesse de perception et qu'elle utilise le plus souvent pour communiquer. On distingue principalement trois modes (avec entre parenthèses le sens correspondant) : le *visuel* (la vue), l'*auditif* (l'ouïe), le *kinesthésique* (le toucher).

On suppose généralement que les facteurs qui déterminent le choix « inconscient » d'un système de représentation dominant sont très variés : certains sont peut-être d'ordre génétique, les autres sont culturels, familiaux et personnels.

Il semble toutefois que, les apprentissages de l'enfance ayant valeur de modèle et de référence, le système de représentation que l'on a le plus utilisé dans certaines circonstances de son passé reste celui qu'on emploie le plus facilement tout au long de sa vie, qu'il soit approprié ou non d'ailleurs aux situations présentées, ce qui pose des problèmes. D'où l'intérêt de cultiver dès la prime enfance de façon équilibrée et harmonieuse les trois modes principaux en incitant l'enfant à percevoir et à évoquer par ces trois modes.

Il existe un moyen très simple pour identifier le système dominant : il s'agit de repérer chez une personne les termes qu'elle utilise le plus souvent (verbes, substantifs, adjectifs) lorsqu'elle parle.

Si elle utilise les termes « c'est clair », « je vois ce que tu veux dire », « j'ai une image en tête », etc., il y a de fortes chances qu'on ait plutôt affaire à un visuel.

Si c'est plutôt « ça ne me dit rien », « j'entends que », « ça me parle », etc., c'est un auditif.

Si c'est plutôt « je sens que », c'est un kinesthésique.

Voici une liste des termes les plus couramment utilisés dans chacun des trois principaux systèmes :

• visuel : voir, regarder, montrer, cacher, éclairer, image, clair, lumineux, sombre, brillant, coloré, vague, flou, net, clairement, vaguement... ;

• auditif : entendre, parler, dire, écouter, questionner, sonner, dialogue, accord, désaccord, bruit, rythme, mélodieux, musical, bruyamment... ;

• kinesthésique : sentir, toucher, pression, en contact avec, relaxé, concret, ferme, sensible, insensible, tendre, solide, mou, blessé, chaleureux, froid... ;

Certains termes couramment utilisés ne sont pas spécifiques, en ce sens qu'ils n'indiquent aucun des paramètres sensoriels de l'expérience. C'est le cas de mots comme : penser, savoir, comprendre, apprendre, changer, se souvenir, croire.

Le calcul

Le calcul arithmétique est un exercice de type mécanique qui sollicite pleinement la coopération des deux cerveaux.

La résolution bien maîtrisée d'une multiplication ou d'une

division « posées » passe par un véritable processus mental élevé au rang de rituel pour être efficient. Il combine l'action de la voix, qui dicte ce que l'opérateur fait phase par phase, celle de la main, qui doit transcrire dans le même mouvement, et celles de l'œil et de l'oreille qui doivent contrôler la pertinence de ce qui se passe.

Ainsi, à chaque phase de l'opération, l'enfant qui l'effectue peut saisir la totale cohérence de ce qu'il dit, écrit, voit et entend *simultanément*. La moindre incohérence pourra alors être détectée instantanément.

La multiplication

En enseignant à Arthur et à d'autres enfants le calcul arithmétique, j'ai essayé de me « mettre dans leur peau » pour comprendre ce qu'ils ressentaient en effectuant le rituel de la multiplication. Et je me suis aperçu que la façon traditionnelle d'exécuter cette opération n'était pas satisfaisante, ce qui pouvait parfois expliquer leurs difficultés.

Je propose par conséquent une nouvelle manière qui me semble plus cohérente et plus sûre pour faire un calcul « juste ». Sa disposition claire et rationnelle permet d'éviter l'écueil fréquent des erreurs d'alignement en colonne, et surtout modifie la présentation des fatidiques retenues en facilitant un contrôle sensoriel total (voix, œil et main) !

Comment bien effectuer une multiplication

Soit à effectuer la multiplication suivante :
78594 × 6235 = ?

1. Posons d'abord la multiplication du *côté droit* de la feuille de façon à n'avoir à regarder que vers la gauche, puisque les chiffres d'une multiplication se dirigent *toujours vers la gauche*.

Comment bien effectuer une multiplication *(suite)*

2. Aérer la disposition en mettant un chiffre par gros carreau, et bien les aligner en lignes et en colonnes

										7	8	5	9	4
									x		6	2	3	5
~~2~~	~~4~~	~~2~~	~~4~~						$^{2}3$	$^{2}9$	$^{2}2$	9	7	0
~~1~~	~~2~~	~~1~~	~~2~~					$^{2}2$	3	5	7	8	2	•
•	~~1~~	~~1~~	~~1~~				$^{1}1$	5	7	1	8	8	•	•
~~2~~	~~5~~	~~3~~	~~5~~			4	7	1	5	6	4	•	•	•
						4	9	0	0	3	3	5	9	0

3. Pour la résolution, dire ou subvocaliser :

« 5 fois 4 (égal) 20 » : (je pose d'abord la retenue 2 à gauche, puis seulement après le 0 du chiffre 20 (qu'en écrivant ainsi je contrôle !) ;

« 5 fois 9 (égal) 45, + 2 (que je barre simultanément) (égal) 47 ». Je pose la retenue 4, puis le 7 de 47 ;

« 5 fois 5 (égal) 25, + 4 (que je barre simultanément) (égal) 29 ». Je pose la retenue 2, puis le 9 de 29 ;

« 5 fois 8 (égal) 40, + 2 (que je barre simultanément) (égal) 42 ». Je pose la retenue 4, puis le 2 de 42 ;

« 5 fois 7 (égal) 35, + 4 (égal) 39 ». J'écris le chiffre 39.

Continuer pour chaque ligne selon la même procédure rationnelle, en décalant le chiffre vers la gauche chaque fois qu'on change de ligne (en plaçant un point dans la ou les case(s) vide(s)).

4. Pour la partie addition, suivre la même procédure en posant d'abord la retenue – en écriture plus petite – sur la gauche du chiffre placé en haut de la colonne, avant d'écrire le chiffre des unités. Exemple : 9 + 8 + 8 (égal) 25. Je pose d'abord la retenue 2, puis le 5 de 25.

La soustraction

De même, pour bien effectuer une soustraction, je propose une procédure qui a remarquablement fait ses preuves avec des élèves qui auparavant commettaient trop souvent des erreurs, à cause d'un défaut d'organisation essentiellement, entraînant des oublis de retenues ou encore des erreurs de calcul mental par manque de contrôle sensoriel.

Comment bien effectuer une soustraction

Soit à effectuer la soustraction suivante :
92465 − 36879 = ?

1. Disposer un chiffre par gros carreau et bien les aligner en lignes et en colonnes.

	9	2	4	6	5
−	$_{1}3$	$_{1}6$	$_{1}8$	$_{1}7$	9
	5	5	5	8	6

2. Pour la résolution, dire ou subvocaliser :
« 9 pour aller à 15 (je pose la retenue 1 simultanément en écriture plus petite en bas à gauche du 7) (égal) 6 » (que j'écris simultanément) ;
« 1 + 7 (égal) 8. 8 pour aller à 16 (je pose la retenue 1 simultanément en écriture plus petite à la gauche du 8) (égal) 8 » (que j'écris simultanément) ;
« 1 + 8 (égal) 9. 9 pour aller à 14 (je pose la retenue 1 simultanément en écriture plus petite à la gauche du 6) (égal) 5 » (que j'écris simultanément) ;
« 1 + 6 (égal) 7. 7 pour aller à 12 (je pose la retenue 1 simultanément en écriture plus petite à la gauche du 3) (égal) 5 » (que j'écris simultanément) ;

Comment bien effectuer une soustraction *(suite)*

« 1 + 3 (égal) 4. 4 pour aller à 9 (égal) 5 » (que j'écris simultanément).

L'expression « 9 pour aller à 15 » est plus rationnelle que « 15 ôté de 9 », car elle correspond à la trajectoire visuelle allant en boucle du bas vers le haut qui se poursuit en rythme avec la disposition de la retenue et la procédure qui suit. Le contrôle sensoriel de l'opération en est plus facile, et donc l'opération plus sûre d'être « juste ».

La règle de trois

Il existe un calcul fondamental en mathématiques qui représente un véritable casse-tête pour certains élèves : c'est le calcul de proportionnalité qu'on appelle plus fréquemment la « règle de trois ». J'ai mis au point une astuce de procédure qui permet de le résoudre sans jamais se tromper.

Comment réussir à tous les coups un calcul de proportionnalité ou comment toujours bien poser sa règle de trois

Soit l'énoncé suivant : 8 tickets de bus coûtent 32 francs, combien coûtent 15 tickets ?

1. Toujours d'abord porter son attention sur la question, et déterminer ce qu'on cherche – ici, la question « combien coûte » signifie qu'on cherche un prix qui va se traduire par une unité de prix, soit des francs.

Comment réussir à tous les coups un calcul de proportionnalité ou comment toujours bien poser sa règle de trois *(suite)*

2. Se dire que si je dois trouver des francs, le premier élément de ma « règle de trois » sera l'élément de l'énoncé en « unité » francs, soit ici 32.

3. Ainsi, il est clair que, des éléments de l'énoncé, il me reste des tickets – 8 et 15 – qui représentent les « quantités ».

4. Ma « règle de trois » va donc se poser comme suit :

– 32 (francs) correspondent au prix de 8 tickets;

– pour trouver le prix d'un ticket je divise par 8;

– pour trouver le prix de 15 tickets je multiplie le tout par 15;

– soit : 32 (francs) $\times \frac{15}{8}$ = 60 (francs).

Autre type d'énoncé : un train met 1 heure et 15 minutes pour faire 120 kilomètres, quelle est sa vitesse moyenne horaire ?

1. Se dire d'abord que ce que je cherche c'est la vitesse moyenne horaire qui s'exprime en unité km/h, puisqu'on me demande finalement combien de kilomètres le train effectue en une heure !

2. Donc poser comme premier élément de ma « règle de trois » l'élément de l'énoncé en « unité » km, soit ici 120.

3. Ainsi, il est clair que, des éléments de l'énoncé, il me reste des ... minutes qui représentent les « quantités » : d'un côté 1 heure et 15 minutes qui deviennent après conversion (1 heure = 60 minutes) 60 + 15 = 75 minutes; et de l'autre 1 heure soit 60 minutes;

4. Ma « règle de trois » va donc se poser comme suit :

– 120 kilomètres correspondent à la distance effectuée par le train en 75 minutes;

Comment réussir à tous les coups un calcul de proportionnalité ou comment toujours bien poser sa règle de trois *(suite)*

– pour trouver la distance effectuée en 1 minute, je divise par 75 ;

– pour trouver la distance effectuée en 60 minutes, je multiplie par 60 ;

– soit : 120 (km) × $\frac{60}{75}$ = 96 (km/h).

La vérification d'une règle de trois est simple : soit les éléments numérotés A, B, C, et D étant l'inconnue à trouver, disposés comme suit : $A \times \frac{C}{B} = D$.

Le produit A × C = le produit B × D car la proportionnalité se traduit par l'égalité suivante : $\frac{C}{B} = \frac{D}{A}$ ou par celles-ci : $\frac{A}{B} = \frac{D}{C}$; $\frac{A}{D} = \frac{B}{C}$; $\frac{C}{D} = \frac{B}{A}$.

La maîtrise des procédures de base

Au collège, puis au lycée, la résolution d'opérations plus complexes telles que les équations exige une parfaite procédure, laquelle commence par une mise en page rationnelle qui satisfasse au contrôle de l'alignement en lignes et en colonnes : il faut toujours disposer les éléments de façon à ce que l'œil puisse contrôler horizontalement (ligne) et verticalement (colonne) l'opération (voir le cahier d'Arthur).

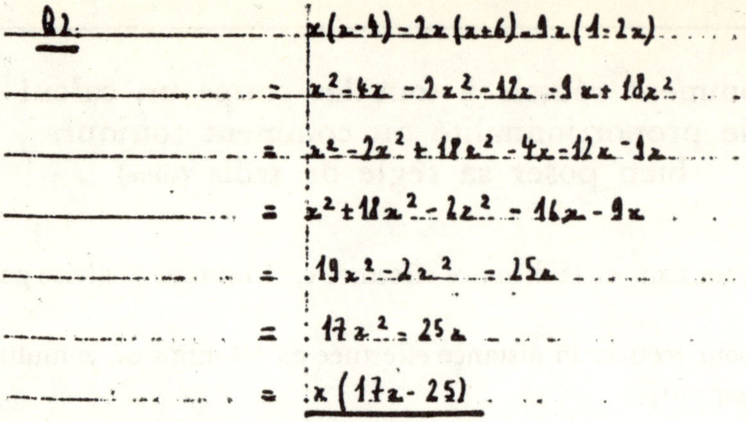

Le jeu de repérage en 2 dimensions (voir exercices page suivante) qui peut être pratiqué dès le plus jeune âge (vers quatre-cinq ans) peut servir d'initiation à un « réflexe » visuel primordial en mathématiques qui consiste à « balayer » en ligne et en colonne. Ce jeu de repérage introduit une notion fondamentale et récurrente durant la scolarité, qui est celle du « tableau cartésien », puis de la « fonction », et par extension celle de la « matrice » (abordée seulement en mathématiques supérieures).

La maîtrise de ces procédures de base en calcul est essentielle, non seulement pour réussir en mathématiques où l'esprit méthodique est fondamental, mais également pour l'ensemble des activités scolaires où chacun sait que la capacité d'un élève à *bien organiser* son travail est un des facteurs déterminants de la réussite scolaire.

La grammaire

La grammaire en s'amusant

La grammaire a le plus souvent été la hantise des écoliers. Son enseignement est difficile car sur le plan psychologique déjà la grammaire suppose l'idée de « soumission » à des règles non négociables par l'enfant. C'est d'une certaine façon une entrave à sa liberté d'expression langagière.

Or, en réalité, la grammaire constitue l'ensemble des règles qui permettent l'usage même de la langue. Aussi, pour contourner son

Jeu de repérages

Exercice n° 1 : écrire le nom du couple correspondant à chaque fleur

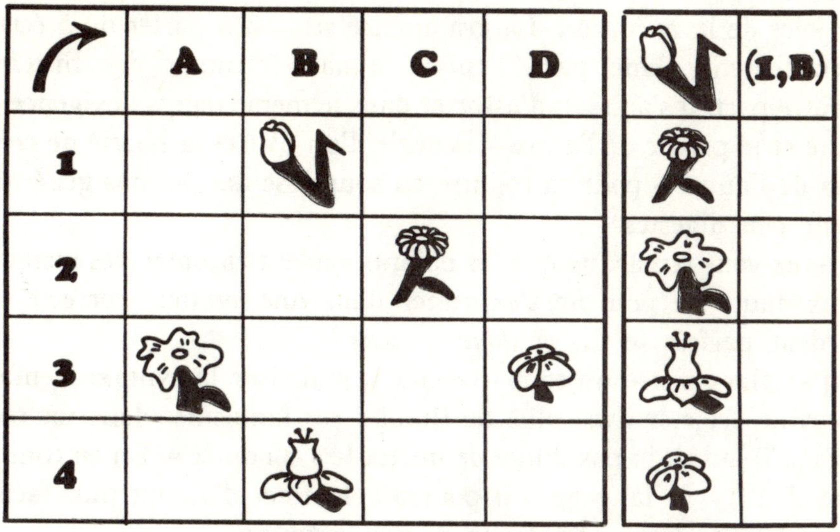

Exercice n° 2 : dessiner les fleurs dans les cases correspondant au couple

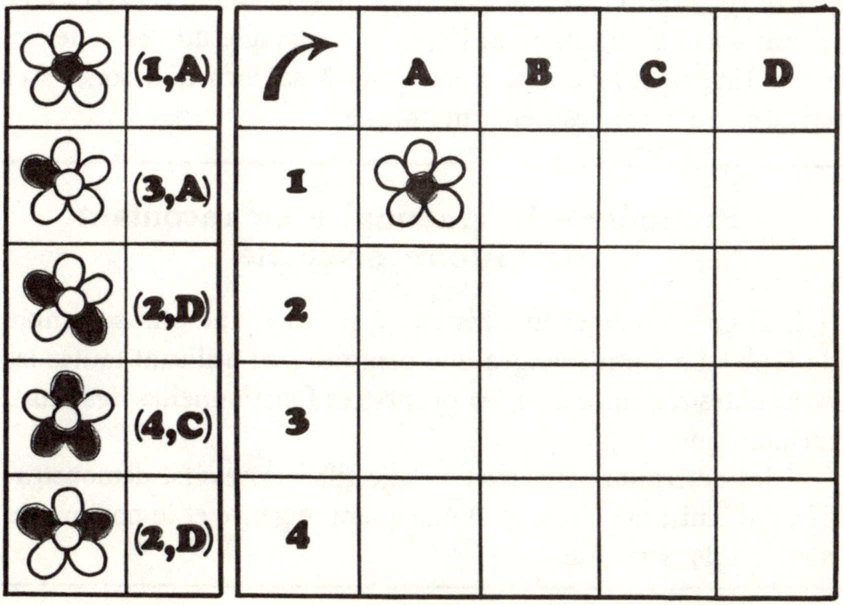

aspect le plus souvent rébarbatif, il me fallait trouver un moyen astucieux pour susciter l'intérêt d'Arthur (il avait alors sept ans), toujours prêt à s'enthousiasmer mais certainement pas pour quelque chose d'ennuyeux et de contraignant.

L'idée de base était de « pratiquer » la grammaire en passant par les joies de la narration. La grammaire servant à parler ou à écrire correctement d'une part, l'enfant aimant raconter des histoires d'autre part, il s'agissait d'associer dans le même temps l'exigence de l'une et le plaisir de l'autre – la règle d'un côté et la liberté de création de l'autre – pour introduire en souplesse des notions généralement peu digestes.

Avez-vous remarqué que les enfants veulent raconter des histoires mais, faute de pouvoir s'exprimer dans une syntaxe correcte, en perdent parfois le fil, *et donc le sens* ?

J'ai alors pensé qu'en parvenant à maîtriser la syntaxe l'enfant pourrait projeter avec plus de fluidité ses fantasmes dans un récit puisqu'il aurait la possibilité de mieux le « conduire ». En en contrôlant l'outil – le langage – il pourrait dominer d'autant plus facilement la direction thématique de son scénario.

De plus, loin d'être une simple contrainte grammaticale, la syntaxe peut être considérée comme la condition de l'attrait même que peut exercer une phrase ; et par suite, une histoire. L'exercice était donc une sorte d'initiation au « style ». La magie du conte ne tient-elle pas finalement autant, sinon plus à sa forme, à son « style » d'écriture, qu'à son contenu mythique ?

« Pratiquer » la grammaire en racontant une histoire originale

Il s'agit de rédiger une histoire à partir d'une phrase simple du type « La dame mangea une pomme », en utilisant toutes les possibilités qu'autorisent les propriétés fonctionnelles des mots, sachant que :

– les déterminants (articles, adjectifs, possessifs, démonstratifs, indéfinis, numéros, etc.) marquent le genre et le nombre du nom qu'ils actualisent ;

« Pratiquer » la grammaire en racontant une histoire originale *(suite)*

– les adjectifs qualificatifs qualifient les noms et les adverbes qualifient les verbes;

– la ponctuation sert à noter certains rapports syntaxiques (point, virgule, point-virgule, deux points, etc.) ou certaines nuances expressives (points d'exclamation, d'interrogation, de suspension, etc.).

On peut alors obtenir dans un premier temps : « LA petite DAME blonde MANGEA rapidement UNE grosse POMME verte. »

Dans un deuxième temps : « Alors qu'elle attendait le bus, LA petite DAME blonde MANGEA rapidement UNE grosse POMME verte. »

L'histoire est ainsi structurée au départ par le seul souci de construire une phrase grammaticalement correcte. Les phrases s'enchaînent pour former un « scénario » non préétabli, non « projeté », mais sans doute « projectif » dans le sens où l'enfant y projette son imaginaire personnel. Ainsi, c'est, dans une certaine mesure, la phrase qui fait l'histoire, et la forme qui induit le fond.

Cet exercice est l'occasion pour l'enfant d'inventer les histoires les plus cocasses : c'est une invitation permanente à la créativité – voire au « délire » verbal dont en général les enfants raffolent car le langage peut être (heureusement !) un lieu de défoulement !

Grâce à cet exercice, l'enfant fera d'une pierre « trois » coups : il se libérera de ses fantasmes, développera son habileté à s'exprimer verbalement et apprendra la grammaire avec plaisir.

Pratiquer la poésie

D'une manière similaire à la narration d'une histoire, la pratique de la poésie peut procurer certains avantages. Qu'elle soit orale pour commencer (avant même que l'enfant ne sache écrire), ou écrite, faire de la poésie est avant tout un jeu, l'occasion de « manier » la langue à partir d'une inspiration à l'état brut que l'enfant puise ici et maintenant. C'est par conséquent un exercice hautement créateur, jubilatoire, où il se défoule « littéralement » et qu'il ne faut pas manquer d'encourager.

« Je trouvais dans la poésie plus qu'un refuge à mon passager désenchantement. J'aimais cette façon de jouer avec les mots, d'harmoniser leur son et leur sens, seul face à soi-même. Un moment d'une extrême solitude, mais une solitude jubilatoire, un plaisir presque charnel. Trouver les mots, les images justes, pour exprimer exactement ses sentiments. Ça fait du bien. Ça libère. » Voilà ce qu'en disait Arthur dans son livre, suite à l'évocation d'une ballade qu'il avait écrite en décembre 1987, à une époque où notre situation n'était pas particulièrement rose.

La ponctuation

La ponctuation est un élément essentiel de la grammaire trop souvent négligé. Or, c'est essentiellement en lisant que l'enfant apprend la ponctuation. D'où l'avantage d'être un bon lecteur, non seulement pour bien comprendre – et donc bien mémoriser – mais également pour bien rédiger : en un mot pour avoir une pensée structurée, dans son élaboration comme dans son expression. Une anecdote assez récente qui concerne Kalvine illustre à merveille le rôle de la lecture dans l'apprentissage de la ponctuation et vice versa.

Kalvine est devenue depuis ses quatre ans une lectrice passionnée des aventures de Spirou et Fantasio. Et notamment des épisodes où sévit le fameux Zorglub qui, dans l'un des albums, a décidé de créer un État où la langue officielle serait la « zorglangue » dont la particularité est la suivante : les mot sont écrits à l'envers mais gardent leur place dans la phrase. Exemple : « Z comme Zorglub » devient « Z emmoc bulgroz ».

Trouvant cela amusant, Kalvine a décidé d'écrire à son tour en « zorglangue ». Son message, en écriture normale, était : « Arthur. Le facteur t'apporte une lettre. Signé Kalvine. »

Elle commence donc à l'écrire dans la version « française ». Après avoir écrit « Arthur » sur une première ligne, comme l'on ferait pour une lettre, elle poursuit l'écriture de son message sur la ligne suivante. Au moment où elle a fini d'écrire le mot « facteur », elle marque un temps d'arrêt et fait remarquer :

– Mais il faut mettre un point après « Arthur » !

– Comme c'est présenté, ce n'est pas vraiment nécessaire, lui répond Dadou.

– Mais si ! insiste-t-elle, sinon on croira que c'est Arthur, le facteur !

Kalvine a ainsi spontanément saisi le rôle déterminant de la ponctuation et, notamment, les risques de contresens malheureux que peut entraîner un défaut de ponctuation.

Les conjugaisons

Outre la syntaxe, une difficulté majeure de la langue réside dans la conjugaison, notamment celle du mode subjonctif dans ses temps imparfait, passé et plus-que-parfait.

Il existe une astuce pour « trouver » le subjonctif imparfait d'un verbe, le temps qui donne en général le plus de fil à retordre.

Il faut et il suffit de se référer à la conjugaison de ce verbe à la première personne du passé simple de l'indicatif, comme le montre le tableau ci-dessous.

	Indicatif Passé simple		Subjonctif Imparfait
Verbes			
Avoir	j'eus	que	j'eusse
Être	je fus		je fusse
Aimer	j'aimai		j'aimasse
Finir	je finis		je finisse
Dormir	je dormis		je dormisse
Venir	je vins		je vinsse
Croire	je crus		je crusse
Vaincre	je vainquis		je vainquisse

Pour le passé du subjonctif, qui est un temps composé, il faut et il suffit de combiner le *présent du subjonctif* de l'auxiliaire « avoir » (sauf exceptions où l'on emploie l'auxiliaire « être » comme avec les verbes venir, partir, naître, etc.) et le participe passé du verbe.

Pour le plus-que-parfait, combiner l'*imparfait du subjonctif* de l'auxiliaire « avoir » (sauf exceptions où l'on l'emploie l'auxiliaire « être ») et le participe passé du verbe.

Pour se souvenir du temps de conjugaison correct de l'auxiliaire, il existe donc le repère suivant : présent pour le passé ; imparfait pour plus-que-parfait.

	SUBJONCTIF Passé	SUBJONCTIF Plus-que-parfait
VERBES		
Aimer	que j'aie aimé	que j'eusse aimé
Finir	que j'aie fini	que j'eusse fini
Venir	que je sois venu	que je fusse venu

La maîtrise du subjonctif passe généralement pour une marque d'habileté supérieure dans l'usage de la langue française. C'est en fait surtout la résultante d'une fréquentation assidue de la langue, aussi bien dans sa forme orale que dans sa forme écrite : la marque d'une culture fine de la langue française.

Il est par conséquent normal qu'un enfant, tout comme un étranger ou un Français de souche n'ayant pas une compétence supérieure de la langue, ne sache pas bien « manier » le subjonctif.

D'où l'intérêt pour ce qui concerne l'enfant de l'apprendre par simple « immersion », comme on apprend la langue d'un pays en allant vivre dans ce pays : en l'habituant à bien utiliser le subjonctif lorsqu'il parle, d'abord en se montrant soi-même exemplaire sur ce point, puis en le corrigeant en douceur chaque fois qu'il ne l'emploie pas à bon escient ; et aussi grâce à la lecture dont la moindre des vertus est d'imprégner l'enfant des bonnes habitudes langagières.

La conjugaison des verbes n'est pas simple à retenir pour les enfants, particulièrement lorsqu'ils s'expriment. Autant les y aider progressivement dans le cours de la conversation, en rectifiant et en demandant de répéter la bonne formulation sans plus de commentaires. Il ne s'agit certainement pas de donner des leçons de conjugaison systématiques, ni de pester contre l'enfant parce qu'il met du temps à prendre les bonnes habitudes car, en la matière, il faut se montrer non seulement patient mais être très décontracté : ce n'est tout de même pas une affaire très importante...

Toutefois, l'habileté langagière est bien la marque d'un certain *standing* culturel dont personne ne niera la répercussion sur le plan relationnel et social. Une personne qui ne parle pas ou n'écrit pas un français correct est généralement dévalorisée de fait. Des fautes d'orthographe grossières ou trop nombreuses dans une lettre à usage professionnel ou intime représentent un handicap le plus souvent insurmontable. Autant d'arguments pour encourager la lecture, et ce rien que sur le seul plan « utilitaire » !

Que faut-il penser de la télévision ?

Télévision et langage

Un enfant qui sait lire adore lire. Le livre se présente à lui comme une caverne d'Ali Baba remplie de trésors dont il peut – à sa guise – ouvrir les portes. D'aucuns rétorqueront que la télécommande de la télévision lui ouvre également l'accès à un univers merveilleux. Exact. A ceci près que les images qui l'envahissent (plus souvent qu'il ne les maîtrise !) l'*informent* peut-être mais, à la différence du langage des mots, ne le *forment* pas !

Les images ne peuvent pas créer une pensée structurée, profonde et homogène. Cela est l'apanage des mots. Ce sont les textes des livres qui véhiculent la pensée, ce ne peut être les images de la télé.

La pauvreté du langage qui caractérise l'enfant « téléphage » – même lorsqu'il s'agit de raconter un film ou un feuilleton, par exemple – renvoie à l'inconsistance de sa pensée. Le « zapping »

– parfois effréné – ne peut que l'embrouiller un peu plus jusqu'à le déstabiliser définitivement.

Son esprit atomisé ne répond plus que par quelques bribes de langage stéréotypé, généralement ponctué par un « tu vois ce que je veux dire » qui formule parfaitement la difficulté qu'il a à exprimer avec les mots une pensée dont les référentiels ne sont pas des mots mais des images. Leur afflux massif finit par le submerger. Jusqu'à le vider de toute pensée stable et ne lui laisser que le comportement brut comme mode d'expression : il chahute, gigote, tripote, bidouille, etc. Il risque ainsi d'être réduit le plus souvent à devenir « accro » aux jeux électroniques, curieusement « adaptés » à ce type de comportement, et dont l'industrie et le commerce prospèrent avec une certaine insolence en ces temps difficiles pour l'éducation.

Maturité du téléspectateur

Paradoxalement, la télévision n'est pas faite pour les enfants. La télévision n'est en fait bénéfique – voire réellement délectable – que pour les gens lettrés, cultivés, qui peuvent à loisir y débusquer du sens, tel un Umberto Eco.

Le sémiologue se situe à l'extrême opposé de l'enfant dans le processus de la connaissance du monde. Le premier est aussi averti que le second est novice. Or ce qui les sépare, n'est-ce pas fondamentalement cette faculté de *connaître* et de *penser* que dispense la lecture; éprouvée chez le premier et naissante chez le second ? Et comme la connaissance nourrit la pensée et la pensée développe la connaissance...

Lorsque le sémiologue et l'enfant s'extasient devant le même programme « débile », ce n'est évidemment pas pour les mêmes raisons : la débilité, l'un en analyse avec délectation le mécanisme, et l'autre la consomme toute crue.

Du rapport entre la télévision et la lecture, la conclusion sera pour l'enfant celle-ci : si, pour apprendre à lire, l'enfant n'a nullement besoin d'attendre d'être « mûr » (d'avoir au moins six ans), en revanche, pour regarder la télévision, il vaut mieux qu'il le soit, à savoir qu'il sache au moins (bien) lire!

Sa compétence de lecteur le rendra d'autant plus exigeant pour choisir ses programmes de télévision. Car l'outil « télévision » en lui-même, s'il n'est pas aussi nocif qu'on le dit, n'est pas non plus aussi efficace pour apprendre qu'on le prétend (il engendre par trop la passivité et ne compense pas le contact direct et concret avec les objets de la connaissance : par exemple, il vaut mieux étudier les champignons en se promenant dans la nature que devant un poste de télévision!).

La télévision ne peut donc être tenue, ni pour le grand responsable de l'échec scolaire, ni pour le moyen « miracle » d'y remédier. C'est la façon dont elle est utilisée qui pose un problème, laissant souvent l'enfant seul face à un déluge d'images qu'il ne peut contrôler. En fait, la télévision n'est qu'un outil – parfois merveilleux – qu'il faut savoir maîtriser au risque de se voir irrémédiablement « laver le cerveau »!

Du bon usage de la télévision pour l'enfant

Compte tenu de la place croissante que tient la télévision dans la vie d'un enfant, le rôle des parents sera de plus en plus déterminant dans son éducation télévisuelle.

La première nécessité est de se munir d'un magnétoscope, auxiliaire pratique qui permet de sélectionner un programme à la carte.

Les contraintes horaires levées, l'enfant pourra regarder au moment opportun l'émission que parents et enfants auront choisie d'un commun accord.

Il ne le fera seul que lorsqu'il aura maîtrisé émotionnellement le langage télévisuel, c'est-à-dire pris suffisamment de distance par rapport à ce qu'il voit et entend à la télévision pour « décoder » l'information qui lui est donnée à l'état brut. Avant d'arriver à ce stade de maturité, de capacité de « lecture » télévisuelle, les parents doivent l'assister en lui expliquant, s'il le faut, ce qui se passe à l'écran.

Du bon usage de la télévision pour l'enfant *(suite)*

Le plus grand danger que présente la télévision est que l'enfant soit submergé par des images qu'il apprécie sans trop les comprendre. Mais qu'il « prend » quand même ! Ce qui revient à peu près à être imprégné de messages à effet subliminal : en clair, c'est du lavage de cerveau !

Et c'est pourtant ce qui se passe quand il se trouve fort impressionné par les « clips vidéo », par exemple. L'effet global lui plaît (sinon il « zappe » !) sans qu'il puisse vraiment décrypter le message.

Il faut, évidemment, éviter de laisser devant la télévision un enfant déjà fatigué, car une séance de télévision – aussi courte soit-elle – demande toujours de l'énergie. En conséquence, il faut toujours préparer l'enfant à la séance par quelques exercices de palming.

Chaque enfant ayant sa propre sensibilité, il arrive qu'il réagisse mal à certaines scènes de dessins animés, *a priori* recommandables, du type « Babar » ou « Yakari ». Là, l'assistance parentale se révèle capitale pour éviter tout traumatisme.

Télévision et société

Banaliser l'acte de regarder la télévision chez l'enfant, c'est le condamner à l'aliénation : en permanence parasité par une surinformation qu'il ne peut contrôler, il n'est plus suffisamment lucide pour vivre vraiment libre. L'esprit critique lui fait défaut, ce qui le prépare mal à la citoyenneté, le menaçant d'être habilement exploité par les démagogues ou les sectaires, et hypothéquant les vertus mêmes de la démocratie libérale.

Par sa puissance de séduction, la télévision reste pour la société entière un enjeu capital : son contenu sera le miroir de cette société.

Des parents téléspectateurs avertis et responsables donneront à leurs enfants une bonne éducation télévisuelle. Pour ces derniers, la télévision ne sera pas vecteur d'aliénation et d'échec scolaire et social, mais plutôt de culture et de divertissement. Elle contribuera à les épanouir en phase avec l'école. Ce qui en retour devrait améliorer la qualité des programmes... et ainsi de suite, de façon que se mette en marche un cercle vertueux susceptible de contribuer à résoudre les problèmes d'éducation; ce qui profiterait à la société tout entière.

Organiser son temps

Il faut que l'enfant apprenne à s'organiser. La gestion harmonieuse de son planning, au même titre que le rangement fonctionnel de ses affaires ou la mise en page rationnelle de son travail écrit (voir la reproduction du cahier d'Arthur), rentre dans un ensemble de dispositions pratiques et efficaces qui doivent contribuer à rendre son esprit plus disponible pour l'essentiel du travail scolaire.

Mieux même, en optimisant sa « rentabilité scolaire », il aura plus de temps pour ses loisirs, et sa vie n'en sera que plus agréable. C'est une des clés de la réussite d'Arthur qui n'a pratiquement jamais consacré plus de quatre heures en moyenne par jour à ses études!

C'est dire combien sa vie fut *cool* : près de onze heures de sommeil en moyenne, quatre heures d'études, il lui restait par conséquent au moins neuf heures dans la journée pour les affaires domestiques (toilette, repas, etc.) et le temps consacré à ses loisirs. Ses loisirs d'ailleurs ont toujours été nombreux et variés, depuis les moments d'intimité familiale jusqu'aux jeux avec ses copains, en passant par sa passion pour la musique, et son amour du sport qui tient une place très importante chez Arthur – hier, le foot, la natation, et la course à pied, aujourd'hui, le basket-ball.

Il est absolument capital pour un enfant d'acquérir cette capacité d'organisation le plus tôt possible – dès sept-huit ans! – s'il veut réussir sur le plan scolaire d'abord, et surtout sur le plan social ensuite.

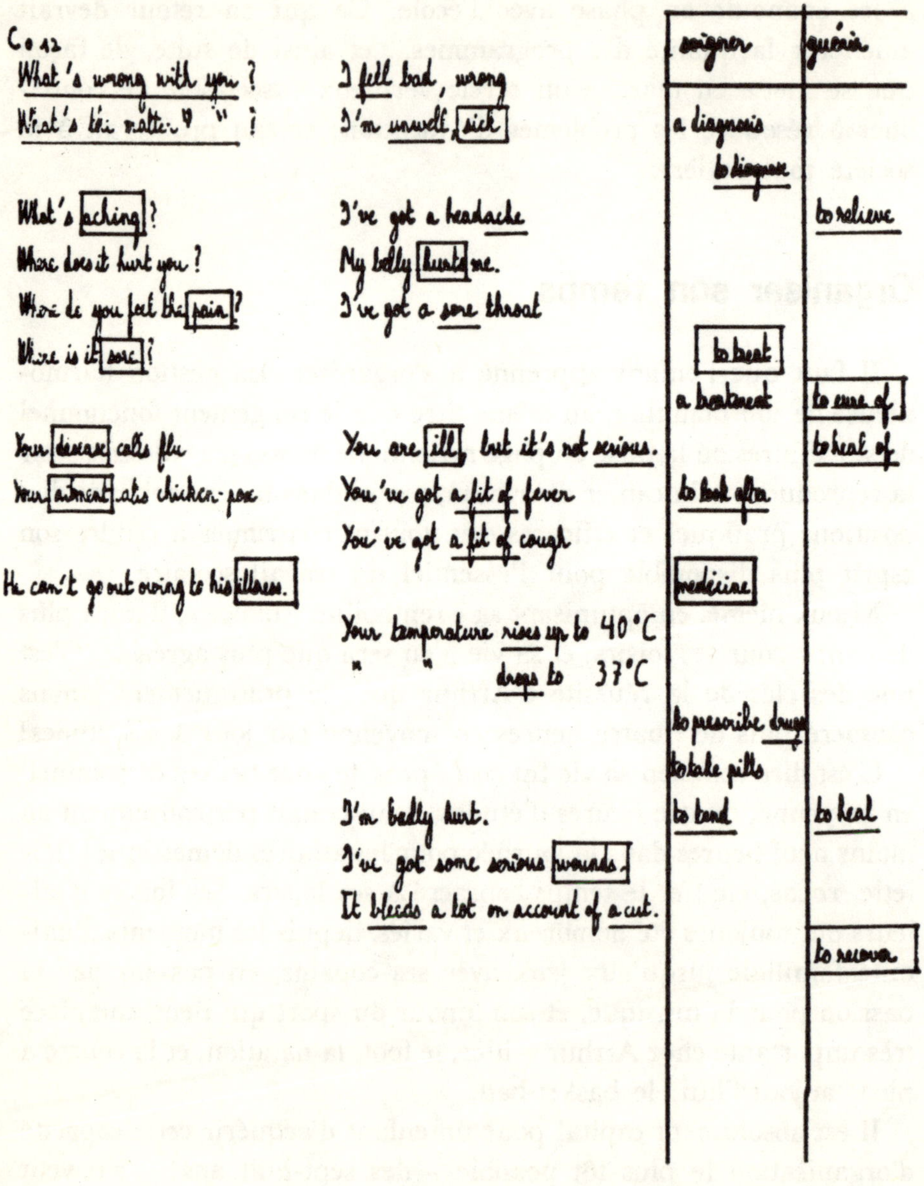
C o 12
What's wrong with you?
What's the matter " " ?
I fell bad, wrong
I'm unwell, sick
soigner
guérir
a diagnosis
to diagnose
What's aching?
Where does it hurt you?
Where do you feel the pain?
Where is it sore?
I've got a headache
My belly hurts me.
I've got a sore throat
to relieve
to treat
a treatment
to cure of
to heal of
Your disease calls flu
Your ailment calls chicken-pox
He can't go out owing to his illness.
You are ill, but it's not serious.
You've got a fit of fever
You've got a fit of cough
to look after
medicine
Your temperature rises up to 40°C
" " drops to 37°C
to prescribe drugs
to take pills
I'm badly hurt.
I've got some serious wounds.
It bleeds a lot on account of a cut.
to bend
to heal
to recover

From Monday January, 13 1986 to Sunday January, 13 1986

Comments of the day : summary

The main thing is that the whole family was ill.
Dadou was the first to get a serious sore throat : her temperature rose up to 40 °C.
But it fortunately dropped to 37 °C within two days.
My case was nearly the same, except that I was sick as I unexpectedly spewed out
in my bed,
I gave my mother a lot of housework to do.

Then, it was the turn of my father to catch a cold sorelike ailment which even
made him shiver and he also suffered from constipation that he didn't really know
how to cope with efficiently.

To sum up nobody was in a good shape, thus the mood was rather gloomy at home.
So better times are expected and heartily welcomed.

Cahier d'anglais d'Arthur à huit ans et demi.

Exemple de mise en page rationnelle d'un cours.

Page de droite : texte d'un journal de bord en anglais, avec les termes à retenir soulignés. Thème : toute la famille est tombée malade (événement remarquable parce que rare!).

Page de gauche : le vocabulaire concret de la maladie (soigner, guérir...).

A partir du thème vécu de la maladie, le vocabulaire concret est étudié sous la forme d'un dialogue de tous les jours. Les termes clefs sont encadrés et soulignés selon leur ordre d'importance.

Cela fait partie de ce qu'on pourrait appeler plus globalement le « souci de soi ». Loin d'être un vague narcissisme, c'est une façon extrêmement positive de manifester le respect, la considération, qu'on a vis-à-vis de soi-même, sans lesquels on ne peut en avoir vis-à-vis d'autrui. Le soin que l'enfant prendra pour le bien-être de son corps, de son esprit, pour son travail, sera l'expression de ses désirs d'harmonie, de beauté, et de bonheur. Une éducation qui saura lui inspirer ces désirs-là lui offrira plus de chances d'y accéder.

Le Blues, l'anglais

La « méthode Arthur » serait incomplète si on n'évoquait pas le rôle qu'a joué la musique dans l'éducation d'Arthur et de Kalvine. Non par le fait qu'ils pratiquent chacun un instrument de musique en particulier, mais par le goût pour un type de musique qui a baigné leur existence depuis toujours : le Blues.

Lorsque Dadou et moi nous regardons aujourd'hui Kalvine marquer le tempo d'un « boogie » d'Albert Collins ou de Muddy Waters, nous revoyons l'image d'Arthur au même âge, dix ans auparavant, tambourinant sur le même morceau de musique. Nous assistons, émus, au même spectacle d'allégresse, de bonheur expansif.

Ils paraissent littéralement respirer le rythme syncopé de cette musique de danse, qu'il soit à vitesse rapide, medium, lent pour le « boogie » et le « funky », ou bien sûr langoureusement lente pour le « slow ». Abonnés au *downbeat*, ils écoutent leur musique préférée au moins en moyenne deux heures par jour.

Dans *Mon école buissonnière* Arthur parle de son enthousiasme à écouter ses idoles, guitaristes de blues depuis les B.B. King, Albert King, Albert Collins, jusqu'aux Jimi Hendrix, Johnny Winter, et surtout le regretté Stevie Ray Vaughan, son préféré, considéré par ses pairs comme sans doute le plus grand de tous les temps!

Il évoque aussi son désir – pourquoi pas ? – de jouer comme eux. Il semble qu'il y ait dans cette musique une charge émotionnelle formidable, propre à provoquer le désir de s'exprimer, de communiquer, de créer dans l'euphorie. Il nous confie souvent vivre au rythme de cette musique et ne pas pouvoir concevoir la vie sans elle, sans ces magiques douze mesures à quatre temps, sans cette « blue note ». A observer Kalvine, il apparaît qu'elle prend le même chemin. Il n'y a guère d'explication à ce phénomène. Nous constatons seulement les faits, leur bonheur d'être bercés par du Blues. Mais est-ce spécial au Blues ?

Cette musique a également apporté à Arthur un intérêt pour la culture américaine, pour la langue anglo-américaine qu'il a assez rapidement maîtrisée (il a ainsi obtenu la note de 18 sur 20 à l'épreuve orale du baccalauréat). Lecteur assidu de la presse américaine, et sans doute le plus jeune abonné (à onze ans) de l'*International Herald Tribune* et de *Newsweek* (il a commencé en fait à lire ces journaux dans le texte à neuf ans après avoir débuté son apprentissage à sept ans !), son habileté dans la langue anglo-américaine a été un grand atout dans sa formation intellectuelle. Celui lui a donné accès à une large information, notamment dans le domaine scientifique où la majorité des publications se fait aujourd'hui dans cette langue « véhiculaire ».

Kalvine semble avoir le même goût pour l'anglais si l'on en juge par l'enthousiasme qu'elle a manifesté récemment, lors de ses premiers pas. Là aussi, comme dans tout apprentissage, l'environnement familial joue un rôle déterminant.

Il faut vivement encourager cette aptitude naturelle des enfants à apprendre une, voire plusieurs langues étrangères comme le démontre l'éminent spécialiste, le docteur Alfred Tomatis dans son ouvrage *Nous sommes tous nés polyglottes*. Dans ce domaine, les méthodes et les opportunités abondent et se valent, que ce soit sous forme de kit d'apprentissage individuel comprenant un livre et une cassette audio ou vidéo, ou d'activité collective avec un ou plusieurs animateurs sur un mode ludique. A chacun de faire son choix :

CONCLUSION

L'enfant désire grandir. Les parents ont pour mission de tout faire pour qu'il le fasse le plus harmonieusement possible. Ils ont le devoir de lui assurer un développement physique et mental propre à le préparer efficacement à la vie adulte la plus exaltante possible. Le mieux pour l'enfant serait évidemment qu'ils le désirent tout autant que lui.

La société offre, quant à elle, les moyens d'aider les parents dans leur tâche, principalement par l'école, lieu de transmission du savoir nécessaire à la formation intellectuelle de l'enfant. Mais , en tout état de cause, la mission d'éduquer revient aux parents.

La scolarité ne remplace pas l'éducation, elle n'en est qu'une des composantes. Le cas d'Arthur montre assez bien qu'il est possible de ne pas scolariser un enfant, sans pour autant que celui-ci ne soit pas éduqué!

Bien au contraire, cette expérience « extrême » n'a fait que mettre en lumière ce que d'aucuns avaient parfois tendance à oublier ou à occulter. A savoir que la famille reste le facteur déterminant d'une éducation réussie. Que c'est bien fondamentalement la famille qui prépare l'enfant à une vie adulte épanouie. L'éducation d'un enfant peut à la rigueur se passer de l'école, mais certainement pas de la famille. C'est là que *se fait* un enfant.

Certains rétorqueront que c'est pourtant l'école qui forme intellectuellement les enfants. Que le rôle de la famille sur ce plan n'est pas primordial. Que l'échec scolaire incombe à l'école, qui ne fonctionne pas bien : locaux vétustes, horaires trop lourds, classes surchargées, enseignants peu motivés.

Néanmoins et, malgré toutes ces imperfections, l'école réussit fort bien à certains. Aux enfants d'enseignants par exemple, qui totalisent 75 % de reçus au baccalauréat avec mention Très bien (et avec au moins une année d'avance !). Cet impressionnant succès ne puise-t-il pas finalement ses ressources hors de l'école ? Cela signifierait que c'est bien la gestion familiale de la scolarité de l'enfant qui structure fondamentalement son comportement et sa réussite dans les études ?

Il serait cependant trop simple de parler de phénomène purement héréditaire : tous les enfants d'enseignants ne réussissent pas aussi bien. Certains même connaissent l'échec et, le plus souvent, par carence de la gestion familiale : des parents bardés de diplômes mais qui ne s'impliquent pas dans les études de leurs enfants ne doivent pas s'étonner de l'échec scolaire de ceux-ci. Car ce ne sont pas les gros diplômes qui transmettent l'intelligence aux enfants, mais la riche communication qu'on établit avec eux.

La relation observée entre échec scolaire et difficultés familiales renforce la thèse du rôle influent de la famille dans la scolarité de l'enfant. Cela confirme la responsabilité prépondérante des parents dans son éducation. Ce sont les parents qui donneront la tonalité, le tempo et la couleur d'une éducation, ce sont eux qui en régleront l'harmonie et en assureront la réussite. Et *a contrario*, ils en assumeront les carences et leurs conséquences.

Dadou et moi, avons vécu les difficultés inhérentes à une démarche originale d'éducation, qui n'était « marginale » que parce que marginalisée de fait, vouée à la catastrophe par les Cassandre de l'époque. Il nous a fallu nous accrocher à notre credo, encore un peu plus dans les moments de galère où tout semblait se liguer contre nous.

Nous sommes d'autant plus heureux d'avoir vécu cette expérience et d'en livrer les enseignements, les méthodes qui, nous en sommes convaincus, apporteront aux enfants bonheur et réussite.

En guise de conclusion souriante, nous aimerions faire partager à travers deux petites anecdotes ce qui pour nous symbolise l'enfance et son art de voyager entre le réel et l'imaginaire.

Un jour où Dadou, Arthur et moi, nous nous promenions dans la belle nature pyrénéenne (nous habitions à Pau), Arthur qui avait alors cinq ans déclara d'un ton joyeux et solennel : « La terre nous offre tout ce qui pousse et tout ce qui est construit. J'embrasse la terre ! » (et il joignit le geste à la parole).

La seconde histoire se passe au cours de danse hebdomadaire de Kalvine. Elle est la plus jeune de son groupe dont la moyenne d'âge est de six-sept ans. Tout le monde la couve d'affection, du professeur à ses petites camarades qui sont d'une extrême gentillesse avec elle.

Depuis qu'elle a débuté, tout s'est toujours bien passé : elle suit parfaitement la cadence (une heure d'affilée), elle gagne des bons points qui lui donnent ensuite droit à des « Babies » (des petites poupées en plastique de couleur vive). Un jour, ce devait être son vingt-cinquième cours, alors que la séance se déroule normalement, Kalvine, entre deux exercices, au moment où la musique s'arrête, intervient auprès de Marie-Hélène, son professeur.

– Marie-Hélène, je crois qu'il y a un fantôme ! dit-elle comme si elle voulait échafauder une histoire à voix haute.

Et la voici effectivement « partie » dans sa narration jusqu'au moment où, dans son histoire, le fameux fantôme doit sortir pour que la séance puisse reprendre. Marie-Hélène qui a joué le jeu depuis le début de la scène lui répond :

– Voilà, je fais sortir le fantôme !

Et la séance s'est poursuivie comme si de rien n'était.

Depuis, et de temps en temps, Kalvine se lance dans son « numéro » un peu surréaliste, changeant de personnages et de scénario suivant ses lectures du moment. Et son professeur de danse de jouer, chaque fois, le jeu le plus sérieusement du monde, en se retenant, bien sûr, de pouffer de rire.

FICHE D'INFORMATION

SUGGESTIONS DE LECTURE

Pour une naissance sans violence, Frédérick Leboyer, Éditions du Seuil.
Shantala, Frédérick Leboyer, Éditions du Seuil.
Introduction à la psychologie de l'enfant, Paul Osterrieth, Éditions PUF.
La Première Année de la vie de l'enfant, R. Spitz, Éditions PUF.
J'apprends à lire à mon bébé, lire avant 4 ans, Glenn Doman, Éditions du Retz.
Le bébé est une personne, Bernard Martino, TF1/Éditions Balland.
Profession bébé, Bertrand Cramer, Le Livre de Poche Pratique.
Votre bébé est unique au monde, T. Berry Brazelton, Éditions Albin Michel.
Le Nourrisson, la Mère et le Psychanalyste, les interactions précoces, Serge Lebovici avec la collaboration de Serge Stoléru, Éditions Paidos/Le Centurion.
Processus de maturation chez l'enfant, développement affectif et environnement, Donald Woods Winnicott, Éditions Payot.
L'Enfant et sa Famille, les premières relations, Donald Woods Winnicott, Éditions Payot.
L'Enfant et le Monde extérieur, le développement des relations, Donald Woods Winnicott, Éditions Payot.
La Cause des enfants, Françoise Dolto, Éditions Robert Laffont, Le Livre de Poche.
L'Échec scolaire, essai sur l'éducation, Françoise Dolto, Éditions Presses Pocket.
Nous sommes tous nés polyglottes, Dr Alfred Tomatis, Éditions Fixot.
Le Jeune Enfant dans la civilisation moderne, Arnold Gesell, Ilg et L. Ames, Éditions PUF.
L'Enfant de cinq à dix ans, A. Gesell et Ilg, Éditions PUF.
Tout se joue avant 6 ans, Dr Fitzhugh Dodson, Éditions Robert Laffont, Poche Marabout.
A cinq ans, seul avec Goldorak : le jeune enfant et la télévision, Liliane Lurçat, Éditions Syros.

La Violence à la télé : l'enfant fasciné, Liliane Lurçat, Éditions Syros Alternatives.

Le Jeune Enfant devant les apparences télévisuelles, Liliane Lurçat, Éditions ESF.

Le Développement de la personne, Carl Rogers, Éditions Dunod.

Liberté pour apprendre, Carl Rogers, Éditions Dunod.

Parents efficaces, Thomas Gordon, Poche Marabout.

Le Père et son Enfant, Fitzhugh Dodson, Poche Marabout.

Quel père? Quel fils?, Évelyne Sullerot, Éditions Fayard.

INFORMATIONS PRATIQUES

1. Guides pratiques

Le Paris des tout-petits, Éditions d'Annabelle.

Guide très riche en informations et adresses utiles – à Paris, mais aussi dans toute la France – pour tout ce qui concerne les tout-petits de 0 à 12 ans. Indispensable.

Catalogue Bourrelier 92/93, matériel éducatif et pédagogique pour les moins de 7 ans, disponible à l'adresse suivante :

Matériel éducatif, Bourrelier

BP n° 1, 60120 Bonneuil-les-Eaux

Offre un choix impressionnant de jeux pour stimuler harmonieusement l'enfant. Fournisseur des écoles maternelles.

2. Méthodes de préparation et d'accouchement

Liste des maternités de Paris et région parisienne avec explication des méthodes proposées dans le guide *Le Paris des tout-petits*. Pour la province, il suffit de s'adresser directement aux maternités pour avoir connaissance des possibilités offertes dans chacune d'elles.

• Yoga : pour obtenir la liste des professeurs qualifiés, contacter :

– Fédération nationale des enseignants du yoga
3, rue Aubriot
75004 Paris, tél. : 42-78-03-05

– Fédération française de hatha-yoga
50, rue Vaneau
75007 Paris, tél. : 45-44-02-59

• Chant prénatal : contacter le 43-60-02-65 le jeudi, le 45-08-91-38 le lundi.

• Sophrologie : la Société française de sophrologie fournit tout renseignement par écrit. Joindre une enveloppe timbrée à votre courrier :

39, boulevard Garibaldi
75015 Paris, tél. : 40-56-94-95

• Haptonomie : pour obtenir la liste des praticiens proches de chez vous, contacter :

– Société internationale de recherche et de développement de l'haptonomie

Mas « del Ore », OMS
66400 Ceret, tél. : (16) 68-39-42-23

• Accouchement à domicile : pour ceux qui voudraient choisir cette option, il existe une association qui, depuis plusieurs années, s'efforce de promouvoir à l'échelle nationale ce type d'accouchement qui est remboursé à 100 %. Elle fournit notamment la liste complète des sages-femmes et médecins accoucheurs pratiquant l'accouchement à domicile. S'adresser à :
« Naître à la Maison »
Centre Médical de la Poste
5, avenue Alfred-Merle
12100 Millau, tél. : (16) 65-61-15-57

3. Alimentation biologique, médecines douces

Une Autre Assiette, Claude Aubert, Éditions Debard. Ouvrage de référence sur l'alimentation biologique écrit par un ingénieur agronome et nutritionniste éminent.

• Livres de recettes :
L'Assiette aux céréales, Claude Aubert, Éditions Terre Vivante.
88 recettes de cuisine végétarienne/Le Guide Montagard : 267 adresses de restaurants où déguster la cuisine végétarienne, Jean Montagard, Éditions Jean-Pierre Taillandier. Une cuisine végétarienne raffinée.

• Pour avoir la liste des marchés de produits biologiques : contacter Nature et Progrès, 14, rue des Goncourt, 75011 Paris, tél. : 47-00-60-36 (du lundi au samedi de 14 à 19 heures), ou par Minitel tapez 36.15 ALTER*NATPROG.

• Homéopathie, acupuncture : liste des praticiens dans l'annuaire téléphonique ou par Minitel.

• Ostéopathie crânienne :
L'Ostéopathie exactement, L. et M. Issartel, collection « Réponses-Santé », Éditions Robert Laffont. Ouvrage clair et complet, écrit par une praticienne expérimentée, spécialiste des enfants.
Pour avoir la liste des praticiens qualifiés :
– Registre des ostéopathes de France
37, rue de la Campane
84000 Avignon, tél. : 90-82-91-80
– Syndicat des ostéopathes kinésithérapeutes
BP 31, 78340 Les Clayes-sous-Bois.

• Soins par l'argile :
L'Argile qui guérit, mémento de médecine naturelle, Raymond Dextreit, éditions de la revue *Vivre en harmonie*. L'ouvrage de référence sur l'argile et ses bienfaits.

4. Énergie, forme

Des Enfants qui réussissent, Micheline Flak et Jacques de Coulon, Éditions DBB, collection Épi. Référence absolue en matière de yoga pour les enfants.

Association loi 1901 RYE (Recherche sur le Yoga dans l'Education), 47, rue d'Hauteville, 75010 Paris, présidé par Micheline Flak. Organise des stages de formation pour parents, enseignants et éducateurs. Tél. : 47-70-09-29.

Le Stretching, Bob Anderson, Éditions Solar. La référence sur le sujet, l'ouvrage le plus complet sur cette technique écrit par un éminent spécialiste américain, préparateur physique d'athlètes de haut niveau.

Do-In et massage pour enfants, Monique Calecki et Monique Thevenet, Éditions Chiron-Detrad. Ouvrage très complet (avec des illustrations photographiques) sur le Do-In pour les enfants. Les adultes peuvent aussi largement en profiter.

La Psychomatique du rire, docteur Henri Rubinstein, Éditions Robert Laffont.

Diététique du cerveau, docteur Jean-Marie Bourre, Éditions Odile Jacob.

• Biorythmes :

– *Le Livre des biorythmes*, Philippe H. Préd'homme, Éditions Mutus Liber, 4, rue Bazoges, 17000 La Rochelle. Tél. : 46-41-27-86.

– Regle de biorythmes : pour avoir instantanément sa situation biorythmique. Éditions Mutus Liber, 4, rue Bazoges, 17000 La Rochelle.

– Sur logiciel informatique : *Biorythmes*, par l'intermédiaire de club informatique, logiciel du domaine public (prix modique). Par exemple : ROBECOM, BP 30, 34502 Béziers Cedex.

5. Activités pour enfants

• Gymborée :

– Contacter 1, rue des Champs, BP n° 3 ZI de la Pilaterie, 59441 Wasquehal Cedex.

– A Paris, téléphoner au 40-59-45-12.

• Bébés-nageurs :

Pour l'activité bébés-nageurs, mais aussi pour les activités aquatiques pré et post-natales pour femmes enceintes.

Pour tous renseignements et pour obtenir la liste des 250 centres FNNP, avec les coordonnées des responsables dans toute la France utiliser :

– le Minitel en tapant le code FFN, puis l'option n° 7 FNNP;

– ou, par courrier, écrivez à l'adresse suivante : FNNP, 5, cité Griset, 75011 Paris.

La FNNP publie aussi une revue mensuelle *Aquatica*, des vidéocassettes VHS, et des ouvrages, disponibles sur commande.

Les mêmes activités sont proposées par la FSGT (Fédération sportive et gymnique du travail). Pour tous renseignements, s'adresser au comité FSGT de votre département, par l'annuaire téléphonique ou le Minitel.

Nous tenons à mettre en garde les parents vis-à-vis de centres indépendants qui ne sont fiables ni du point de vue de la sécurité, ni du point de vue du contenu pédagogique des activités.

Il faut savoir que la création d'un centre « bébés-nageurs » n'est pas réglementée, c'est-à-dire que n'importe qui peut en ouvrir un, à la seule condition d'en faire assurer la surveillance par un maître nageur. Cela n'est pas suffisant pour assurer la sécurité de petits enfants, encore moins pour apporter une vraie initiation à l'activité aquatique telle que nous l'avons décrite dans cet ouvrage.

6. Manuels pour les études

PREMIERS APPRENTISSAGES

Journaux pour enfants : On peut se les procurer à la bibliothèque municipale de sa commune, les acheter ou même s'abonner. Nous donnons les âges à titre indicatif.

– Éditions Milan, 300, rue Léon-Joulin, 31101 Toulouse
Picoti, à partir de 9 mois;
Toupie et les jeux *Toupie*, à partir de 2 ans (indispensables);
Toboggan et les jeux *Toboggan*, à partir de 4 ans.
– Pour raconter la nature
Wakou, à partir de 3 ans;
Wapiti, à partir de 7 ans.
– Éditions Bayard, 3, rue Bayard, 75008 Paris
Popi, à partir de 1 an;
Pomme d'Api, à partir de 3 ans;
Les Belles Histoires, à partir de 3 ans;
Youpi, à partir de 3 ans.
– Éditions Fleurus, Fleurus Produca, 21, rue du Faubourg-Saint-Antoine, 75011 Paris
Blaireau, à partir de 3 ans.

SCOLARITÉ

• Les usuels indispensables

N.B. : le fait d'avoir assuré par nous-mêmes l'instruction d'Arthur nous a amenés à consulter très attentivement les ouvrages scolaires et à opérer une sélection fondée principalement sur leur actualité plus ou moins récente d'abord, puis sur la qualité de l'organisation générale des ouvrages, de leur mise en place, qui doit rendre la plus « cursive » possible leur consultation.

1/ Dictionnaires

Noms communs :
– *Petit Robert 1 :* plus axé sur le vocabulaire littéraire;
– *Larousse Lexis :* plus axé sur le vocabulaire scientifique et technique.
Noms propres : Petit Robert 2.
Des idées par les mots (dictionnaire analogique). Au choix : *Robert, Larousse, Armand Colin.*
Anglais : *Robert & Collins.*

2/ Manuels

Grammaire : *Le Bon Usage*, Maurice Grevisse, Éditions Duculot.

Conjugaison, orthographe, grammaire : les trois livrets 1, 2, 3 *Le Nouveau Bescherelle*, Éditions Hatier.

• Français

– Collection « Apprendre », Jean et Jeanine Guion, Éditions Sermap-Hatier;
– Collection « O.R.T.H. », Jean et Jeanine Guion, Éditions Sermap-Hatier : indispensable pour être bon en orthographe;
– *Rédaction, apprentissage de l'expression écrite*, Catherine Eterstein et Florence Benoît, Éditions Hatier;
– *Grammaire française*, 4e/3e, Annick Mauffrey, Isdey Cohen, Anne-Marie Lilti, « Classiques Hachette ». Indispensable pour sa clarté et surtout la qualité de ses exercices à un stade clé de la formation littéraire;
– *Les Racines grecques du vocabulaire français*, Jacques Cellard, Éditions Duculot;
– *Les Racines latines du vocabulaire français*, Jacques Cellard, Éditions Duculot.

• Anglais

– *Récré anglais*, Éditions Fernand Nathan;
– *OK* de la 6e à la 3e, Éditions Fernand Nathan;
– *Ways & Means*, 2e à terminale, Éditions Fernand Nathan;
– *Frontiers*, terminale, Éditions Armand Colin/Longman;
– *Words & Topics*, conversation et vocabulaire anglais, Susan et Daniel Guillot, collection « Pédagogie Moderne », Éditions Bordas. Indispensable à partir du second cycle jusqu'au recyclage professionnel;
– *Petite Grammaire anglaise en 38 leçons et 100 exercices*, J.M. Ploton, Armand Colin/Longman. Plein d'humour!

Perfectionnement :
– *Journal-ease vocabulaire*, Judith Andreyev, Éditions Bréal;
– *Journal-ease exercices*, Judith Andreyev, Éditions Bréal;
– *Say it with style ou comment réussir l'essai et l'entretien d'anglais*, Judith Andreyev, Éditions Bréal;
– *English in the mail*, Peter Strutt, Éditions Belin. 75 % du courrier dans le monde est écrit en anglais! Indispensable.
– *Telephone English*, Rosemary Palstra, Éditions Prentice-Hall. Indispensable pour maîtriser l'anglais au téléphone;
– *NTC's American idioms Dictionnary*, Richard A. Spears, Éditions NTC.

• Mathématiques

– *L'Enseignement mathématique à l'école élémentaire*, R. Dézaly, Éditions Armand Colin/Bourrelier;
– *Je comprends les mathématiques, de 10 à 13 ans*, Nicole Gauthier, Éditions Retz;
– *Mathématiques*, « collection Pierre Louquet » de la 6e à la 3e, Éditions Armand Colin;

– *Mathématiques,* collection « Terracher » de la 2ᵉ à la terminale, Éditions Hachette;

– *Haha ou l'Eclair de la compréhension mathématique*, Martin Gardner, « Bibliothèque pour la science », Éditions Belin;

– *La Magie des paradoxes*, Martin Gardner, « Bibliothèque de la science », Éditions Belin.

• Divers

– *Sciences physiques, 4ᵉ, 3ᵉ*, collection « Chirouze-Lacourt », Éditions Armand Colin;

– *Sciences Physiques, terminale*, collection « J. Bourdais », Éditions Bordas;

– *Histoire*, collection « Berstein-Milza », terminale, Éditions Hatier;

– *Géographie*, collection « Knafou », terminale, Éditions Belin;

– *Initiation à l'économie*, J. Brémond, Éditions Hatier.

Table des matières

Illustrations :
Sophie Guigon-Sabar

Cet ouvrage a été réalisé par la
SOCIÉTÉ NOUVELLE FIRMIN-DIDOT
Mesnil-sur-l'Estrée
pour le compte des Éditions Fixot
64, rue Pierre-Charron, 75008 Paris
en octobre 1992

Imprimé en France
Dépôt légal : août 1992
N° d'impression : 22205
ISBN : 2-87645-164-6
50-60-5639-11